마니아마추어의 *시대가 온다*

mania amateur

우리사회의 새로운 중간자를 찾아서

마니아마추어의 시대가 온다

임형택 지음

사람의무늬

쉽지는 않지만
불가능하지도 않습니다

마니아마추어에 대한 최초 실험보고서

2015년 7월 21일 06시 06분, 저는 무한도전(무모하고 무한한 도전)을 시작했습니다. 바쁜 일정에 쫓겨 다니면서 저만치 밀쳐두었던 일을 다시 떠올렸기 때문입니다. 저 숫자는 바로 이 책을 써보겠다며 파일을 생성한 최초 시각입니다. 저는 이 책에 담길 중심 생각의 최초 실험으로서 약 한 달 동안 이 책을 써보기로 마음먹었습니다. 그러니까 마니아마추어라는 책 쓰기를 마니아마추어의 방식으로 한 달 동안 실험했고, 그 결과로 이 책이 탄생했습니다.

제가 굳이 이런 후일담을 소개하는 까닭은 무슨 오만함을 드러내려는 뜻이 아닙니다. 더 잘 쓸 수 있었다는 변명을 하려는 뜻은 더욱 아닙니다. 다만 이 기회를 통해 마니아마추어를 사전에 실천해보았다는 사실과 그 결과를 보고하고자 함입니다. 그럼으로써 좀 더 적극적인 독서와 그 실천을 안내하기 위해서입니다.

정해 놓은 한 달간의 기한을 준수하기 위해 언젠가 보았던 드라마

4

〈투웍스(Two Weeks)〉(MBC, 2013)를 떠올리며 몰입했습니다. 일상적인 일들은 그대로 해나가면서, 한정된 집필 시간에는 모든 공력을 쏟아 붓고자 했습니다. 마음은 편했습니다. 몸은 분주하고 피곤했지만 정신은 그 어느 때보다 한가롭고 즐겁기까지 했습니다.

*

집필과정에서 지식정보화 사회의 혜택을 충분히 받았습니다. 주제와 서사는 제가 구상했지만, 서술에 요청되는 다량의 정보는 인터넷에서 쉽게 찾아볼 수 있었으니까요. 인터넷에는 언뜻 보거나 들었던 사실이나 개념 등에 관한 구체적이고 심층적인 정보와 지식이 풍부합니다. 다만 충분히 찾아보고, 때로는 관련 분야의 책들도 참조하면서 균형과 체계를 잡을 필요가 있습니다. 그렇지 않으면 쉽게 얻은 정보·

지식들에 쉽게 휘둘릴 수도 있기 때문입니다.

저는 이것이 오늘날 우리사회에서 존재와 인식의 대립 양상이 다분화·강화되는 주요인이라고 생각합니다. 따라서 이 책은 인터넷-컴퓨팅에서 그 해결 방안이 모색되어야 한다고 주장합니다. 인터넷 사용으로 우리는 '하룻밤만에' 어떤 분야에 대해 상당한 지식을 갖게 될 수도 있습니다. 오류도 수정할 수 있고 오해도 풀 수 있습니다. 그 과정 사이사이에 자신의 생각을 촘촘히 집어넣으면 자기 철학도 만들어집니다. 이러한 계발과 발전을 거친 사람은 아마도 덜 말하고 덜 싸우게 되지 않을까 생각합니다. 그리고 자기 특유의 세계나 취미도 다양하게 갖게 될 것 같습니다.

저는 이러한 특성을 지닌 사람들이 오늘날 우리사회에 매우 긴요하다고 생각합니다. 지금 한국사회는 마치 존재와 인식의 '중립 지대'가 사라진 것처럼 보이지만, 바로 이런 인간형들이 새로운 중립 지대

그리고 건전한 시대정신과 사회상을 구축할 수 있으리라 생각합니다. 저는 이들을 이 시대의 '당위'로서 대중적 이상형이라고 부르고 싶습니다.

더불어 이들은 개성을 갖고 자기 발전과 행복을 적극적으로 추구하는 사람입니다. 현재 인류는 산업계 전반에 걸친 자동화 시스템의 구축으로 과거와 같이 안정된 생계가 보장되지 않는 사회로 급속히 재편되고 있습니다. 개인들의 '개성적 변신'이 중요한 것은 이 때문입니다. 그들은 이러한 시대상에도 좀 더 원활하게 적응할 수 있을 것입니다. 따라서 이들은 이 시대 '소망'으로서의 대중적 이상형이기도 합니다.

저는 이러한 자질을 갖춘 인간형을 마니아마추어(마니아+아마추어)라고 개념화해보았습니다. 관심 사항을 파고든다는 점에서 그들은 '마니아'이고, 직업적·정치적 관계나 위계에서 비롯되지 않았다는 점에서 그들은 '아마추어'입니다.

　　그런데 이 새로운 이름은 음성학적으로 좋은 어감을 주지는 않는 것 같습니다. 저자로서 무척 고민했지만 더 좋은 대안을 찾지는 못했습니다. 그래서 시각적으로라도 좋은 어감을 가질 필요가 있었는데, 에디터와 디자이너의 공력으로 훌륭한 타이포그래피로 재탄생하였습니다. 그밖에도 간행 기회를 주었으며, 거친 원고를 (적어도 시각적으로는) 아름다운 옥고로 거듭나게 해준 사람의무늬(성균관대학교출판부) 관계자 여러분에게도 무척 감사드립니다.

　　특별히 이와 같은 생각을 만들고 다듬어가는 과정에서 교학상장(教學相長)의 벗이 돼준 2015학년도 제 강의의 수강생들에게 감사드립니다. 더불어 선생으로서 선후배로서 동료와 친구로서 생각을 함께 나눠준 분들에게 고마움을 표합니다. 또한 노안에도 불구하고 몇 시간 동안 초고를 완독해주신 이 책의 최초 독자인 어머니 그리고 늘

뒷배가 되어주시는 어머님, 아버지, 아내 및 시·우·재·주(視友在主)와 기쁨을 나누고 싶습니다.

 오늘날 지식정보화 환경에서 대중들은 모두 마음만 먹으면 마니 아마추어가 될 수 있습니다. 저는 우리 모두가 꼭 그렇게 되어야 함을 주장하며, 또한 그렇게 되기를 염원합니다. 이 책은 그 '당위'와 '소 망'에 관한 기록이며 최초의 실험보고서입니다. 그러한 의미에서 저 는 이 책이, 그다지 흥미롭지도 잘 쓰여지지도 않았지만, 널리 읽히고 공유되기를 기원합니다.

2015년이 깊은 어느 날

임형택 씁니다

마니아마추어,
문화의 중립 지대를 생성하는
자유인들을 그리며

나는 바닷가에서 더 매끈한 조약돌이나
더 예쁜 조개를 여기저기서 찾고는 좋아하는 아이 같았다.
그리고 그 아이 앞에는 전혀 발견되지 않은
거대한 진리의 바다가 놓여 있었다.
― 아이작 뉴턴 ―

난지도,
쓰레기 피라미드와 하늘공원

21세기 한국사회에서는 그 어느 때보다 다양한 대립 구조들이 심화되고 있는 것 같다. 그것은 의식의 성숙을 훨씬 앞지르는 물질의 성숙(특히 미디어 – 테크놀로지)에 공통적으로 기인하는 양상이라고 생각된다. 미디어 – 테크놀로지에 탄력 받은 21세기 지식정보화 사회는 이전과는 전연 다른 생태 조건이다. 이를테면 만나기 전에 그 사람을 알고, 먹기 전에 그 맛을 음미하며, 가보기 전에 그곳을 거니는 것과 같은 것이다.

'미리보기'(미디어 – 테크놀로지에서 다른 감각들은 시각의 저 뒤로 밀려나게 되었다)는 20세기 초에 이미 시작된 문화이다. 하지만 오늘날 우리가 체험하는 그 무언가는 과잉된 시뮬라크르(simulacres, 가상 실재)이자 초과 실재(hyper réel)이다.[1] 미디어 – 테크놀로지가 선사한 막대한 정보, 그 이상의 감성 풍만한 지식의 난지도(蘭芝島)에서 우리는 이

제 '미리체험'하는 것이다.

이 생태 조건은 누구에게는 쓰레기 매립장이요, 다른 누구에게는 하늘공원·노을공원이 된다. 지금이야 사람들이 하늘공원과 노을공원에는 자주 올라가볼 테지만, 과거 쓰레기 매립장일 때 그곳에 올라가 본 이는 많지 않을 것이다. 상암동에 한창 방패연을 띄우는² 작업이 진행 중이던 2001년의 어느 날이었다. 필자는 여느 때처럼 현장점검을 나갔다가(호기심 많은 사람의 개인적 일탈이었다) 불현듯 맞은편 민둥산에 새겨져 있는 미로들에 한번 빠져보기로 했다. 얼마 전까지만 해도 쓰레기 피라미드였던 그곳이, 방패연이 완성돼가는 시점(時點 및 視點)에서 바라보니, 황토로 완전히 덮일 날도 얼마 남지 않았다는 엉뚱한 아쉬움 때문이었다. 차창들을 단단히 올리고 신분 확인용 답변도 생각하면서 아직은 풍차가 없는 그곳으로 돌진해갔다. 터프한 형님들과 그들의 위풍스런 트럭들도 간혹 만날 수 있었지만, 그곳은 급조된 산 아니 거대한 흙덩어리일 뿐이었다. 저보다 훨씬 더 많은 양의 쓰레기 피라미드가 덮고 있는. 나는 단 한 번의 느낌일 것 같은, 거대한 쓰레기 피라미드에 올라서 있다는 고양감에 들떠 정상까지 올라가보기로 마음먹었다.

그런데 첫 번째 봉우리를 낀 완만한 회전을 마쳐갈 무렵 직감적인 불안감이 엄습해왔다. 그도 그럴 것이 그때는 아직 『사막을 건너는 여섯 가지 방법』(스티브 도나휴, 고상숙 옮김, 2005)³을 배우기 전이었다. 나는 그 불안감의 실체를 확인해보기 위하여 즉시 차에서 내렸다. 그런데 아뿔싸 내 차가 디디고 서 있는 지점은 거대한 고랑의 한쪽 사면이었다. 핸들을 우측으로 조금만 꺾어도 위험한 상태, 내 차는 그

깊은 곳에 빠져들기 직전이었다. 온통 황토 빛깔로 물들어 있는 길이 자체적인 보호색을 생성하여, 그 위풍스런 트럭들의 행진이 만들어놓은 고랑과 이랑의 분간을 어지럽게 해놓았던 것이다. 사태를 파악하고서 지나온 길을 되짚어보니, 나는 접지면(tire tread)으로부터 전해오는 그 푹신한 촉감에 빠져서 정작 차, 그러니까 내 전체가 빠지는 그 위험천만한 상황을 감지하지 못하고 있었던 것이다.

필자는 아직 하늘공원과 노을공원에는 한 번도 올라가보지 못했다. 지척에 있었으며 가볼 기회도 많았다. 더군다나 여러 지인들은 그곳 억새 숲의 지저귐과 일출의 벅찬 기운 그리고 해질녘의 고즈넉한 풍경 소식을 전해주기도 하였다. 하지만 왠지 필자의 발걸음은 번번이 그곳을 향하지 못했다. 지금 회고해보건대 나는 당시에 다음과 같은 의미를 증언하고자 했던 것 같다. 이제는 지기(地氣) 또는 풍차를 통해서 기화(氣化) 형태로만 새어나오는 그 공원들의 본바탕에 대한 기억, 그 아름다운 외모에서 내면을 읽어냄으로써 되새길 수 있는 뭔가 특별한 삶의 의미를. 그래서 사람들이 그곳의 감동을 더 강렬하게 표현할수록 나는 그 단면을 상상하면서 (실제로 다들 그럴 수밖에 없다는 사실을 잘 알고 있음에도 불구하고) 그 아무렇지도 않은 듯싶은 환호와 탄성을 더 못마땅하게 여겼던 것이다.

그곳을 실제로 오르게 될 때가 언제일지 아직 예상할 수 없다. 다만 그때쯤이면 초콜릿뿐 아니라 그 안의 빵, 또 빵 안의 마시멜로까지, 그 느낌들과 의미들을 얘기할 수 있으면 좋겠다. 기왕 나온 김에 말하자면 과거의 그 푹신한 접지감은 정말로 초코파이 안쪽의 마시멜로를 상기시켜준다. 그 신비한 인공성에서 더더욱 그러하다.

하늘공원과 노을공원을 떠받치고 있는 물질은 썩고 와해되고 소멸될 쓰레기더미이지만 붕괴되지 않는다, 상당한 수분을 품고 있는 초코파이의 마시멜로가 부패하지 않는 것처럼. 그러나 하늘공원·노을공원은 안정화 작업을 거친 쓰레기 피라미드에서 탄생된 새로운 자연 생태계이다. 인공의 철옹성으로 마감되지 않았다는 점에서, 새 생명 연장의 꿈을 품게 되었다는 점에서 초코파이와는 다른 것이다. 억새가 하늘거리고 꽃과 나무가 자라고 나비도 있고 잠자리도 날아다니는 그 풍경의 한편에서는 풍차가 돌고 또 이면에서는 매립가스가 제거되고 있는 것이다(지역난방공사는 2001년부터 이곳에서 매일 17만2천 입방미터의 매탄가스를 추출하여 보일러 가동 연료로 활용하고 있다고 한다. 쓰레기에서 나오는 매립가스를 지역난방(마포구 일대 6천 가구) 연료로 활용하는 것이다).[4]

오늘날 우리 삶에 깊이 개입하는 인터넷-컴퓨팅 시스템상의 정보·지식들은, 그러나 그대로는 쓰레기일 뿐이다. 매혹적이고 달콤한 초과 실재들은 우리 손끝에 잠시 닿았다가 곧장 날아간다. 실제로 우리는 그것들을 버린다. 삭제키를 누른 것들만 '휴지통'에 들어가는 게 아니다. 직접 닫은 페이지만 쓰레기에 추가되는 것도 아니다. 일상적으로 사용되는 다양한 인터넷-컴퓨팅 시스템에는 간접적으로 버려진 것들(임시 파일, 다운로드 파일, 온·오프상의 각종 처리기록 등)이 여기저기 알게 모르게 산재하기 때문이다.

빗대어 표현해본다면, 우리가 사용하는 인터넷-컴퓨팅 시스템의 내부(기기들)와 외부(사용된 무한정한 페이지들과 파일들)로 구성된 사이버상의 거처와 그곳에서의 생활상은 다음처럼 묘사될 것이다. 거대한

마니아마추어의 시대가 온다

쓰레기더미 곁에서 최소한의 가재도구(마우스와 자판 등의 인터페이스)와 식량(당장 사용 중인 것들)으로 연명하는 어느 난민(춘)의 모습으로.

결코 알 수도, 정리될 수도 없는 무한정한 정보·지식의 쓰레기더미 어딘가에서 21세기 한국인들은 살아간다. 이것이 오늘날 우리의 현실이요 생존 환경이다. 우리는 그 쓰레기더미에서 찾고 – 쓰고 – 버리기를 무한 반복한다. 이러한 환경은 나 혼자만으로도 충분히 비참한 것이다. 그러나 우리는 관계 속에서만 그 쓰레기를 구하고 사용한다. 때문에 실제 양상들은 사회적으로 더욱 엄청난 악화를 기하급수적으로 발생시킨다. 이는 시대의 비참이다.

지식정보화 사회의 대립적 양상들

쓰레기더미와 난민으로 그 사회와 구성원들을 은유하였으나, 명색이 21세기 한국은 지식정보화 사회이다. 지식정보화 사회란, 기존 지식이 정보로 재편되는 현상이 보편화(지속화·가속화·전면화 등)된 사회이다. 전문 또는 고급 영역에 배타적으로 묻혀 있던 지식들이 미디어 – 테크놀로지의 현란하고 자상한 표현력에 힘입어 대중이 사용하기 쉬운 정보 형태로 바뀌는 것이다. 따라서 그 구성원들의 지식수준은 다양한 영역에서 고르게 상향평준화되고, 그 결과로 문화적 대립의 극소화가 기대됨 직한 사회이다.

하지만 오늘날 한국사회의 현실은 정반대처럼 여겨지는 게 사실이다. 형식논리로서는 지극히 모순적인 상황임에 틀림없다. 그래서 시대의 비참이다.

그러나 실제로서의 삶이 논리적인 경우가 얼마나 있었던가. 따라서 실제와 형식논리 사이의 괴리에 대하여 새삼스럽게 놀라거나, 후자를 근거로 전자를 공박하는 일장 훈계 따위를 할 필요는 전혀 없다. 우선은 가급적 냉정하게, 좀 더 촘촘하게 현상을 파악하고 전체를 통찰하는 일이 중요하다. 그러고 나서야 대안이든 뭐든 내놓을 수 있기 때문이다.

따라서 이 책은 먼저 지식정보화 사회라는 문제 틀에서 21세기 한국사회를 분석해보려고 한다. 첫 번째 장에서는 21세기 한국사회의 주 배경인 지식정보화 사회의 특성을 얘기하면서, 거기에서 노출되는 문화의 대립 구조들이 역설적인지 아니면 필연적인지를 생각해볼 것이다.

두 번째 장에서는 지식정보화 사회의 핵심 기제(mechanism)이기도 한 미디어-테크놀로지의 기반 위에서 온갖 문화[물질]가 융합되는 현상을 제시한다. 이어서 그럼에도 불구하고 문화[인간] 대립이 극한적 양상으로 치닫는 경향에 대하여 논의해보려고 한다.

세 번째 장에서는 앞서의 논의 결과를 토대로 하여 21세기 한국사회의 문화적 대립 양상들을 구체적으로 분석해볼 것이다. 이때 상정되는 다섯 가지의 문화적 대립 항들과 그 구조는 우리시대에 새롭게 발생한 것이 아니다. 지식정보화 사회, 문화의 융합 시대임에도 불구하고 오히려 그 핵심 기제(인터넷-컴퓨팅 시스템)를 이용하여 더욱 건재해진 양상들이기 때문이다. 그러므로 뒤집어서 생각해보면 그것들의 해소, 적어도 상당한 완화의 가능성이 탐색될 수 있다. 비관적인 진단에서 출발하는 이 책이 긍정적인 기대를 걸어볼 수 있는 이유는 바로 이 때문이다.

네 번째 장에서는 이러한 핵심 주장을 물리학적 모형으로 도식하면서 설명하고자 한다. 앞서의 논의 결과를 좀 더 명쾌하게 설명하는 한편, 다섯 번째 장에서 구체화될 마니아마추어와 그들이 구축하게 될 문화의 중립-자유 지대를 독자도 쉽게 구상(具象 및 構想)해볼 수 있게 하려는 목적에서다.

마니아마추어의 시대가 온다

'마니아마추어'는 '마니아'와 '아마추어'의 합성어로서, 이 책에서 처음 내놓는 말이다. 그들은 정말 '난지도'에서 태어난다. 서두에서 함께 언급하지는 않았지만, 난지도는 쓰레기 피라미드로 전락했다가 바로 그곳으로부터 다시 새로운 자연 생태계(하늘공원·노을공원 등)를 탄생시켰다는 점에서 명예를 회복한 사례다. 그 이름에는 다음과 같은 유래가 있다.

> 1978년 이전까지 난지도(蘭芝島)는 망원정(마포구 망원동) 부근에서 한강과 갈라진 난지 샛강이 행주산성 쪽에서 다시 본류와 합쳐진 곳에 있는 섬이었다. 이중환의 『택리지』에는 난지도가 좋은 풍수 조건을 가진 땅이라고 기록되어 있으며, 김정호의 〈경조오부도(京兆五都圖)〉(서울의 도성도都城圖와 함께 대동여지도의 별도別圖) 및 〈수선전

도(首善全圖)〉(김정호의 것으로 추정되며 '수선'은 서울이란 뜻이므로 서울전도에 해당함)에는 꽃이 피어 있는 섬이라는 의미의 중초도(中草島)로 기록되어 있고, 구한말까지 이 명칭으로 불리기도 했다. 그런데 언제부터인가 난지도라 불리기 시작했으니, '난지'란 난초와 지초를 아우르는 말이다. 샛강에는 맑은 물이 흐르며, 수양버들이 늘어서서 낭만적인 분위기를 자아내고, 난초와 지초가 어우러진 아름다운 섬이므로 난지도라고 지칭되었다는 추측이 있다. 또한 그 형상이 오리가 물에 떠 있는 모습과 비슷하다 하여 오리섬 또는 압도(鴨島)로 불렸다고도 한다. 조선시대에는 기장과 조가 잘 자라서 매봉산 주위의 물위치(은평구 수색동) 사람들이 샛강을 사이에 두고 왕래하면서 농사를 지었다고 한다.[5]

본래 난지도는 풍수 조건이 좋고 아름다우며 낭만적인 분위기를 지닌 데다 곡식도 잘 자라나는 아주 유용한 섬이었다. 하지만 대도시의 쓰레기와 산업 폐기물이 15년간 매립되면서 그 모습과 자취가 사라졌으며 그 이름도 무색해졌던 것이다. 그러나 다시 인간들이 제대로 사용하고자 하였을 때 그곳은 인공에 토대를 둔 자연으로 재탄생했다. 오늘날에는 과거를 훨씬 더 초과하는 아름다움과 낭만과 유용함을 지니고 있는 것이다. 난지도의 역사에서 필자가 주목하는 점은 인공 기반의 자연, 바로 쓰레기 피라미드에서의 생명 재탄생이다.

마니아마추어는 지식정보화 사회, 그 인공의 쓰레기 피라미드에서 탄생한다. 그대로였다면 쓰레기더미에 불과했고, 더 심각한 환경적·사회적 문제를 야기한다고 판단될 때는 콘크리트에 덮어서 영원히 봉쇄되고 말았을 그 버려진 땅에서 말이다. 그곳에서 자연 생명과 인간이 재탄생되었던 방법과 꼭 마찬가지로, 마니아마추어는 무한정한 정보·지식의 피라미드를 제대로 이용함으로써 그 이전의 자연 생태계보다 더욱 풍성한 생명력을 발휘하는 것이다. 그들은 어떤 대상이나 사안을 끝까지 파헤치고 밀어붙이는 기질이 있다는 점에서 마니아이고, 하지만 직업적 이권이나 위계에서 자유롭다는 점에서 아마추어이기도 하다.

대부분의 사람들은 범람하는 정보·지식을 쓰레기처럼 찾고-쓰고-버리기만 반복한다. 또한 그 폐해만을 생각하면서 시대적 조건을 등지려고 하는 극소수의 사람들, 말하자면 21세기 지식정보화 사회의 화전민들도 존재한다. 그러나 이 조건이 삶의 지극한 '실존적' 환경이라고 할 때, 그로부터 무작정 벗어나려는 이들이야말로 인위적인 사람이라고 할 수 있다. 그들의 태도와 방식은 쓰레기 피라미드를 콘크리트로 봉쇄해버리는 것과 마찬가지이기 때문이다.

따라서 필자는 현실을 적극적으로 수용하고 주체적으로 철저하게 활용하는 마니아마추어가 오늘날의 진정한 자연인이라고 생각한다. 이 책은 구체적 진단과 분석에 근거하여 마니아마추어 탄생의 조건과 그들의 특성을 귀납하고, 나아가 마니아마추어의 시대적 의미와 사회적 역할에 대해서도 생각해볼 것이다.

21세기 한국사회에서는 민주주의 사회의 이상적 대중으로 상상되던 '침묵하는 다수(silent majority)'와 그들이 생성하는 온건한 중립지대가 더 이상 존재하지 않는 듯하다. 오늘날 사람들은 저마다 가용한 미디어와 방식으로 자생성의 여부가 의심스러운 견해들을 소란스럽게 떠들어댄다. 미디어 – 테크놀로지의 사용이 용이한 사람들만 실시간으로 정보와 지식을 공유하며 입장들을 양산하는 게 아니다. 그 사용이 여의치 않은 사람들도 오프라인 상에서 집단적인 양태로 끊임없이 입장들을 내놓는 형국이다. 그러나 사람의 수 또는 집단의 수만큼 다양해 보이는 이 입장들이 실제로는 단순하게 구조화된다. 무엇보다 극한 대립을 형성하는 양 극단 강경론의 지배를 받기 때문이다. 요컨대 애초에 그로부터 나왔거나 결국에는 그에 흡수되는 모양새다.

마니아마추어는 침묵하는 다수를 대체하는 새로운 사회적 중간자(中間子)다. 침묵하는 다수가 이상적일 수 있었던 이유는, 무시로 떠들어대지 않으면서도 가장 중요한 시점에는 분명한 균형을 잡아냈기 때문이다. 언어는 사고의 본질적 수단이지만, 사고의 지배자가 될 수도 있다. 쉴 새 없는 떠듦에서 사유는 빈곤해진다. 생각 없는 말들이 그 사람의 사고를 지배하게 되는 것이다.

마니아마추어는 떠드는 사람들이 아니라 행동하는 사람들이다. 그들은 자신의 관심에 집중하고 있으므로 떠들 일도 별로 없을뿐더러 떠드는 한에서도 신중을 기한다. 따라서 그들은 한갓 쓰레기를 거의 양산하지 않는다. 더욱이 그들은 스스로의 주도로 자유롭게 횡단하므로 특정한 입장, 특히 양 극단의 일률적인 견해에는 잘 빨려들지 않는다. 그들은 이렇게 중간자가 되며, 서서히 사회의 중립 지대를 형성해 나간다.

마니아마추어는 이렇게 중요한 시대적·사회적 역할을 맡는다. 그럼에도 불구하고 침묵하는 다수가 그랬던 것과 마찬가지로 대단한

마니아마추어의 시대가 온다

능력의 소유자가 아니다. 21세기 지식정보화 사회에 적합한 삶의 자세와 지향 – '실천적 지혜(phronesis)'를 갖고 있는 사람들일 뿐이다.

이들은 별종은 아니되, 현재의 우리가 별안간 달성할 수 있는 인간형은 아니다. 하지만 21세기의 삶이 '이보다 더 좋을 순 없는 게' 아니라면(역시 형식논리로 21세기 한국사회는 만족, 그래서 행복이 넘치는 세상이어야 한다), 여전히 더욱 잘 먹고 잘 살고 행복해져야 할 이유가 절실하다면, 이 책은 그러한 기대와 가능성의 지평에 뙤리를 틀고서, 있는 인간보다는 '있어야 할 인간'을 그리고자 하는 것이다. 물론 있는 것과 사람과 현실에 단단한 기반을 두고서 말이다.

그래서 쉽지는 않지만 불가능하지도 않은 금연이나 다이어트처럼, 맘만 먹으면 도전하고 성취할 수 있는 인간으로서의 마니아마추어를 21세기 문화적 이상의 실현 형으로 제안하려 한다. 요컨대 '마니아마추어의 시대가 온다'는 선언은 자연적 흐름에 의거한 미래 예언이 아니다. 우리시대의 절실한 '기원'(마니아마추어의 시대여 오라)과 '당위'(마니아마추어의 시대가 꼭 와야만 한다)를 담고 있는 말일 뿐이다.

혼종의 중립-자유 지대를 구축하라

타인의 삶을 사느라 인생을 낭비하지 말라.
말도 안 되는 신념의 덫에 걸려들지 말라.
그것은 타인들이 생각한 결과로써 살겠다는 뜻이다.
타인들의 견해에 내면의 소리가 묻히지 않도록 하라.
무엇보다 가장 중요한 것은 가슴과 직관을 따르는 용기이다.
― 스티브 잡스 ―

문화의 대립 구조들, 21세기 지식정보화 사회의 역설인가 필연인가

❖❖❖

지혜와 연결되지 않는 지식은 그저 기계의 부품일 따름이다.
지식이 삶속의 지혜와 연결되면,
그의 가슴을 데우고 그의 눈을 뜨게 만들어,
그가 도약할 수 있도록 그의 어깨에 날개를 돋게 해준다.
— 헤르만 헤세 —

지식정보화 사회와
두 지성

21세기 한국사회에서 지성(知性, intelligence)은 모든 사람에게 요청되는 기본 덕목이 될 것이다. 이 주장은 소위 지식인이라고 하는 이들에게만 특수하게 기대돼왔던 지성을 일반화시킨 것이므로 대단히 허풍스럽게 들린다. 하지만 실은 지극히 간명한 다음의 실상과 논리에 근거한 것이다.

오늘날 모든 정보와 지식은 인터넷 – 컴퓨팅 시스템에 사실상 다 들어 있다(적어도 기술적으로는 다 들어갈 수 있다). 그렇다면 이제 인간이 할 일이란 아예 존재하지 않던 정보를 발굴하거나 기존 정보와 지식을 소재로 삼아 새로운 지식을 창출하는 게 될 수밖에 없다. 즉, 기존 정보와 지식을 생산적으로 활용하는 지식, 메타(meta) 지식으로서의 지성이 기계와 차별화되는 인간 고유의 자질로 남겨진다.

21세기를 특징짓는 유력한 용어 중 하나인 '지식정보화 사회'에는 이와 같은 흐름이 함축돼 있다. 이는 정보의 고급화 양상에 따라 어제의 지식이 대중적 활용이 용이한 오늘의 정보로 부단히 재편되는 사회를 의미한다. 넓은 의미에서 정보와 지식은 구분되지 않지만, 두뇌 노동의 입장에서는 상대적인 위계를 갖는다. 예컨대 대학입시 과정에서 각종 전형의 내용들은 정보이며, 그것들을 특정한 목적과 조건에 맞춰 재분류·재배치함으로써 도출된 전략들은 지식이다. 따라서 입시 당사자인 학생과 학부모는 관련 정보를 획득한 후에 입시 전문가와 상담함으로써 필요한 지식을 얻게 된다. 물론 당사자가 정보로부터 지식을 직접 도출할 수도 있으며, 정보 획득과 지식 도출을 전문가에게 일괄적으로 의뢰할 수도 있다.

이 사례가 일러주는 중요한 사실은 일반 대중이 직접 생산할 수 있는 지식이 오늘날에는 대단히 많아졌으며 앞으로는 더 그러할 것이라는 점이다. 인류사에는 말, 문자, 책, 인쇄, 전자, 디지털, 컴퓨터, 인터넷 등으로부터 촉발된 몇 단계의 정보 혁명이 있었다.[6] 매 단계마다 정보 저장량은 비약적으로 팽창하였으며, 더불어 지식의 생산과 소통도 양적·질적으로 대폭 상승했다. 그러나 21세기 한국사회(지식정보화 사회)의 경우처럼 지성이 대중 일반에게 요구될 만큼 그 내용이 전체적이고 그 형식이 개방적인 정보 혁명은 일찍이 없었다고 해도 과언이 아니다.

이러한 정보 시스템에서는 지난날 소수 전문가들의 손아귀에 놓여 있던 일[지식]이 급속히 대중의 비전문 영역[정보]으로 이동한다. 따라서 전문가들은 더 고도화된 지식을 창출함으로써 정보화된 기존 지식에 대하여 새로운 위계를 설정하게 된다. 그러나 전체적·개방적

인 정보 시스템에서 새로운 지식은 어느새 다시 정보, 즉 일종의 '무용지식(obsoledge=obsolete+knowledge)'[7]이 되고 만다. 이와 같은 작용[지식화]과 반작용[정보화]은 무한 반복될 것이며, 그 주기 또한 지속적으로 짧아질 것이다.

결국 21세기 한국은 지식의 급속한 정보화가 지속적으로 이뤄지는 사회 – 메커니즘 안에 있다. 그리고 근대문명 일반이 그러하듯, 이 메커니즘은 생명권(biosphère)이나 정신권(noosphère)이 없는 하나의 거대한 기계권(mécanosphère)의 성격을 그대로 띠게 된다.[8] 정보와 지식은 인간의 정신적 활동임에 틀림없지만, 지식정보화 사회의 메커니즘에서는 인정(人情)이나 휴식, 후퇴나 휴지(休止)가 결코 있을 수 없기 때문이다. 따라서 그 체제에서 이탈하지 않는 한, 제 스스로의 길을 추구하지 않는 한, 모든 인간은 점점 더 고도화되는 무한적 지성 메커니즘[…정보화 – 지식화 – 정보화 – 지식화…]을 기계적으로 반복함으로써만 존재의 근거를 확보한다.

그러나 집단적 체제 내에서 강제되는 지성, 기계적 반복으로서의 지성은 참다운 덕목으로서의 지성이 아니다. 지성이라는 것 그러니까 사유한다는 것, 그 결과로써 판단한다는 것은 어디까지나 독자성을 띠는 인간 행위이기 때문이다. 설령 각자의 사유들이 아주 똑같은 결론에 이른 경우이거나, 토의·토론과 같은 집단적 사유의 장에서일지라도 지성은 독자적으로 수행되는 과정인 것이다.

따라서 이 장의 첫 문장에서 언급한바 기본 덕목으로 요청되는 지성과, 그 배경으로 제시된 기계화된 지성은 상이한 특성과 의미를 갖는다. 말하자면, 후자가 환경결정론적이라면 전자는 환경가능론적이

고, 후자가 수동적·수세적이라면 전자는 능동적·선제적이며, 후자가
자기 퇴영적이라면 전자는 자기 증식적이라고 할 수 있다. '덕목으로
서의 지성'이란 '기계화된 지성'이라는 문제의 해답으로서 주어지는
것이기 때문이다.

　그런데 '덕목으로서의 지성'에는 오해의 소지가 있다. 이것은 뭔
가를 뛰어넘는 것, 즉 대단히 메타적인(고도화된) 지성을 의미하는 것
처럼 여겨지는 까닭에, 누구보다 뛰어난, 적어도 경쟁자보다는 비교
우위의 지성을 지녀야 한다는 뜻으로 오해될 수 있는 것이다. 하지만
이미 '덕목'이라고 지칭한 데서도 알 수 있듯이 이때의 지성은 냉철
한 능력이라기보다는 온화한 성품에 훨씬 더 가깝다. 그것은 모두에
게 보장된 행복추구권의 21세기적 실현 방법의 하나로서, 정보의 망
망대해와 지식의 바다를 주체적으로 자유롭게 유영하는 일, 곧 지향
과 실천의 문제이기 때문이다.

안다는 것과 친밀해진다는 것

21세기 한국은 일반적 사실을 두고 쟁론을 벌일 일이 사실상 사라진
사회이다. 예컨대 스위스의 수도는 어디인지[베른(Bern)], 지구상에서
가장 긴 강은 무엇인지[나일(Nile) 강], 세계에서 제일 높은 빌딩은 몇
미터인지[829.84m, 부르즈 할리파(Burj Khalifa)]와 같은 사실적 정보와,
'밀다'와 '두드리다'의 조합인 퇴고(推敲)가 왜 글을 다듬는 의미를 지
닌 용어가 되었는지[한유(韓愈, 768~824)와 가도(賈島, 779~843)의 조우], 프로

이트(Sigmund Freud, 1856~1939)의 용어로서 인간의 본능적 욕동(欲動)을 나타내는 개념은 무엇인지[리비도(Libido)], 토마토는 어떻게 먹어야 그 영양분이 가장 효과적으로 흡수되는지[화식(火食)으로 우유와 함께 먹기]와 같은 사실적 지식에 대해서 다툴 필요가 없어진 것이다. 각자의 손에 쥐어져 있는 스마트폰이나 근처의 피시(PC) - 유비쿼터스(ubiquitous)상에서 원하는 답을 재빨리 찾을 수 있기 때문이다.

그뿐만이 아니다. 맘만 먹으면 웬만한 일은 직접 알아서 해결할 수 있으며, 다양한 교양과 전문지식도 최고 수준으로 습득할 수 있다. 인터넷에 관련 콘텐츠들이 방대하게 들어 있기 때문이다. 여기에 독서는 견줄 필요도 없으며, 오프라인에서 직접 강의를 듣는 것보다 전달력이 더 높을 수도 있다. 초기에는 글에 약간의 시각 자료가 삽입되는 정도였지만, 요새는 동영상을 기반으로 더욱 쉽고 자세하게 해설되는 정보와 지식이 풍부해졌다. 가령 종이에 인쇄되던 불친절한 문투의 사용설명서는 인터넷상의 플래시나 동영상 매뉴얼로 대체되었다. 일상의 노하우를 행동으로 보여주며 친근하게 설명해주는 일반인들의 자발적인 동영상들도 아주 많다. 2차원을 포함해 3차원적인 도해가 풍부하게 삽입돼 있는, 학자와 전문가들의 자상한 동영상 강의들도 넘쳐난다. 이처럼 인터넷상에는 교양지식과 전문지식이 무한정하게 올라오고 있다. 그러므로 인터넷 - 컴퓨팅을 사용할 수 있는 사람이라면 누구라도 충분한 정보를 얻을 수 있는 것은 물론이요, 원하는 분야의 준전문가가 될 수도 있는 것이다.

정보와 지식의 소통 환경이 이쯤 되는 21세기의 한국이라면, 적어도 어떤 사실이나 사태를 둘러싼 대립이나 갈등은 현격하게 줄어든,

조용하고 온건한 사회가 그에 들어맞는 모습일 것이다. 제 영역과 과정들에서 유연성이 대폭 신장돼 있을 것이며,[9] 개인 각자가 본질 파악을 위한 수고를 일정하게 해준다면 무게중심으로서의 '대중지성'[10]이 사회적 완충력과 균형감을 적절히 발휘할 수 있을 것이기 때문이다.

하지만 이러한 진단은 미디어 – 테크놀로지의 기계적인 '작용'만 고려된 순진한 낙관론에 가깝다. 변화무쌍하고 예측불허인 인간들의 미디어 – 테크놀로지 '사용' 문제가 보충되고, 두 시각이 종합적으로 고려돼야 적실한 현상이 파악될 수 있기 때문이다. 예컨대 어느 사회의 특정한 문화적 관례(convention) 혹은 검열과 같은 권력적 통제가 개입되면 애초에 예측·기대되었던 효과는 얼마든지 교란될 수 있다. 따라서 실제적 현상으로서 미디어 – 테크놀로지의 기능과 역할은 '작용'과 '사용'의 문제가 통합적으로 고찰되어야 하는 '작동'의 문제가 된다.[11] 기계적 차원의 '작용'에서만 문제점을 찾을 게 아니라 인간적 차원의 '사용'에서도 오작동의 원인을 파악해야 하는 것이다.

사실 오늘날의 한국사회는 과거 그 어느 시절보다 대립과 갈등의 양상들이 많이 노정돼 있고 무척이나 소란스러운 형편이다. 그래서인지 '침묵하는 다수'는 저마다 자기편을 찾아 떠난 것인지 혹은 입장을 분명히 커밍아웃한 것인지는 모르겠으나, 이제는 사라져버린 실체이자 화석화된 개념처럼 느껴진다.

이른바 '민주정부'(김대중 – 노무현 정권) 시절을 거치면서 이 노정과 소란은 대폭 증대되었고 구조화되었다. 권위주의가 퇴보하고, 소통과 참여가 확대되는 정치·사회적 기반이 탄탄해졌으며, 휴대폰과 인터넷이 보편화되었으므로, 우선은 오랜 세월 동안 은폐 또는 잠재돼 있던 대립과 갈등이 표면화된 것이었다고 할 수 있다. 하지만 정말 큰 문제는 표출된 그 수많은 대립과 갈등의 구조들이 상당한 시간이 지난 후에도 봉합의 길을 찾지 못하고 더욱 노골화되거나 고착화되는 경향을 보이고 있다는 점이다.

미디어 – 테크놀로지의 광역화되고 세밀해진 커뮤니케이션 시스템만 고려한다면, 정보와 지식이 양적·질적으로 편만한 21세기 한국의 문화적 환경은 대단히 이상적이다. 퇴영적 경쟁이나 대립이 최소화될 수 있는 요건이 구비된 상태이기 때문이다. 하지만 실상은 오히려 그 반대로 흐르고 있다. 물론 풍부해진 정보와 지식을 묵묵히 섭렵하면서 독자적으로 자기계발을 지향하는 사람들이 일부 있다. 반면, 그러한 성취에는 별 관심을 두지 않는 채 표층의 불투명한 정보들만 소량으로 인지하고 소비하면서 재잘대는(twittering) 사람들이 기하급수적으로 늘어났다. 이와 같은 한국사회의 실상은 21세기 지식정보화 사회의 역설을 적나라하게 드러내는 것이다. 분명 발달된 미디어 – 테크놀로지와 커뮤니케이션 시스템의 '사용'에 적잖은 문제가 있다고 하겠다.

알게 되면 사랑하게 되는 법이라고 흔히 얘기된다. 이것은 동물에게도 나타나는, 모든 생명체들이 지니는 보편적 이치라고도 한다.[12] 그런데 집단 간에는 성립하지 않는 이치일까. 알만큼 알게 되었어도 21세기 한국사회에서 집단 간 대립은 쉬이 호전되지 않은 듯하다. 과거에는 지리적 경계 때문에, 그러니까 상호 왕래가 쉽지 않았던 까닭에 지역적 대립이 나타날 수 있었다. 하지만 교통이 충분히 공간을 축소하고 지역 간 스킨십을 증대시킨 오늘날에도 (물론 그 감정적 대립에서 벗어나게 된 사람들이 적잖을 테지만) 지역 대립이 고착화되는 흐름이 분명히 있다. 게다가 인터넷 – 컴퓨팅의 사용상 격차가 세대 간 대립이라는 새로운 구도를 만들었고, 그것은 점점 더 심화되는 양상이다.

한국인이라면 누구든지 이러한 대립 구조의 어딘가에 속해 있다. 지역적 대립이든 세대 간 대립이든 또는 둘 다에 관련된다. 그러나 체험적으로 잘 알 수 있듯이 친밀한 사이에서는 이러한 구조가 별 영향을 미치지 않는다. 자신의 친구, 자신의 부모에 대해서는 그러한 일반화된 감정을 적용하지 않는 것이다. 이는 오늘날 한국인들의 일반적 태도이기도 하다. 하지만 특정한 입장을 표명해야 하는 상황에서는 잊고 지내왔던 그 대립과 감정을 사용하기 시작한다.

이는 분명 모순적인 태도요 상황이다. 인간사는 그때그때가 다르기에 사안 별로 다르게 풀어야 하는 게 맞다. 그렇다면 이 모순에서 살릴 부분은 개인적 관계들이 되며, 집단에 대한 인식과 견해는 버려야 하는 게 된다. 결론적으로 우리는 한국사회의 대립적 구조들이 집단에 대한 특정한 견해들로써 구축돼왔으며, 인터넷 – 컴퓨팅의 소통 체계 내에서 기하급수적으로 반복됨으로써 막대하게 팽창했으리라는 의심을 품을 수 있다.

온라인 공간에서 일상적으로 접할 수 있는 어떤 집단에 관한 반응은 대체로 험담이거나 욕지거리이다. 때때로 평소 견해의 반대에 해당하는 '미담'에 대한 반응은 '가끔은 이런 괜찮은 사람도 있군' 정도이며, 또다시 그렇지 않다고 간주되는 해당 집단의 구성원들을 싸잡아 비난하는 일이 계속된다.

여기에서 우리는 인터넷 – 컴퓨팅 사용의 문제점과 가능성을 동시에 발견한다. 개인적 관계의 친밀한 경험과 어떤 집단에 대한 견해는 철저하게 분리되어야 할뿐더러, 특히 후자는 온라인 공간에서 배제되거나 축소될 필요가 있다. 사실 인간을 일반화시키는 평가는 개인에 대해서도 피하는 게 현명한 처사다. 하물며 어떤 집단에 대한 일반화된 견해는 두말할 필요도 없다. 더욱이 동양사상에는 인간에 대한 판단은 물론이고, 자연과 우주에 대한 판단까지도 유보(탈중심화, 상대화)하는 철학적 흐름이 올곧게 있어왔다.[13] 그러나 현재까지는 후자의 위력이 전자를 압도한다. 개인적 경험에 대해서도 친밀함이면 특수한 것으로 치부되고, 대개는 부정적 사례가 강조되면서 전체적으로는 후자가 더욱 강화되는 결과를 낳고 있기 때문이다.

가득한 군중과 텅 빈 세계 : 〈오감도〉 시 제1호

'팔로워(follower) – 팔로잉(following)'은 이 시대 온라인 대중의 생태를 정확하게 시스템화한 것이라고 할 수 있다. 인터넷은 인류가 창조한 새로운 생태계이자 질서로서 접속 시스템을 갖춘 사람이라면 누구든지 기거할 수 있는 시공간이다. 또한 모든 문화를 탄생시켰던 장소들(off lines)을 대체하고 새롭게 재편하여 종합하는 장이기도 하다.[14]

이 무한대적인 시공간에서 인간들은 기존의 거의 모든 일상들과 새롭게 생성된 막대한 우주를 만나게 된다. 따라서 그 발걸음은 전방위적으로 가속화되다가도(various linked, multitasking) 곧잘 길을 잃기도 한다(web surfing). 특정한 목적이 있어서 접속했더라도 길을 잃기

쉬우며, 아예 처음부터 망망한 우주에 자신을 내맡기는 경우도 있다. 그리고 이러한 온라인상에서의 생태는 예외 없이 무언가를 따르는 (following) 행위이다.

환언하면 인터넷은 따르는 행위의 무한적 순환이 구조화된 세계다. 따라서 거기에서는 늘 상대적이고 일시적이긴 하지만, 하나의 관계와 두 부류의 사람들만 존재하게 된다. 따름이라는 관계에서 그 대상이 되는 사람과 그를 따르는 사람이다.

이상(李箱)의 〈오감도(烏瞰圖)〉 '시 제1호'에는 오늘날 인터넷 생태계와 흡사한 인간 양태가 묘사돼 있다. 그것은 1930년대, 세계의 변방 조선에서 발표된 시라고는 믿기지 않을 만큼 근대 체제의 정곡을 찌르고 있다.

13인의아해가도로로질주하오.
(길은막다른골목이적당하오.)

제1의아해가무섭다고그리오.
제2의아해도무섭다고그리오.
제3의아해도무섭다고그리오.
제4의아해도무섭다고그리오.
제5의아해도무섭다고그리오.
제6의아해도무섭다고그리오.
제7의아해도무섭다고그리오.
제8의아해도무섭다고그리오.

제10의아해도무섭다고그리오.

제11의아해도무섭다고그리오.

제12의아해도무섭다고그리오.

제13의아해도무섭다고그리오.

13인의아해는무서운아해와무서워하는아해와

그렇게뿐이모였소.

(다른사정은없는것이차라리나았소.)

그중에1인의아해가무서운아해라도좋소.

그중에2인의아해가무서운아해라도좋소.

그중에2인의아해가무서워하는아해라도좋소.

그중에1인의아해가무서워하는아해라도좋소.

(길은뚫린골목이라도적당하오.)

13인의아해가도로로질주하지아니하여도좋소.

— 이상, '시 제1호', 〈오감도〉 전문[15]

이 시에 나타나는 인간은 단 두 부류, '무서운 아해'와 '무서워하
는 아해'뿐이다. 물론 이도 저도 아닌 사람들이 있기는 하겠지만, 전
체적으로는 기계적인 '질주'가 강제된 단 두 부류의 사람들로만 파악
된다['(다른 사정은 없는 것이 차라리 나았소.)']. 또한 그 중에서 누가 '무
서운 아해'이고 '무서워하는 아해'인지 특정되지 않는다(3연). 그 관계
는 상대적이며 가변적이기 때문이다. 이들은 누가 뭐라고 할 것 없이,

어떤 지향도 없이, 무언가에 쫓기듯이 계속 달리고 있다는 점에서 동일한 사정에 있는 것이다. 따라서 그들의 질주는 대개 '막다른 골목'으로 귀결되게 마련이지만[('길은막다른골목이적당하오.)'], 개중에는 '뚫린 골목'으로 발전되는 경우가 간혹 있을 수도 있다[('길은뚫린골목이라도적당하오.)']. 그러나 이상의 '질주'들은 결국에는 무의미하게 끝날 수밖에 없다. 허무하게도 그동안의 노력들이 그 '질주'들로 인해 바뀔 수 있는 건 거의 없기 때문이다('13인의아해가도로로질주하지아니하여도좋소.').

하지만 오늘날 우리들의 질주는 이보다 더 참혹하다. 강제된 것이며 빠져나올 수 없는 것이라는 점에서는 위와 동일하지만, 그 질주가 일상의 세밀한 부분들에까지, 더욱이 우리의 정신세계 한가운데까지 떡하니 들어와 있는 실상 때문이다.

근대 초기에 경성(조선)을 관찰하던 어떤 외국인의 눈에는 지배자들(일본인)과 피지배자들(조선인)이 반대로 보였다고 한다. 얘기인즉슨 거리에서 일본인은 어깨를 움츠리고 종종 걸음으로 오간 반면에, 조선인은 뒷짐을 지고 느린 걸음으로 거닐었다는 것이다.[16] 이는 다른 말로 하면 근대의 시공간에 접속된 사람과 그렇지 않은 사람의 차이이다. 아닌 게 아니라 이러한 '심층적' 관찰은 매우 예외적인 것이었다. 『한국과 그 이웃 나라들』(이사벨라 버드 비숍, 이인화 역, 1994)을 비롯하여 당시 조선을 견문한 많은 기록물들은 대체로 조선인과 일본인을 부정과 긍정으로 갈라서 바라보고 있었기 때문이다.

근대 체제에서의 인간은 쉴 새 없는 달리기로 미화될 때가 많다. 달리고 달리며 또 달리는 게 근대인의 미덕으로 받아들여진 지

마니아마추어의 시대가 온다

오래다. 따라서 오늘날 더 가속화된 달리기는 그 연장선상에서 지당한 선(善)처럼 긍정된다. 근대의 최강 국가인 미국이 왜 포레스트 검프의 끝없는 달리기를 통하여 '미국 정신'을 설파하고자 했는지 이 지점에서 정확히 필연적인 게 된다. 영화 〈포레스트 검프(Forrest Gump)〉(1994)는 지극히 휴머니즘적인 외양을 갖추고 있지만, 좀 더 분석해보면 무한 질주를 긍정하고 모두 다 그에 동참하라는 메시지를 강력하게 던지고 있다. 바보(gump)라고 하더라도 미국 현대사를 관통하는 그 끝없는 달리기를 따라하면 성공할 수 있다! 실제로 영화는 우직한 달리기 그리고 그것과 유사한 단순 반복적 행위(총기 분해·결합, 탁구 등)에서 탁월함을 보이는 검프의 '아름다운' 모습을 그리고 있다.

그 과정에서 검프는 대통령들(리처드 닉슨·존 F. 케네디·린든 존슨)도 두루 만나게 되고, 엘비스 프레슬리나 존 레논 같은 당대의 대표 아이콘들도 만나게 된다. 또한 베트남전에 참전하고 영웅이 되어 환향하며 나중에는 새우 잡이를 해서 갑부가 된다. 반면에 검프의 여자 친구 제니는 어린 시절에는 공유되는 게 많았지만, 점차 자신의 길을 가면서 검프와 멀어진다. 그녀는 반전 운동에 힘쓰며 히피 생활을 하는 여성으로 그려져 있다. 품행이 별로 좋지 않아 보이는 데에다 자신만을 바라보는 순수하고 착실한 검프를 번번이 이용하기만 하다가 불치병에 걸려 죽어가는 순간에야 그에게 사과한다. 그래서 이들의 러브라인은 이 영화에서 옥의 티처럼 지적되곤 한다. 특히 제니를 곱지 않게 보는 시선이 다수를 이룬다.

그러나 정말 그러한가. 영화 서사에서 제니의 위치와 역할이 부정적으로 비춰졌다는 사실은 그냥 그랬다고 치자. 하지만 우리가 삶에서 자유의지를 한 번이라도 발휘해본다는 게, 예컨대 영화에서 묘사되듯 알코올 중독이나 마약과 섹스에 탐닉하는, 철없고 한심한 젊은 시절의 과오로만 치부될 수 있겠는가는 말이다. 이런 측면에서 짐작컨대, 이 영화는 검프 식의 끊임없는 달리기만이 인생을 제대로 사는 길이라고 강권하는 것 같다. 긴 머리에 수북한 수염발의 모습으로(쉬지 않는 까닭에) 달리는 검프와 그를 뒤따라 달리는 사람들의 모습은 장관으로 연출되었지만, 그것은 시대의 비참한 자화상이기도 하다. 그럼에도 불구하고 이 영화에 대한 찬사는 아카데미상 시상식(미국이라는 장소에서 치러진)에서뿐만 아니라 전 세계적으로도 꾸준히 이어지고 있다. 이 영화는 정말 크게 성공했다. 영화로서도, 그 배후에 있는 미국적 보수주의로서도.

온라인에 사실상 일평생 접속돼 있는 21세기의 사람들은 거리에서뿐만 아니라 가정에서도, 업무에서뿐만 아니라 일상에서도, 물리적인 차원에서뿐만 아니라 정신적인 차원에서도, 저 '질주'를 계속하고 있다. 말하자면 '저녁이 있는 삶'[17]이란 근사하고 따뜻한 캐치프레이즈는 감성을 깊이 파고들 수 있었지만, 그 느낌─실은 추억─을 아는 현대인들은 한정돼 있으며 앞으로 더욱 줄어들 것이라는 점에서 비현실적이기도 했다.

물리적 시간이 제공된다고 한들 온라인에서의 삶이 전체화된 21세기 개인들에게, 가족이 식탁에 둘러앉아 어머니의 향긋한 손길이 배인 따뜻한 저녁식사를 나누면서 아버지의 경험과 지혜를 전수받는 '관계'가 재연될 수 있겠는가 말이다. 온라인이 생활의 주된 시공간인 세대나 개인들은, 시간이 없기도 하겠지만 그러한 문화 자체를 모른다. 아니 적어도 익숙하지 않다. 그리고 바로 이것이 문제의 본질이다. 중요한 것은 시간의 양이 아니라 질이며, 시간의 주체와 시간의 지배자가 되는 자아이다. 과거로부터 내려온 한국사회의 대립 구조가 21세기 지식정보화 환경에서도 여전히 건재하는 아이러니는, 온라인을 통해서 알게 된 내용들의 허술함 뿐만 아니라, 그 대상들과 친밀해지는 방법을 잘 모르는 세대와 문화에서도 이해될 수 있는 것이다.

어울리는 사람들은 많지만, 따름(following)의 질주들로 구조화된 나머지 친밀하며 내용 있는 관계들이 생성될 수 없는 군집은 텅 빈 세계일 뿐이다. 따라서 이 시공간에서, 이대로의 양태로는 대립과 갈등의 해소를 기대하기는 어렵다고 할 수 있겠다. 문화의 대립 구조가 더 심화되고 있는 오늘날 한국사회의 실상은 어쩌면 필연적인 것이다. 그럼에도 불구하고 우리는 희망을 생각하며 그 길을 찾아 나서야 한다. 인간으로 살아남기 위하여.

융합되는 문화와
융합되지 않는 입장들

❖❖❖

사람이 하등 동물보다 뛰어난 점 한 가지는
세계에서 가장 흉내를 잘 낸다는 것이다.
— 아리스토텔레스 —

양심의 법칙은 천성으로 타고난다고 우리는 말하지만,
그것은 습관에서 나온다.
각자는 주위 사람들이 승인하고 받아들인 생각과
풍습을 내심으로 존경하고 있기 때문에,
후회 없이는 그것을 벗어던지지 못하고 찬양하며 거기에 응한다.
— 몽테뉴 —

견고했던 모든 것들이
융합되는 시대

바야흐로 문화 융합의 시대이다. 21세기를 맞아 유사 이래 모든 것들은 미디어 - 테크놀로지와 글로벌리즘을 기축으로 하여 범위와 경계를 가리지 않고 융합되면서 기존의 견고한 토대들과 장벽들을 해제(解除)하고 있다. 문화는 일정한 시간과 계기를 거치고 나면 융합되게 마련이지만, 오늘날의 양상은 그 폭과 속도에서 가히 이전 시기의 총합을 능가하고 있는 것이다.

오늘날 전문가들은 예전에 비해 일하기가 좀 더 어려워졌다. 대중에게 제공되는 기본 정보량이 급격하게 증가한 까닭에 적어도 그보다는 상위의 정보·지식을 내놓아야 한다. 뿐만 아니라 과거에는 고객(비전문가)의 정보를 일방적으로 파악할 수 있었지만, 지금은 자신(전문가)의 정보도 상당히 공개돼 있는 까닭에 예전처럼 고객이 고분고분하지만은 않다. 최근 지나갔던 메르스(MERS) 사태에서 보듯, 한국은 예상보다 훨씬 더 전파력이 높았는데, 그 특수성의 요인으로 꼽혔던 것 중 하나가 환자들의 잦은 병원 이동이었다. 정보가 많으므로 옮겨 다닐 수 있는 병원도 많았던 셈이다. 따라서 전문가들은 권위주의적 태도를 버리고 전문성에 진정한 서비스 정신을 결합한다든지 또는 다른 혜택을 복합적으로 제공한다든지 함으로써 고객(비전문가)을 유인해야만 한다. 섞이고 또 섞여야 하는 것이다.

뿐인가. 과거에는 명백했던 개념과 범주의 구분도 점차 희미해지고 있다. 예컨대 견고했던 '한국문학'은 기존의 토대를 허물고 '문학'과 '문화'라는 확장된 틀로 옮겨감으로써 오늘날 논의로서의 의미와 생산력을 확보할 때가 많다. 한국인에 의해, 한국(적) 내용을, 한국어문 사용자가 읽도록 쓴 작품이 한국문학이라고 할 수 있는데, 이러한 기준을 엄밀하게 충족시키지 않거나 그 경계상에 위치하는 텍스트(작품을 포함하여 문화적 대상이 되는 것들의 총칭)들이 적지 않기 때문이다.

가령 고전 텍스트가 현대 영화나 텔레비전 드라마 또는 만화나 게임으로 새롭게 탄생된 경우는, 앞의 두 조건은 충족하지만 뒤의 조건에는 부합하지 않는다. 또한 한국의 판소리가 오페라나 뮤지컬과 융합된 경우는 둘째 조건에는 부합하지만 첫째 및 셋째 조건은 사안에 따라 맞지도 맞지 않을 수도 있다. 이를 두고서 딱 잘라서 '한국문학'이나 판소리, 오페라, 뮤지컬이라고 할 수 없으므로 '문화'의 확장된 틀에 놓을 수밖에 없다.

더구나 오늘날 한국 독자들은 한국인 작가의 것뿐만 아니라 한국어로 번역된 외국인 작가들의 작품도 많이 읽는다. 이 경우에는 앞의 두 조건에서는 명백하게 벗어나지만 세 번째 조건에는 걸쳐져 있기 때문에 한국문학도 외국문학도 아닌 단지 '문학'이 된다. 이처럼 융합됨으로써 과거의 견고했던 개념, 장르, 향유 방식 등이 해제되는 일은 비일비재하다.

그런데 한국어로 번역된 외국문학 작품을 감명 깊게 읽은 독자라면 해당 작가뿐 아니라 그 나라의 문화까지 선호하게 되는 경우가 많다. 독자는 그 작품이 탄생한 시공간에서 작가의 느낌을 공유해보고도 싶고, 원어로 다시 읽어보고도 싶어 한다. 또한 고전문학에 대해서 큰 관심을 보이지 않던 사람이 영화나 드라마로 변환된 고전 작품을 보면서 적극적인 관심을 갖게 될 수도 있다. 외국인의 경우에는 〈춘향전〉이나 〈심청전〉 같은 한국 고전문학 작품을 바탕으로 창작된 한국 발레를 감상한 인연으로 한국에 새로운 관심을 갖고서 그 밖의 한국 문학과 문화에 대해 더 알아보거나 한국어나 한국 음식을 접함으로써 한국(인)에 대한 친밀감을 제고하게 될 수도 있다.

이처럼 이질적 문화 요소들의 융합은 그것을 체험한 사람들의 융합을 유도한다. 문화가 소위 '문화 콘텐츠'나 '문화 산업'이라고 지칭되면서 고부가가치의 성장 동력으로 주목받는 까닭은 이와 같은 문화의 근원적이고 지속적인 영향력 때문이다. 사소하고 일시적인 이유로 인해 발생했던 중요치 않은 문화적 요소라 하더라도 그대로 굳어지게 되면 해당 사회의 문화적 선택의 특수성을 형성할 수도 있다.[18] 또한 인간은 문화적 교류를 통해 타자와 공감하며 나아가 그 나라와의 상업적 교류에도 더 유연해진다.[19]

그러나 문화 융합의 긍정적인 효과가 한국사회 내부에서는 별로 나타나지 않는 것 같다. 21세기의 강력한 융합 기제가 작동하기 이전에도, 한국이라는 동일한 시공간에서는 제 영역에 걸쳐 문화 융합이 상당하게 진행돼 있었을 테인데도 말이다. 이른바 '전국 일일 생활권'이라는 교통 환경(경부고속도로, 1970년)이 구축된 지 어언 40여 년이다. 물론 경부고속도로 개통은 문화 융합의 교통적 출발점에 불과했다고 할 수 있다. 자가용의 보급과 사용이 저조했던 시절이었기 때문이다. 하지만 현재의 기준으로 볼 때 한국사회는 문화적 융합의 인프라로서 교통 여건이 충족돼 있는 상태이다. 비용 문제가 있긴 하지만 한국 내에서 당일 왕래가 불가능한 장소는 거의 존재하지 않기 때문이다.

게다가 21세기 들어 보편화된 초고속 인터넷 기반의 개인컴퓨터(PC)와 스마트폰 사용을 통해 물적 융합의 요건은 비약적으로 강화되었으며, 나아가 인적 융합의 요건도 충족돼 있는 상태이다. 이전에는 입소문으로만 여행 장소나 테마를 선정할 수 있었다. 하지만 이제는 문학작품이나 영화나 방송에 나온 장소를 실시간으로 찾아볼 수 있으며, 여행가 및 기경험자들이 제공하는 정보를 통하여 매우 상세한 안내를 다양하게 받을 수도 있다. 또한 다른 지역의 사람과 온라인 소통을 하면서 해당 장소의 사물과 사람에 관한 더욱 구체적이고 일상적인 정보를 얻을 수도 있다.

이쯤 되면 그 견고했던 전통적 구별 짓기의 허다한 허상들이 파괴될 만하지도 않았을까 싶다. 그러나 악화(惡貨)는 양화(良貨)를 구축

(驅逐)해서일까(그레샴의 법칙). 한국의 사이버 공간에서는 문화(사물)의 융합과 사람 간의 구별 짓기가 연동성을 나타내지 않으며, 개별적으로 심화되는 양상이다. 예컨대 전라도와 경상도 간의 구별 짓기는 더 다양해지고, 그래서 '홍어'니 '전라디언'이니 '과메기'니 '개쌍도'니 하는, 더욱 자극적인 비하가 난무하며, 사실무근이거나 개인적 경험을 침소봉대한 유언비어 수준의 설화들이 양산되고 있다.

구한말 이 땅에서는 서양인들을 대상으로 한 유언비어가 난무한 적이 있었다.

> 서울에 '양인(洋人)이 어린아이를 삶아 먹는다'는 유언비어가 돌아 민가에서는 아이들을 간수하여 밖에 나가 놀지 못하게 하였다. 길거리에 자기 아들을 업고 가는 자가 있었는데 어떤 사람이 그를 가리키며, '아이를 훔쳐 팔러 간다' 하니, 모두들 그를 치고 밟아 그 사람은 미처 해명도 못하고 죽었다. 양인들이 그 말을 듣고 힐책하자, 왕은 오부(五部)에 방을 걸어 진정시키도록 하니, 얼마 있다 조금 잠잠해졌다.[20]

서양인들이 어린아이를 삶아 먹는다니. 당시 조선 사람들은 서양인들을, 산속에서 내려와 민가를 습격하고 가축이나 아이들을 잡아먹는 맹수나 인간과 종이 다른 외계인쯤으로 여겼는지도 모르겠다. 그러나 우리가 눈여겨볼 대목은, 그들이 무지하긴 했으나 자못 진지한 태도였다는 사실이다. '유언비어'를 참말인 양 철석같이 믿었던 그들은 자기 아들을 업고 가던 어떤 서양인을 아기를 팔러간다고 간주한 나머지 때려죽였다. 적어도 그들은 알만큼 잘 알면서도 진짜 유언비어를 퍼뜨리면서 그 사태를 즐기는 것만 같은 오늘날의 일부 한국인들처럼 고약하지는 않았던 것이다.

20세기 초 조선인들의 태도는 납득될 만한 여지가 있다. 제대로 본 적도 없는 데다, 생전 처음 보는 물건들을 사용하면서 외형 자체가 아주 달랐던 외부인들에 대한 경계심을 그 시대의 눈으로 드러냈기 때문이다. 더욱이 당시는 범람하는 외래문화를 적절하게 수용하여 사회에 공급하는 커뮤니케이션 체계가 불충분한 상황이었다. 그들에게는 구술이 거의 유일한 커뮤니케이션 수단이었다. 구술은 여러 사람과 상황을 거치는 까닭에 가변성이 높다. 그러나 그것이 최초이자 최종 커뮤니케이션 수단이었던 이들은 비상식적인 내용도 곧이곧대로 믿어버렸다. 그만큼 구술 사회에서는 합리성이 결여된 정보도 나름의 생명력을 지니고 소통될 수 있었다.[21]

하지만 유언비어 수준의 지역적 대립이 여전히 사회 문제가 되고 있는 21세기 한국사회의 현실은 비참하다. 전국이 거미줄 같은 교통망으로 촘촘히 연결돼 있으며 세계 최고 수준의 통신 인프라가 구비돼 있고 첨단의 개인 기기들이 널리 사용되는 사회인데도 말이다.

주지하다시피 지역 대립은 일부 정치꾼들이 정략적으로 조장하여 키워온 것이 주된 이유이다. 거기에 지역민들과 타 지역민들 일부가 부화뇌동하여 크게 팽창한 것이다. 그러나 지금과 같은 원활한 소통 조건이 구비된 상태에 정치꾼들에게 책임을 전부 돌릴 수는 없다. 어차피 그들은 사실과 상관없이 필요한 것을 악용하는 종자들로서, 저들이 만들어놓은 지역감정에도 일말의 신념이나 책임감을 투여하지 않았을 것이기 때문이다. 그러므로 그것을 하나의 가치 체계처럼 신봉하고 실천하는 일부 국민들, 특히 대립 지역과 이해관계가 없는 사람들만 아주 딱한 노릇이다.

2000년 12월에 당시 한국 대통령이었던 김대중은 노벨 평화상을 수상했다. 민주주의와 인권을 향한 40여 년에 걸친 투쟁 역정과 '6.15 남북 공동선언'을 이끌어내 한반도 긴장 완화에 기여한 데 대한 공로였다.[22] 이는 한국역사상 최초의 노벨상 수상으로서 한국사회 모두가 함께 경하할만한 일이었다. 그러나 일각에서는 노벨상 로비설이 불거져 나왔고 지금까지도 그 의혹은 소멸되지 않았다. 김대중 노벨평화상 수상이라는 역사 기록에 첨가물처럼 따라다니면서 하나의 사건에 두 가지의 시선을 만들어내고 있는 것이다.

의혹의 내용은 이러하다. 김대중은 노벨평화상 수상에 병적인 집착을 보였다. 그래서 선정 및 시상권자인 노르웨이 노벨위원회에 지속적으로 로비를 벌여왔다. 그런데 동 위원회는 한반도 평화 무드를 조성함으로써 확실한 수상이 가능하다는 암시를 주었다. 따라서 김대중은 북한의 김정일에게 상당한 자금을 쥐어주면서 평양 방문과 '6.15 남북 공동선언'이라는 '쇼'를 연출했다는 것이다.[23]

여기에서 의혹의 사실성 여부를 따져보면서 어느 한편을 헐뜯는 일 따위는 할 필요가 없다. 그만큼 정보가 충분히 제공돼 있지도 않을 뿐더러(이러한 정보는 일반에게 알려지지도 않을뿐더러 그 자체가 대단히 비싸다), 어느 한편의 입장을 지지한다고 해도 그에 대응하는 반대 입장을 설득할 수도 없다. 또한 인류사에서 최고의 권위를 지니고 있는 노벨평화상을 부정할 논리도 희박하다.

중요한 점은 우리 사회가 외부의 칭찬과 격려를 함께 받아들일 수 있을 만큼의 여유가 부족하다는 현실, 그것을 부단히 생성해야 할 중립 지대가 허약하다는 사실이다. 그 결과 '2차 구술성'(전자 미디어 – 테크놀로지 이후 생성된 새로운 차원의 구술성)[24]의 문화가 약동하지 않으며, 문자문화의 고정성에 깊이 뿌리박힌 채 생기를 잃은 구술성의 문화만 준동한다. 이는 동일한 사안에 대한 다양성의 유연한 어우러짐이 아니라, 완고한 차이의 상호 반목일 뿐이다.

필자는 2001년도 여름 여행 중에 부산에서 인상 깊은 장면을 목격한 일이 있다. 일단의 시민들이 자전거를 타고 다니면서 이듬해에 열릴 제14회 부산아시안게임에 대비해 자체적으로 시민의식의 고양을 위한 캠페인을 벌이는 모습이었다. 당시에 따로 사진으로 기록해두지 못해서 안타깝지만, 이러한 모습은 한국 문화의 특수한 미덕을 보여주는 것이었다고 생각한다. 한국적 가족주의가 국제적인 행사를 앞두고 발휘된 한 양상으로서 말이다.

가족주의를 공동체 단위로 확대해가다 보면 우리 구·군, 우리 시·도, 우리 대한민국으로 하나가 된다[대동단결(大同團結)]. 이것은 한국 문화의 올곧은 전통이다. 물론 반대 방향으로 작동할 위험성도 분명히 있다. 예컨대 한국 관중들은 같은 축구경기에서라도 가족주의의 작동 방향에 따라 다른 모습을 보인다. 다른 나라와의 경기에서는 한국이라는 가족이 되기 때문에 응원전에서부터 경기장 뒷정리까지 일사불란하고 깔끔하지만, 국내 팀 간의 경기에서는 무질서하고 지저분한 흔적을 남기는 경향이 사라지지 않았다. 요컨대 오늘날 인터넷상에 광범위하게 조성돼 있는 '이구이성(異口異聲)의 사회'는 바로 이러한 가족주

의가 반대 방향으로 작동할 때의 문제점을 고스란히 드러내고 있다고
볼 수 있다.

모방의 나비효과 : 정체불명한 정체성들의 극한 대립

몇 년 전 강원도를 여행하는 도중의 일이었다. 속초시에 있는 어느 상
가 건물의 화장실에서였는데 대학생쯤 되어 보이는 두 친구가 양양
(양양군)이 어떻다느니, 주문진(강릉시 주문진읍)이 어떻다느니, 거진(고
성군 거진읍)이 어떻다느니 하며 떠들고 있었다. 흥미로워서 가만히 들
어봤는데 말투 그러니까 방언의 차이에 관한 것이었다. 그 두 친구는
속초 사람이었는데 다른 지역의 말투를 흉내 내면서 우스워하고 있
었다. 필자가 듣기에는 두 사람의 속초 말씨도 충분히 특징적이고 재
미있는데 그 친구들 입장에서는 다른 지역만 그렇게 느껴졌었나 보
다. 대개 광역 행정구역 단위로 어렴풋이 방언 차이를 인식해오던 필
자로서는 일종의 소지역주의의 분기 현장을 생생하고 흥미롭게 목격
했던 셈이다.

분류는 정보화·지식화의 중심 기제로서 그 자취들은 문화사의
뚜렷한 징표들이 된다. 정보를 분류함으로써 인류는 지식을 축적하고
역사를 만들어왔다. 분류는 인간이 선천적으로 지니는 일종의 본성
또는 능력이라고 한다.[25] 그렇다면 어떤 집단이나 민족에게서 발달해
온 특정한 분류 내용이나 방식은 그 문화의 특성을 설명해주는 중요
한 요소가 될 것이다.

한국의 족보는 인류사에서 가장 많이 발달된 씨족의 계보도이다. 조상과의 종적 연결성을 중시하는 동아시아 유교문화권에서는 대체로 다른 문화권에 비해 족보 문화가 더 발달했다. 하지만 중국·일본·베트남 등의 사회가 한국의 가문들만큼 체계화된 기록물로서의 족보를 현대까지 두루 보유하고 있지는 않다. 이러한 한국적 특수성은 20세기 초반(1920년대 후반 절정을 이룸)에 일어난 족보 출판의 붐에 연유하고 있기도 한데, 당시 한국사회가 새로운 문명(근대 패러다임)에 대응하는 한 양상이기도 했다.[26]

또한 현대사회에서 각국의 성씨 수를 비교해봐도 그 특수성이 드러난다. 한국의 경우 285종(귀화성 포함 727종, 2000년 기준)에 불과한데, 이는 18세기 중엽과 비교해볼 때도 거의 변함이 없는 수치라고 한다. 일본의 경우에는 성씨가 30만여 종에 이른다고 하므로, 씨족 문화의 전통이 한국 수준으로 보존되지는 않았다고 단정할 수 있다. 중국(한족漢族)의 경우에는 현재 약 3,500여 종 이상으로 보고된다고 하니, 인구수를 감안할 때 많지는 않다고 할 수 있지만, 1980년 조사에서 3,107종이었다는 기록으로 미루어 최근에는 많이 증가하는 추세임을 알 수 있다.[27]

285종은 매우 적은 숫자이다. 현재 인구수 51,000,000여 명을 그 수효로 나눌 때 한 성씨 당 약 179,000여 명이므로 분류 치고는 덩치가 무척 크다. 그런데 이른바 3대 성씨라고 하는 김·이·박이 45퍼센트이고 나머지 10대 성씨까지 합산하면 64퍼센트 정도라고 하니, 해당 성씨들은 더욱 덩치가 커지게 된다.[28] 그렇다고 막막한 것만은 아니다. 횡적으로는(synchronic) 막막하겠지만 종적으로(diachronic) 그려

보면 꽤 간결해진다. 몇 단계씩 올려보면 대한제국에서 조선후기로, 다시 조선전기를 거쳐 고려시대로, 그 이상으로도 금세 연결될 수 있다. 또한 족보에는 혼인한 다른 집안 남자(사위)들도 기록돼 있어서 더 다양한 역사의 국면들과 만나게도 된다. 이는 여전히 한국사회에서 단일민족이라는 '신화'가 주장될 수 있는 물적 증거이자 정신적 기제라고 할 수 있다. 몇 번의 사다리만 거치면 '우리는 하나'가 되기 때문이다.

하지만 '우리는 하나'로 늘 만족스러울 수는 없는 법이었다. 동일 성씨는 본관(本貫)에 따라 갈라지고(아니 애초부터 달랐고), 그 안에서도 다시 여러 갈래의 계열(파족派族)로 (특히 대단한 공적이 있는 조상이 나왔을 경우에) 분기된다. 이렇게 되면 분류의 만족도가 좀 더 상승된다. 구별됨으로써 인식되는 비교우위에서는 자부심이 생기기 때문이다.

그러나 이러한 구별 짓기는 늘 상대적인 것이며 경우에 따라서는 가변적인 것이기도 하다. 명백하게 외부로 인식되는 집단 앞에서는 '우리'가 되지만, 일상적인 경우에는 끊임없이 더 특수하고 조잡한 여러 가지의 '우리'를 만들어내기 때문이다. 그러나 수많은 파당과 분열 구조를 양산하는 '우리'라는 정신적 기제가 임의적인 것은 아니다. '우리'들에는 연대할 수 있는 공통 요소가 어쨌든 들어 있다.

그런데 문제는 그러한 특수한 문화적 전통이 현대사회와 사이버 세계에서도 동향·동기·동창 외에 더 많은 '동(同) -'의 조합을 끊임없이 양산해내고 있다는 사실이다. 이와 같은 문화적 배경 하에서는 사소한 연결 고리만 있으면 집요하게 그것을 친분으로 엮어내려는 사람들이 등장한다. 이들은 그 연대의 실질적 구성체인 돈을 대면서 기대되는 것 이상의 이득을 선취하려 한다. 따라서 한국사회에서 실력자란 사적이며 조밀한 네트워크를 아주 많이 갖고 있는 사람이다. 어느 사회든 네트워크가 일정하게 존재하며 그것이 어떤 일의 추동 요인이 될 때도 많다. 그러나 한국사회와 같은 사적인 관계, 무분별한 네트워킹의 과잉은 그만큼의 사회적 손실과 비용을 요구하게 마련이다.

법조계의 전관예우는 한국사회에서 일반화된 과잉 네트워킹의 대표적인 폐해 사례라 할 수 있다. 곁에서 지켜본 바로는 이 분야에 종사하는 사람들은 모교 동창회 기수보다는 사법연수원 기수를 우선시하는 것 같다. 그 네트워킹이 실제적이고 더 강력하기 때문일 것이다. 어느 날 갑자기 직장을 때려치우고 사법시험에 도전해보겠다며 의지를 불태우던 몇몇 지인들을 말렸던 적이 있다. 실력을 의심해서가 아니었다. 그 조밀하고 견고한 네트워크 체계가 그의 진실한 초심을 짓밟고 말 것이라는 염려가 진짜 이유였다.

한국사회에서 이러한 네트워킹은 권력과 이익이 집중되는 분야일수록 탄탄함을 자랑하는 게 사실이다. 대중이 보기에는 전문성 그러니까 업무 능력이 가장 중요할 것 같은 분야들이다. 그러나 조밀한 네트워킹으로부터 조성된 대단히 경직된 위계 문화를 갖고 있는 까닭에, 엄숙한 선서로 시작했음에도 불구하고 일정한 시간이 흐르고 나면, 진짜 업무뿐만이 아니라 선서에 반할 가능성이 농후한 네트워크 사업에도 신경을 쓰지 않을 수 없게 된다.

과잉 네트워킹은 영리하고 훌륭한 개별자들을 바보처럼 만들어놓는다. 따라서 정말 이해할 수 없는 바보스런 언행을 보이는 정치꾼의 이력을 들춰보면서 혀를 내두를 필요가 없다. 정말 아둔해서 한 짓인지는 하늘과 본인만 알 수 있겠지만, 아둔한 짓을 강요 받아서, 때로는 알아서 눈치껏 할 때가 더욱 많을 터이니 말이다.

여기서 우리는 집단적 마비 증세를 일으키는 심리적 기제에 대해 잠깐 언급할 필요가 있을 것 같다. 우리는 방송에서 보게 되는 교활하고 비열한 짓을 한 누군가가 일상에서도 정말 나쁜 사람이라고 여기기 쉽다. 그러나 그렇게 단순하게 사안을 덮고 지나가는 것도 큰 문제이다.

1961년 예일대학 심리학과 조교수였던 스탠리 밀그램(Stanley Milgram)은 권위에 대한 복종을 연구하고 싶었다.[29] 제2차 세계대전이 끝난 후 많은 사람들은, 엄격한 게르만식 교육을 받고 자라난 나치의 장교들은 명령에 절대복종하기 때문에 어떤 짓이라도 저지를 수 있었다는 가설을 받아들이고 있었다. 하지만 밀그램은 그러한 가설로는 나치 장교들이 잔인한 학살을 집행했던 이유가 충분히 설명되지 않는다고 생각했으며, 사람들이 파괴적인 복종에 굴하는 이유가 성격보다는 상황에 있다고 믿었다. 그러고는 대단히 설득적인 권위가 주어진 상황에서는, 매우 이성적인 사람이라도 도덕적 규칙을 무시하고 명령에 따라 잔인한 짓을 저지를 수 있다는 가설을 세웠다.

그는 가설을 실험으로 입증하고자 했다. 실제처럼 보이지만 작동하지 않는 가짜 '충격 기계'를 만들고 수백 명의 지원자들을 모았다. 일정한 조건에 따라 어떤 사람에게 치명적일 정도로 강한 전기 충격을 가하라고 명령하는 실험이었다. 광고를 본 사람들은 별 고민 없이 실험에 참가했다. 세계적 명문인 예일대학에서 시행하는 기억력에 관한 과학적 연구로서, 참가자에게는 4달러씩 준다고까지 했기 때문이다.

실험은 교사와 학생으로 나뉜 피험자 중 교사가 몇 개의 단어를 읽어준 후 학생이 그것을 기억해서 맞추는 방식으로 진행됐다. 그런데 교사 역의 피험자는 학생 역의 피험자가 틀릴 경우, 처음 15볼트에서 시작해서 오답이 누적될 때마다 15볼트씩, 최고 450볼트의 전기 충격을 가해야 했다. 학생 역은 윌러스라는 배우가 고정으로 맡아서 전기 충격의 고통을 실감나게 연기했다. 더불어 흰 가운을 입은 실험자는 교사 역의 피험자가 처벌을 주저할 경우, 소정의 전기 충격을 가하라는 명령을 지속적으로 내렸다.

실험 결과는 대단히 충격적이었다. 극소수의 사람만 그 잔인한 명령에 따를 것이라는 예상과 전혀 달랐기 때문이다. 무려 65퍼센트에 이르는 사람들이 권위가 인정된 명령에 따라 치명적인 강도의 전기 충격을 가했으며, 웃으면서 아무렇지도 않게 전기 충격을 가하는 사람까지 있었다.

이 실험으로 인해 이십대 후반의 전도유망했던 밀그램 교수는 예일대학에서 쫓겨났다. 현재까지도 이 실험에 대한 이론(異論)의 여지는 있다. 하지만 실험 결과로부터 분명히 설명될 수 있는 사실이 있다. 인간은 인정할 만한 권위 앞에서는 자신의 신념이나 양심을 제쳐두고 올바르지 않은 명령에 복종하는 경향이 상당하다는 점이다.

따라서 정치꾼들은 물론이고 웬만한 공인들에 대해서 '그렇게 안 봤는데 실망이야'라는 식의 반응은 적절하다고 할 수 없다. 그들은 개인 능력보다는 조직의 힘에 더욱 더 좌우되는 존재들이기 때문이다. 그리고 더욱 중요한 사실은 그런 식의 인상주의적인 판단은 긍정적일 경우에도 위험천만할 수 있다는 점이다.

예컨대 '자수성가한 부자'라는 이미지는 2007년에 이명박을 대통령으로 만든 근간이었다. 당시는 '부자 되세요!'라는 광고나 돈방석 (돈이 새겨진 방석) 같은 선물이 유행하던 시절이기도 했다. 국민들 다수가 적극적으로 부자를 꿈꾸던 시절이었던 것이다. 그러나 이미지에 근거한 인상주의적 판단의 결과, 국민이 부자가 되기는커녕 민생은 나아질 기미를 보이지 않았다. 오히려 국민은 생활에 직접적인 피해를 입어가면서까지, 나쁜 부자가 돈 버는 방식을 인상 깊게 배웠을 뿐이다.

조직의 힘에 좌우되는 것이라고 해서 잘못된 행위가 용인되어야 한다는 뜻은 아니다. 중요한 점은 행위에 상응하는 적합한 사회적 위치의 설정이다. 잘못을 했으나 공직에 오르고자 함으로써, 기어코 자리를 차지함으로써 두고두고 욕먹는 사람이 애초에 발생하지 못하도록 해야 한다는 것이다. 당사자야 마땅히 얻어먹을 만한 욕이겠지만, 그로 인한 사회적 손실은 너무나 크기 때문이다. 우선 가타부타하는 입장 차이가 처음부터 성립될 수 없는 사안을 두고 소모적인 싸움이 벌어진다. 나아가 한번 용인되면 그들은 과거의 잘못을 정당화하려는 술책을 끊임없이 구사한다. 결국 수단과 방법을 가리지 않는 그 뻔뻔함으로 사회적 분열이 야기되기 시작한다.

따라서 다음과 같은 문제에 대한 사회적 합의가 요청된다. 친일 행적을 정당화하는 것은 두말할 나위가 없으며, 한국사회의 특수한 사정인 군 면제와 같은 문제는 공인의 결격 사유로서 사회적으로 합의돼 있어야 한다. 한국사회에서 공인으로서 문제가 되는 병역 비리 내지 의혹이란, 가려고 애쓰다가 못 가서 문제가 되는 게 아니라, 희한한 방법으로 회피한 사람들에 관한 것이기 때문이다. 국가 안보를 위해 위헌적인 요소가 성립될 수 있다면(국가보안법), 똑같은 이유로 국가 안보의 기틀을 허약하게 만드는 요인도 법률로 차단될 필요가 있다. 힘 있는 자들이 군대를 면제받는 것 같은 분위기는 일반 국민들에게 박탈감을 안겨줄뿐더러 국방의 의무를 천시하는 풍조를 만들기 때문이다.

　정치꾼들은 준비됐다는 말을 기가 막히게도 좋아하는 것 같다. 하지만 준비됐다는 게 뭔가. 오래 전부터 국가를 위해 공복으로 살겠다는 마음을 품고 착실히 그 길을 걸어왔다는 뜻이 아닌가. 그렇다면 군 입대를 회피하고 싶은 유혹에 빠졌을 때, 나중에 공직에 나갈 때 문제가 될 수 있다는 생각은 왜 못했는가. 그는 준비된 사람도 아닐뿐더러 큰 인물은 더더욱 아닌 기회주의자에 가깝다. 그들은 단지 과거에 살아왔던 대로 자기 안위만 걱정하고 근시안적인 이익을 도모하면서 살아가면 되는 존재들이다.

　하지만 오늘날 우리사회의 현실은, '노블레스 오블리주'(Noblesse oblige, 사회지도층의 도덕적 책무)란 개념이 무색할 정도로 노블레스를 자천하는 집단의 군 면제 비율이 그 외보다 월등히 높다. 여러 번 접어서 생각해봐도 이해될 수 없는 사실이다. 그렇다면 공직자선거법에 가칭 '국가보위법' 조항을 신설하는 것은 어떨까. 한국에서 공직에 나가고자 하는 모든 남성은 군필자여야 한다는 내용을 법으로 명문화하는 것이다. 말로만 '신성한 국방의 의무'를 운운하지 말고 국민 모두가 그것을 존중하고 기꺼이 수용할 수 있는 문화를 만들어야 한다는 얘기다.

기회주의자들의 집합에는 애당초 정체성이 있을 수 없다. 그러나 오히려 그들은 없는 정체성에 목을 맬 때가 많다. 자신들의 이득을 높이는 일에는 사회적 합의가 필요한 경우가 적지 않은데, 그것을 위한 대 국민 설득 작업에 정치적 광고(브랜드·슬로건·네이밍·메시지 등)가 중요하고, 바로 그때 정체성 설정이 필수적이란 걸 잘 알기 때문이다. 따라서 그들이 내세우는 정체성은 정체불명인 경우가 대부분이다. 예컨대 2015년 8월 15일, 광복 70주년과 함께 건국 67주년을 살며시 끼워 넣으면서 '건국절' 제정을 주장하는 사람들이 있었다. 이들은 입질을 하듯이 건국절 제정에 관한 필요성과 논리를 언론에 흘려오곤 했다.

하지만 그 주장은 지금까지 한국사회에서 널리 공유되어온 역사적 사실들과 그에 의해 성립된 멀쩡한 정통성을 부정해야만 하는 일이다. 유구한 역사와 단일민족 국가라는 자부심을 갖고 있는 한국사회에는 국가와 민족의 기원을 동일시해온 분명한 전통이 있다. 따라서 근대 민주공화국이 수립된 이후에도 단군왕검이 나라를 세운 때로부터의 한국 민족을 국가의 역사로 기산해왔다.

이 정신은 대한민국 임시정부에서 개천절이 제정됨으로써 이어져왔다. 대한민국 정부에서도 그 뜻을 계승하여 '국경일에 관한 법률'(제53호, 1949.10.1.)을 제정하고 3.1절·제헌절·광복절·개천절을 국경일로 지정·공포하였던 것이다. 또한 제헌의회에서 결의하여 헌법에 명시해놓았듯이 민주공화국(근대국가)으로서의 대한민국은 상해 임시정부의 법통을 계승한 국가이다. 따라서 개천절을 도외시하면서 굳이 건국절을 주장하려면, 1919년 4월 13일, 즉 3.1운동 정신을 계승하여 수립된 대한민국 임시정부 수립일에 맞춰져야 한다(다만 최근 발견된

기록들을 바탕으로 같은 1919년이더라도 좀 더 정확한 날짜를 확정해야 한다는 견해들이 있다).[30]

　　그러나 무슨 중요한 사실이라도 있는 양 제기되는 1948년 8월 15일 건국절 주장은 사실은 그 정체가 불명하다. 이들은 우리나라가 지구상에서 건국기념일이 없는 유일한 나라라고 주장하면서 제정의 필요성을 역설하는데[31] 그 자체가 사실 무근이다. 건국절 제정을 처음으로 공론화한 것으로 알려져 있는 이영훈은 미국 보스턴에서 목격했던 축제의 광경을 묘사하면서 "그날은 우연히도 미국의 건국기념일이었다"라고 쓰고, 세계에서 대한민국에만 건국기념일이 없다는 아쉬움을 덧붙인다. 그러고는 아주 간단하게 "우리도 건국절을 만들자!"는 주장을 펼쳤다.[32] 그가 말하는 날은 7월 4일, 미국 '독립기념일'이다. 이는 '독립'을 '건국'으로 바꿔 말했다고 지적하면서 말꼬리 잡자는 뜻이 아니다. 다른 나라들의 경우를 보면 더 분명해진다.

　　신생국이 아닌, 나름의 뼈대가 있는 국가들은 분명한 날짜를 명시하지 못한 채 건국(일) 시점을 그저 11세기(영국), 15세기(스페인)로 공표하거나, 세계사적 의미를 지닌 날에 대한 자부심으로서 건국을 기념하는 경우(프랑스, 1789년 7월 14일, '프랑스혁명' 발발일)도 있고, 통일된 '제2제국'이 탄생한 날을 건국의 기점으로 삼는 경우도 있다(독일, 1871년 10월 3일). 또한 중화민국(대만)의 경우에는 쑨원(孫文)의 '우창봉기(武昌起義)'를 기념하여, 그날을 '쌍십절(雙十節)'로 칭하며 건국기념일로 삼고 있다(1911년 10월 10일). 반면 중화인민공화국(중국)은 마오쩌둥(毛澤東)이 중화민국을 몰아내면서 천안문 광장에서 중화인민공화국 수립을 선포한 날(1949년 10월 1일)을 건국일로 기념한다. 그리고 북한은 1948년 8월 25일, 제1기 대의원 선거를 실시한 뒤 9월 2일 최고인민회의 제1기 1차 회의를 소집하고 9월 9일에 '조선민주주의 인민공화국'의 창건(건국)을 대내외에 선포했다.

　이상의 다른 나라 사례들에서 알 수 있는 사실은, 이른바 '건국절'은 각국의 전통과 자부심이 응축된 표현으로서, 저마다의 사정에 따라 상이한 기준으로 정해졌다는 점이다. 그런데 1948년 8월 15일을 건국절로 주장하는 이들의 입장은 안타깝게도 북한 및 중국의 경우와 가장 흡사한데, 그 특징은 공산당 정권 수립일을 기준으로 삼으면서 이전 역사와의 '단절'을 표방한 데 있다. 따라서 새로운 건국절을 주장하는 이들이 선결해야 하는 과제는 우리나라의 유구한 역사 및 정통성과 단절해야 할 절실한 이유가 대한민국 수립에 있다는 것인지, 그렇게 함으로써 새롭게 세워지는 '정체성'과 '정통성'의 요체는 무엇인지 설명해야 하는 것이다. 그렇지 못하면 북한과 철 지난 체제 경쟁을 하겠다는 의도로 해석될 수밖에 없다.

　또한 어떤 논자들은 '잉태일'(임시정부 수립일)과 '출산일'(대한민국 정부 수립일), 그와 흡사한 '부모님의 합방일자'와 '자식의 생일'로 구분하면서 논리 정연한 주장을 가장한다.[33] 그러나 저들의 논리를 따른다면 특정일이 지정돼 있지 않은 영국이나 스페인 같은 경우는 사생아라는 뜻이고, 혁명 발발일을 건국일로 삼은 프랑스는 '대한민국 건국 부정 세력'과 마찬가지로 '잉태일' 또는 '부모님의 합방일자'를 선택한 것이 된다(프랑스혁명 기간은 1789년 7월 14일에서 1794년 7월 27일까지다). 또한 중화민국의 건국기념일은, 우리의 3.1운동일과 비슷하므로 부모님이 서로 눈 맞은 날쯤이 된다.

대한민국의 개천절은 얼마나 멋진 건국기념일인가. 다른 나라들과 비교해볼 때도, 개천절은 우리 민족 - 국가의 정체성과 정통성(유구한 역사를 지닌 단일민족)을 얼마나 명징하게 드러내고 있는가. 왜 '선진(국)'이니 '국격'이니 하는 수사(修辭)를 쏟아내놓는 자칭 애국보수 세력들이 정체불명한 정체성을 내세우면서 대한민국의 정통성을 제3세계의 신생국 정도로 하락시키려고 하는지 알 수 없는 노릇이다. 무엇보다도 제 스스로 호적을 파내버린 탕자—북한, 국가로도 인정하지 않는 체제—를 닮으려고 하는지 도무지 납득되지 않는다.

따라서 저들의 주장에는 다른 의도가 있다고 의심할 수밖에 없다. 그 사정은 북한의 실상을 상기하면 쉽게 이해된다. 북한에서는 설과 추석 같은 전통 명절을 쇠기도 하지만, 세계사에 드문, 근대사에서는 가히 독보적이라고 할 만한 명절이 있다. 소위 '태양일'이라고 지칭하는 김일성 탄생 기념일(4월 15일)이다. 주지하다시피 이것은 김일성을 유일신처럼 떠받드는 북한 체제가 개인을 국가와 민족을 초월하는 숭배 대상으로 격상시킨 북한 최대의 명절이다.

북한의 김일성은 재론할 필요도 없겠거니와, 개인을 드높이는 일은 가급적 피해야 한다. 그것은 민중을 역사의 후면에 위치시킴으로써 민족과 민주 국가의 실존적 근간을 흔들 수 있기 때문이다. 저들의 건국절 발상이 대단히 위험한 이유는 그것과 패키지처럼 주장되는 이승만 국부론(國父論) 때문이다. 이 자리에서 이승만의 자격 시비를 일일이 거론하지는 않겠다. 저들은 대한민국의 건국을 강조하면서 국부를 세우자고 한다. 그러한 작업들을 통해 현재의 우리 - 국가를 긍정하는 역사관을 수립하자고 역설한다. 그러면서도 지금까지 부정돼왔던 이유들을 뒤집을 수 있는 획기적인 긍정의 논거는 내놓지 못한다. 국부가 (초대) 대통령과 같은 직책명이 아닐진대 그냥 지금부터 인정하라는 식이다.

이승만은 초대 대통령으로서 국가의 초석을 세우고 기틀을 다져 나갔다. 시급한 일들이 많았으므로 미군정과 마찬가지로 업무 능력이 검증된 인물들을 많이 끌어다 썼는데, 개중에는 일제에 깊이 협력했던, 이른바 반민족 친일 행위자들도 상당수 있었다. 당연히 정권에 반발하는 인사들이 생겨났고, 그래서 백범 김구의 암살을 사주했다는 의혹을 받기도 했다. 그러나 6.25가 발발하자 그는 비밀리에 피난하면서 한강철교를 폭파시켰고, 자신도 서울에 있으니 안심하라고 뭉쳐야 산다고 라디오를 통해 국민들에게 얘기했다. 그러면서 일본 망명까지도 타진하고 있었다고 한다.

미군과 유엔군의 참전으로 휴전 협정이 체결되자 대통령직에 복귀한 그를 기다리는 것은 신익희와 조봉암을 비롯한 반대 세력이었다. 특히 1954년의 소위 '사사오입 개헌'(초대 대통령에 한해 중임 제한을 두지 않는다)으로 일컬어지는 탄탄한 영구 집권 기반을 마련했음에도 불구하고, 1956년 제3대 대통령 선거는 그에게 위기감을 심어주었다. 그 결과 조봉암과 진보당은 간첩으로 내몰려 사형 당하고 해산됐다. 그러나 훗날의 역사는 그러한 위기의식이 초래한 조작된 사건의 희생자로 그 기록을 수정하면서 조봉암의 명예를 회복시켰다. 어쨌든 3선 임기(12년)를 다 채우고 1960년 4선에까지 성공한 이승만이었지만, 노골적이었던 부정 선거를 참다못한 민중들의 불굴의 위세에 눌려 결국 대통령의 자리에서 내려왔다.

이상은 이승만에 대한 건조한 사실적 서술이다. 이런데도 어떻게 이승만 국부론을 제기할 수 있단 말인가. 이러한 과정을 교과서가 아닌 삶의 현실로 경험했던 사람들이 아직도 많이 남아 있는데, 더군다나 이승만 국부론을 제기하는 사람들의 상당수도 그때 거기에 있던 사람들일진대, 어떻게 전 국민의 존경을 두루 받음으로써 오를 수 있는 국부의 자리에 이승만을 앉히겠다는 주장을 할 수 있는 것인가. 집단적 건망증에 걸린 게 아니라면, 국민을 바보로 여기는 게 아니라면, 필시 이 주장에는 숨겨진 다른 의도가 있다고 의심할 수밖에 없다.

그런데 정말 큰 문제는 저들뿐만이 아니다. 저 정도의 알량한 논리와 사실 무근한 주장에 대중들이 편승하면서 부화뇌동하게 되는 현상이 진정 심각한 문제인 것이다. 대중은 주로 타인과의 상호 작용에 의한 사회적 학습의 방식으로 정보와 지식을 얻는다(이는 인터넷–컴퓨팅 시스템에서도 마찬가지인데, 그 미디어적 특성상 인터넷–컴퓨팅에서는 더욱더 타인의 영향을 많이 받게 된다). 따라서 사회적인 분위기와 상황에 잘 휩쓸리며 주류를 모방하게 되기가 쉽다. 그러나 모방은 새로운 정보를 만들지 못하며 별 볼일 없던 정보도 크게 증폭시킨다.[34] 더욱이 인터넷–컴퓨팅 기반에서 그 증폭의 속도와 범위는 엄청나기에, 사소하게 던져졌던 메시지더라도 사회적 소통의 제 요소들과 결합하면서 중심에 한번 던져지기만 하면 걷잡을 수 없는 사태로 퍼지게 된다.

건국절 제정 및 이승만 국부 추대 주장은 이영훈의 처음 논리에서 한 발짝도 더 나가지 못한 상태이다. 그러나 십 년째가 되는 지금 거기에 붙은 원자들은 크게 불어나 있는 것 같다. 마치 강력한 자기장을 생성하는 미세한 철 원자들처럼 건국절–국부론이라는 자석에는 서로 밀고 당기면서 정렬된 사회적 원자들이 빽빽하게 들어차 있는 모양새인 것이다.[35] 이러한 사회적 대오 – 자기장이 일단 형성되면 그 다음은 시간문제가 된다.

일본의 극우 성향 역사교과서의 사례는 이러한 원리를 잘 보여주고 있다. 처음에는(2000년대 초반) 일본사회에서도 미화를 넘어서 왜곡이 심한 자국의 '새로운' 역사교과서(후소샤扶桑社 간)에 대하여 냉소적이었으며, 채택률도 0.1퍼센트 정도에 불과했다. 그러나 현재는 공립학교를 중심으로 극우 역사교과서(후소샤의 자회사인 이쿠호샤育鵬社 간)를 채택하는 학교가 한 행정 단위에서 수십 개씩 나올 정도가 되었다.[36] 여전히 극우 역사교과서에 반대하는 운동이 일본사회에 있기는 하지만, 지금까지 강력한 반발을 뚫고 채택률을 높여왔던 만큼 앞으로는 훨씬 더 쉬운 일이 될 것이다.

어떤 사안이나 문제가 지금은 사소하고 우스워 보인다고 해서 만만하게 여겨서는 안 될 일이다. 외부의 영향을 받지 않는 개인들이라면 결코 하지 않았을 선택이더라도, 강력한 사회적 자기장에 휩쓸리면 어쩔 수 없이 받아들이게 된다. 우리는 나만 정신 차리고 있다면 합리적인 판단을 통하여 그 말도 안 되는 선택쯤은 결코 하지 않을 것이라고 확신하곤 한다. 그러나 미국사회에 집단적 히스테리를 몰고 왔던 매카시즘(McCarthyism, 1950~1954년 공산주의자 색출 광풍, 한국사회의 색깔론 제기, 이른바 빨갱이 몰이에 대한 은유로 곧잘 쓰임)에 대해 애시(Solomon Asch)의 사회심리학적 연구가 내린 결론(선량하고 지적인 젊은 이들이 상황에 따라서는 흑백도 뒤바뀔 수 있다는 생각에 순응했는데, 이는 교육과 가치관의 문제라는 것)은 2005년에 실시됐던 다음과 같은 신경과학

실험(그레고리 번스Gregory Burns 팀)에 의해 훨씬 더 강고한 생물학적 근원으로 대체되었다.

멀쩡한 사람들이 집단의 잘못된 의견을 추종할 때의 자기공명영상(MRI) 분석 결과는, 이와 같은 비상식적 순응이 의식적 판단으로부터 나온 게 아니라는 사실을 입증해주었다. 즉 바르게 판단한 사람이 고심한 끝에 입장을 바꿔서 집단의 잘못된 의견을 추종했던 게 아니라, 집단의 영향을 받은 사람이 애초에 잘못된 인지를 했다는 것이다. 또한 집단의 의견에 굴복하지 않고 정확한 판단을 지켜낸 사람들에게서는 주로 감정에 관련되는 두뇌 활동이 크게 일어났다고 한다. 집단에 대한 순응이었든 반발이었든 그 행동은 무의식적으로, 본능적으로, 자동적으로 나왔다는 의미이다.[37]

이 실험의 결과는 한 사회에서 심심찮게 목격되는 '변절'의 원인이 흔히들 내세우는 거창한 논리가 아니라 오히려 아주 원초적인 생물적 차원에서 설명될 수도 있음을 시사해준다. 우리는 한국사회에서 청년 시절 자신의 선명한 기백을 완벽하게 지워버리는 장년의 해괴한 입장들을 적잖게 만나게 된다. 그리고 그러한 변신이 새롭게 내세우는 정체성에 대하여 네티즌들은 열불을 토해 내며 논쟁을 벌이기도 한다. 그러나 이상의 논의를 통해 다시 보건대, 그 변신들은(결코 변절이라 할 수 없는) 유아의 손놀림에 의해 장난감 로봇이 수행하는 변신과 유사한 행위로 이해될 수도 있을 것 같다.

자신의 일생사가 낱낱이 공개되는 이들의 변신이 장난감 놀이와 흡사할 수도 있을진대, 익명의 사이버 시공간에서 생성된 입장들 간의 극한 대립은 실로 어이없는 수준이 아닐 수 없다. 그 입장들이란 불투명하고 난잡한 정체불명의 견해들과 마주하면서 만들어졌을 가능성이 높기 때문이다. 이것은 모방하기의 나비효과로서, 일방적인 감정들 간의 대결을 구조화한다. 아주 사소한 데서 비롯된 개인들의 단순한 추종이었다고 할지라도, 그 집합적 결과는 평행선상의 극한 대립 양상들을 야기함으로써 사회의 지축을 흔들고 나아가 뒤집을 수도 있기 때문이다.

이와 같은 21세기 지식정보화 사회의 모순과 그 역설은 지금의 양태대로라면 사회의 대립 구조들을 더욱 확대하고 심화하는 필연일 수밖에 없을 것이다. 이제 우리는 '뭉치면 살고 흩어지면 죽습니다!' 의 역(converse)을 구하고 또한 실천해야 하는 시대에 사는 것인지도 모른다.

21세기 지식정보화 사회와 문화적 대립 구조들의 존재 양상

❖❖❖

글을 쓰려는 생각을 버려라.
그 대신 글을 쓰지 않으려고 노력해보라.
세상으로 나가라, 해적도 되어보고,
보르네오의 왕도 되어보고, 소련의 노동자도 되어보라.
기본적인 신체적 욕구를 충족시키기 위해서
모든 에너지를 쏟아야 하는 생활을 해라.
— 버트런드 러셀 —

문화적 대립 항들의
선정과 정렬

이번 장에서 분석할 다섯 가지의 문화적 대립 구조들은 다음과 같은 기준에 따라 선정 및 배치되었다. 이 책의 문제의식은 인터넷 – 컴퓨팅 시스템, 즉 미디어 – 테크놀로지에 의해 이룩된 21세기 지식정보화 환경에서도 한국사회에 여전히 갈등과 대립이 남아 있는 현실, 더욱이 그 구조가 강화되고 고질화되는 경향을 겨냥하고 있다. 우선 다섯 가지의 대립 항을 펼쳐본다.

전문 | 비전문

고급 | 대중

중심 | 주변

순수 | 잡종

정통 | 사이비

이것들을 그 내적 논리와 상관관계에 따라 선분 상에 배치하면 다음과 같다.

'중심 | 주변' 항을 기준으로 우측으로 갈수록 모호·조작·왜곡의 성향이 강하며 나아가 사회적 분열을 야기할 가능성이 높다. 이 성향들은, 이 책이 조망하고 분석하려는 문화적 대립 항들 및 그 구조들과 관련해 '사회적 차원'에서 문제가 되는 것들만 추출한 것이다. 따라서 이 성향들을 특정 분야에 고유한 것으로 간주하거나, 좌측 항들과 우측 항들 간에 긍정과 부정의 차별을 의식적으로 둘 필요는 없다. 이들은 서로 겹치는 면도 있지만, 구체적 분석 내용에는 차이가 있다.

먼저 '중심 | 주변'은 미디어 – 테크놀로지를 둘러싸고 벌어지는, 중심을 차지하기 위한 대립 구조를 분석한다. 그러한 까닭에 이 책의 문제의식에 맞춰 중앙에 위치시켰다. 게다가 좌측과 우측의 성향을 두루 포괄한다는 점에서 꼭 중간적이기도 하다.

그 좌측의 두 대립 항들은 상대적으로 명확한 내용과 기준과 논점을 갖고 있는 영역이다. 따라서 그 우측들에 비해서 더 객관적이며 사상적·정치적 입장들과는 일정한 거리가 있다고 간주될 수 있는 영

역이다. 즉 '전문 | 비전문'은 학술·과학기술·전문업무 등 그에 속하는 것들이 가장 명확한 영역이다. '고급 | 대중'은 그보다는 불분명할 수 있지만 우측의 항들보다는 더 분명한 영역을 갖고 있다. 예컨대 예술 그리고 그와 유사한 좁은 의미의 문화(직접적으로 향유되는 콘텐츠·텍스트)가 우선 포함되며, 의식주와 각종 일상도 이 영역에 포함될 수 있다. 두 대립 영역 중 '전문'과 '고급'은 중첩되는 면이 있다. 하지만 '전문'(의료나 법조 등)은 대중이 자의든 타의든 필요에 의해 따라오게 되는 영역이고, '고급'(예술이나 고전 등)은 대중이 따라오도록 노력하게 만드는 영역이라는 점에서 차이가 있다.

우측의 두 대립 항들은 기준과 내용이 유동적이고 모호할 수 있기 때문에, 사회적·문화적 시공간에서 조작과 왜곡과 같은 부정적이고 반칙적인 작위가 틈입할 여지에 늘 열려 있는 편이다. 또한 좌측에 비하여 실체적이지 않으므로 그 악용의 가능성이 더 높다고 할 수 있다. 더욱이 이 영역들은 형이상학적인 부분들(사상·정치·종교 등)을 주로 포함하기 때문에 다른 영역들에 대해 주인노릇을 할 수도 있다. 말하자면 학문권력은 정치권력에, 정치권력은 종교권력에 상대적으로 취약한 것이다.

이상의 시각과 논리에 따라 각 절의 논의 순서가 결정 및 배치되었다. 하여 뒤로 갈수록 다소 무거운 분위기를 띠면서 논의의 무게중심이 그로 쏠리게 될 가능성이 있다. 하지만 이것이 우리사회의 현실이라고 할진대, 문화의 중립 지대와 그 구축의 주체들을 가늠해보고 소묘하려는 이 책이, 의도적으로 그 실상들을 회피해서는 안 될 것이다. 불만스런 현실을 타개하겠다는 의지가 있는 한에서는, 가능한 한

철저하게 때로는 신랄하게 우리의 자화상을 그려볼 필요가 있다.

그러나 분노의 화산을 폭발시킬 필요는 없다. '죄는 미워하되 죄인은 사랑하라'나 '원수도 사랑하라' 또는 '우리에게는 원수라는 개념이 없습니다'(어느 목사의 '원수도 사랑하라'는 신조 과시에 대한 어느 스님의 대응이었다고 함)와 같은 지상(至上)의 경구를 상기하지 않더라도, 우리가 집중해야 하는 것은 국가라는 제도이고 사회라는 일상이며 문화라는 바탕이기 때문이다. 물론 이것들은 인간의, 인간에 의한 인간을 위한 시공간이긴 하지만, 자유민주주의의 진정한 실천으로서 그 구성원 모두가 더 발전하고 더 부요해져야 한다고 할 때에는 체계적인 시각과 방법(론)에 입각하여 지극히 냉정하게 분석되고 전망되어야 할 것이기 때문이다.

따라서 이 책에서 예증의 차원으로 언급 또는 비판되는 사안이나 사람들에 대해 박수치거나 분노하거나, 나아가 이 책의 성향을 넘겨짚거나 하는 일 따위의 부질없는 언행은 불필요하다. 현재 우리가 맞닥뜨리고 있는 오늘날의 문제적 상황이 딱 그 정도에서 시작하고 또 그 정도에서 종료됨으로써 조성된 것이기 때문이다.

이 책은 사회적·문화적 대립에 관한 전술론을 지향하지 않는다. 오로지 불필요한 싸움, 좀 더 분명히 해두건대 애초에 성립 불가능했던 싸움의 전선을 무화시켜야 하는 이유를 밝히고, 그 길을 제시하려는 것이다. 따라서 어느 쪽의 편도 될 수 없으며 동일한 견지에서 모두의 편이 될 수도 있다. 궁극적으로는 취향을 초과하는 문화적·사회적 구별 짓기를 무화시키는 게 이 책의 목표다.

전문 | 비전문

장벽 쌓기와 관련짓기 : 전문 영역의 재설정

사람은 글자 있는 책만 읽을 줄 알지 글자 없는 책은 읽을 줄 모르며,
줄 있는 거문고는 탈 줄 알아도 줄 없는 거문고는 탈 줄 모른다.
형체만 쓰려 들고 정신을 쏠 줄 모르니 무엇으로 거문고며 책의 참맛을 알랴.

— 홍자성, 『채근담』 중에서 —

상대적으로는 여타 분야들보다 여전히 형편이 낫다는 평가를 받고 있지만, 관련 지식을 독점하던 과거에 비해 요새 전문가들은 아주 많이 힘들어졌다. 이를테면 더 이상 고객이 단순한 고객(顧客)이 아니라, 상당히 까다롭게 거래의 주도권을 행사하는 고객(高客)으로 진화하고, 나아가 '진상' 고객(苦客)까지 심심찮게 나타나는 시대이기 때문이다. 따라서 전문가들은 비전문가들의 공세에 대응하여 새롭게 영역을 설정 – 이동시키고자 애쓴다. 그 양상을 '장벽 쌓기'와 '관련짓기'로 대별하여 구체적인 사례들과 함께 논의해보려고 한다.

'장벽 쌓기'는 소극적이고 시대착오적인 방법이다. 예컨대 공식 기관에서 어려운 의학용어나 법률용어에 대해 친절한 해설을 제공하는 것은 틀림없는 대(對) 국민 서비스이면서, 사실상 모든 분야에서 정보가 공개되고 지식도 간편하게 사용할 수 있는 정보로 재편되는 시대 흐름에 순응한 결과이기도 하다. 따라서 아직 공개되지 않은 정보·지식들, 그보다 못한 전통적 권위와 특권의식을 갖고 좀 더 튼튼하고 높은 장벽을 쌓고자 한다면, '언 발에 오줌 누기'로 끝날 가능성이 농후하다. 지금보다 더욱 문턱을 낮추고 허리를 구부려야 미래도 가능하다(뒤에서 보겠지만, 이는 지극히 인간적인 방식이다). 오늘날의 대중은 온라인 쇼핑 방식으로 거의 모든 물품과 지식과 서비스를 구매할 수 있기 때문이다.

오늘날 '사무장 병원'이나 '사무장 법률사무소'는 '장벽 쌓기'와 '관련짓기'의 교차점에 있는 전문가들의 사업장이다. 그것은 면허가 없는 사람이 의사나 변호사를 고용해 병원 또는 법률사무소를 운영하는 방식이다. 단순하게 말하자면, 이는 신참이거나 장벽 쌓기로 일관해오던 의사나 변호사가, 실무를 훤히 꿰뚫고 있으면서 관련짓기에 더 능한 사무장(사업가)에게 활용되는 양상인 것이다. 이러한 운영 형태는 흥미로운 현상이긴 하지만, 전문성이 물질적 논리에 압도되어 표류하는 우울한 양상이라고 할 수 있다. 그렇다면 전문성은 어떻게 재설정되어야 할까.

구강악안면외과의 고통 : 생활 전문용어의 필요성

대학원(석사과정) 시절 그러니까 지금으로부터 한 십년 전쯤에 때때로 함께 귀가하던 후배와 어느 대학 치과병원에 갔을 때의 일이다. 그 친구가 치료를 받으러 간 것이었기 때문에 나는 병원을 관찰할 기회를 얻게 되었다. 여기저기를 둘러보는 도중에 갑자기 눈에 들어온 문자열이 있었으니, '구강악안면외과'(口腔顎顔面外科, Oral and Maxillo Facial Surgery)였다. 물론 한자명이나 영문명이 친절하게 병기돼 있던 것은 아니었다.

순간 나는 내 눈을 의심했다. 그때만 해도 치과가 의과대학과는 별도의 단과대학일 만큼 종합적으로 편성돼 있다는 사실에 무지했고, 대중적 성형수술의 범위가 얼굴 윤곽으로 확장되지는 않았던 때라, 저 문자열의 의미가 쉽게 환원될 수 없었던 까닭이다. 나는 눈을 비비고 다시 한 번 찬찬히 보았다. 분명 띄어쓰기 없는 '구강악안면외과'였다. 그중에서 '구강'의 의미는 널리 알려진 바이다. '안면'도 그렇다. 그런데 중간에 껴 있는 '악'은 무엇일까. 답답함에 그만 악 하고 소리를 지를 뻔했는데 바로 그때 느낌이 왔다. 그것은 '악!' 바로 '턱'이 아닌가. 그래도 명색이 국어국문학도로서 익힌 게 조금은 있었던지 턱을 크게 쓰려고 할 때 '턱 악' 자가 떠올랐던 것이다.

어느 날 치과대학을 나온 친구를 만나게 되었을 때 그날의 기억을 떠올린 나는 호기심과 장난기가 발동하여 '顎'자를 써놓고는 읽어보라고 하였다. 그런데 아뿔싸 친구는 머뭇거리면서 내 눈치를 살피는 게 아닌가. 한자이다보니 저보다는 내가 좀 더 전문성이 있다고 넘겨짚었던 때문일 것이다(내 친구와는 달리 건실하게 공부한 대부분의 치과의사에게는 이 상황을 결코 일반화할 수 없을 것이다). 그래서 나는 자초지종을 털어놓으면서 그것을 '입 - 턱 - 얼굴'로 친절하게 풀어쓰는 게 좋지 않겠느냐는 말을 덧붙였다.

아주 오랫동안 언어, 특히 문자는 지적 폭력의 주된 수단이었다. 아예 모르는 언어는 물론이고, 발음할 수 있는 말이라 할지라도 쓸 수 없는 경우가 전문 영역마다 무한정 많기 때문이었다. 그래서 소위 전문가들은 의도적으로 풀어 쓰지 않는 경향이 있기도 했다. 예컨대 병원에서 의사가 진료 후 써내려가는 글귀에는 나름대로 가방끈이 튼튼하고 긴 사람도 잘 알 수 없는 단어들이 다수 포함돼 있다. 분명 알파벳이긴 하지만 평소 사용할 일이 거의 없는 것들인 데에다, 개중에는 라틴어와 같은 영어의 외래어들 그리고 내부에서만 소통되는 약어들도 상당수 있기 때문이다. 게다가 우리말이라고 해서 보면 오히려 더 감을 잡을 수 없는 용어들도 상당히 많다. 일본에서 번역된 한자식 표현을 그대로 끌어다 쓴 경우가 대부분을 차지하는 까닭이다(이 사정은 우리말에는 80센트를 상회하는 한자어가 포함돼 있다는 사실과는 다른 문제이다).

이러한 생경함은 법정에서 더 강하게 느껴질 수 있다. 목전에서 이런저런 역할로 분장한 법조인들이 한글 및 한국어로 표기와 발음을 하고 있음에도 불구하고, 명확한 뜻이 잡히지 않는 용어들이 적잖다. 역시 일본을 통해 입수된 한자 표현들, 게다가 일본식 문장 때문이다. 그래선지 사법시험을 준비하는 친구들은 법전(法典)용 한자 공부를 병행했다. 특히 2차 시험은 직접 서술하는 방식이므로 쓰는 실력도 상당히 요구됐는데, 마땅치 않더라도 여러 번 뜻을 새겨가면서 법조문을 익히는 수밖에 없었다.

요새는 양악(兩顎) 수술을 하는 사람이 많아졌고, '구강악안면'을 아는 사람도 많아졌다. 또한 법률용어와 사법 절차에 대해 무조건 두려워할 필요도 없게 되었다. 인터넷을 사용할 수 있는 보통사람이라면 관련 지식을 사전에서 찾아보고 적당한 의사와 병원을 결정하며, 법제처나 대법원에서 제공하는 법률용어와 관련 판례를 읽어보면서 사태를 가늠한다. 인터넷상에서는 공식적인 사이트나 전문가들의 안내 외에도 무수한 재야의 고수들도 만날 수 있다. 따라서 일정한 시간과 노력을 투자하면 보통사람도 상당한 수준의 전문적 시각을 갖출 수 있게 된 것이다. 관건은 그렇게 해보기로 마음을 먹는가의 여부이다.

그럼에도 불구하고 전문용어들은 더욱 깎이고 다듬어질 필요가 있다. 특히 일반 전문용어와는 달리 대중의 일상에 직접적으로 서비스되는 '생활 전문용어'에 있어서 순화와 조탁은 더욱 절실한 문제다. 아직 '구강악안면외과'는 치과병원들에 그대로 있는 것 같다. 명칭 하나 바꾸는 게 무슨 대수일까 싶지만 중요한 점은 장벽을 허물고자 하는 태도와 지향이다. 다음 절에서 얘기하겠지만, 이는 대중을 더욱 적극적으로(생활필수적이지 않으므로) 유인해야 하는 고급문화의 영역에서는 이미 널리 나타나 있는 현상이다. 어느 정도는 알아야 함께 나눌 수 있다는 사실을 예술가나 학자들이 인식한 결과이다. 좋은 의사나 변호사의 태도란 그들과 마찬가지로 환자·의뢰인에 대해 먼저 공감을 보내는 일이 아닐까. 좋은 의사를 지향하는 어느 의사의 얘기는 그래서 공감이 간다.

> 좋은 치료 결과를 얻기 위해 환자가 의사에게 보내야 할 것이 신뢰라면, 반대로 의사가 환자에게 돌려주어야 하는 것은 무엇일까? 그건 바로 공감(共感)이다.[38]

정직한 베끼기 : 포맷 시장과 지적재산권

정보의 수평화와 세계화가 충분하게 이뤄져 있는 현재의 상황에서 베끼기는 난무하게 마련이다. 중국 같은 나라에서는 이것이 좀 더 심한 편일 수 있는데, 소위 짝퉁 소리를 듣는 아이템이더라도 자국 내에서 자체적으로 소비될 수 있는 시장이 풍부하기 때문이다.

최근 방송계에는 국제적인 '포맷(format)' 시장이 형성되었다. 이는 특정 프로그램의 기획에서부터 제작, 편성, 마케팅 등의 크고 세세한 전 과정을 팔고 사는 방식이다. 그래서 프로그램 콘텐츠의 조리법

쯤으로 이해될 수 있다.[39] 그 생산에 개입되는 요소와 방법이 다양하고 복잡한 까닭에 방송 프로그램은 전통적인 예술작품과는 달리 엄정한 표절이 잘 성립되지 않는, 지적재산권의 무풍지대인 경우가 많았다. 아닌 게 아니라 과연 '포맷'은 예술의 '장르'에 상당하면서도, 이와 같은 방송 프로그램 제작상의 특성 때문에, 이제는 그 자체가 물화(物化)되고 상거래 품목이 돼버린 것이다. 일상화된 베끼기를 아예 양성화하고 새로운 비즈니스로 확장시킨 셈이다.

이는 예술이 작품에서 텍스트(작품을 작가 내부로 한정하지 않고, 그 이상의 요소들로 구성된 직조물로 간주하는 것)로 강등됨으로써, 그 고유성의 인정 범위가 크게 축소되었음에도 불구하고, 여전히 분해-물화되지 않는 고고한 가치 체계처럼 존재하는 것에 비하면, 지극히 현실적인 조치라고 할 수 있다. 하지만 예술 '작품'의 표절 시비가 꾸준히 제기되는 오늘날의 현실을 감안할 때, 그 고고함이란 자기기만이거나 적어도 자기위안에 불과하다는 혐의에서 자유로울 수 없다.

따라서 텍스트가 아닌 작품과 그 창조자를 상상하면서 시인도 부인도 명확하게 하지 않던, 표절 사태에 대한 근래 신경숙의 태도는 마땅히 비양심적이라는 지탄의 대상임은 물론, 구시대적인 작가관과 글쓰기관(문학관)의 노정이었다고 지적될 수 있다. 작품이 텍스트가 되는 시대라면, 그 작가는 편집이나 구성의 역할을 하는 셈이다. 그러므로 대놓고 베낄 게 아니라, 베낀 사실을 눙치고 넘어갈 게 아니라, 재구성·재편집하는 '텍스트의 유희'[40]를 실천하고 즐기는 마음으로 좀 가벼워져야(cool) 하지 않을까 싶다. 더불어 다음과 같은 명상 또는 사실을 음미해보면 더 좋을 것 같다.

우리는 사물을 해석하기보다도 해석을 해석하는 데 더 일이 많으며, 책을 놓고 쓴 책이 다른 제목을 두고 쓴 것보다 더 많다. 우리는 우리끼리 서로 주석하는 짓밖에는 하지 않는다.

모든 일은 주석으로 웅성거린다. 진짜 작가는 드물다.[41]

21세기 한국사회에서는 학술논문이나 학생들의 과제물이 거래되는 시장도 생겨났다. 이러한 작은 분량의 텍스트들은 지식정보화 시대에 새롭게 탄생한 다이소(ザ・ダイソー) 상품들이다.

학술논문의 경우 그것이 실려 있는 인쇄된 책을 구매하는 것보다 필요한 것만 사는 것이 훨씬 더 유용한데, 그동안은 소논문 단위로 거래되는 마땅한 방식이 없었을 뿐이다. 반면, 학생들의 과제물은 거래 방식은 유사하지만 학술논문과는 성격이 전혀 다르다. 이것은 포맷과도 차이가 있다. 일정한 값을 지불한 후 베끼기를 대놓고 하는 방식이라는 점에서 포맷과 과제물은 일치하지만, 전자는 양성적이고 후자는 음성적이라는 점에서 상이하다. 과제물은 베껴서 만든 것이라는 사실이 발각되면 곧장 제제를 받기 때문이다. 따라서 과제물의 값은 보기보다 매우 저렴하다. 그도 그럴 것이 시장에 떡하니 올려놓은 과제물이란 상당한 주제와 분량을 갖춘 것이라 할지라도 그것 역시 베끼기와 짜깁기의 산물인 까닭이다.

이상에서 살펴본 것처럼 21세기 지식정보화 사회에서 전문성은 공개되고 분산되며 거래되고 재설정된다. 따라서 지적재산권 역시 세분화되고, 그래서 확대된다. 게다가 비전문가 대중들도 자신의 텍스트를 활발하게 생산함으로써 대중의 지적재산권 영역이 새롭게 형성됐다. 자신의 디지털 생산물에 워터마크(watermark)를 새겨 넣거나 RSS(rich site summary, really simple syndication)가 생성되도록 하는 것인데, 특히 RSS 방식이 새롭고 흥미롭다. 워터마크는 회화에서 전통적으로 사용하던 저작권 표시 기법을 디지털 기술로 응용한 것(비트 패턴)으로서 전형적인 보호-폐쇄 방식이다. 반면, RSS는 그 두 가지 정의에서 알 수 있듯이 수월한 소통에서 발생하는 보호-개방 방식이다.

내가 최고 : 인력 통제와 배타영역 설정

전문가는 공인된 자격(면허)으로만 생활이 보장되는 것은 아니다. 한국에서 개인 자격증으로 전문직을 영위하는 대표적인 직업은 변호사와 의사이다. 그들은 각각 유사 직종의 피라미드에서 최상위에 위치하는데다, 최소한의 수로 유지되도록 자기 분야의 인력 수급을 성공적으로 통제해왔다.

이를테면 한국은 여전히 비교 대상인 경제개발협력기구(OECD) 국가들에 비해 의료 인력이 적은 편이다. 또한 대도시 위주로 의료 인력이 편중돼 있기 때문에, 그 외 지역에서 의료 인력 부족의 문제는 아주 심각하다. 게다가 전공의 정원(4천 명)에 비해 의과대학 정원(3천 명, 의학전문대학원 포함)이 한참 모자르다. 이러한 문제를 타개하기 위해 건강보험공단과 시민단체들은 의과대학 정원을 늘리는 한편, 공중보건의 제도를 확충하여 의료 사각지대에 안정적으로 인력을 공급하자는 주장을 내놓았다.[42] 그러나 대한의사협회 측에서는 의대 증원

주장의 확산을 조기에 차단하기 위해, 건강보험공단에서 주최한 의료 인력 수급에 관한 토론회에는 불참했다. 대신 하루 전날 인력 증원에 반대하는 사람들만으로 발표자와 토론자를 구성해 동일한 주제의 토론회를 개최하였다.[43] 결국 두 토론회는 모두 다른 쪽 입장은 배제된 반쪽짜리가 되고 말았다.

법조 인력 수급 역시 해묵은 분쟁이다. 오래전 신문들을 들추다 보면 법조 인력이 지나치게 적다는 지적이 이미 1970년대 말부터 꾸준히 제기돼왔음을 알 수 있다.[44] 사법시험 합격자의 정원은 1976년도까지 한 해에 60명이었다(절대평가로 시행되다가, 1971년부터 정원제로 전환 1972년까지 80명, 1973~1976년에는 60명이었다). 이후 점증하다가 1981년에 300명 이상을 선발한 후 300명 내외로 계속 유지되다가, 1996년에 500명대를 시작으로 매년 100명씩 증원하여 2000년대 초반에는 한 해에 1000명씩 배출하게 되었다. 그러나 2000년대 후반 로스쿨 출범과 함께 순차적으로 감축되어 2017년을 끝으로 폐지될 예정이다.

이러한 추이에는 법조계의 강력한 저항에 대한 당국 및 사회의 타협이 반영돼 있다. 예컨대 1980년대 중반의 기사를 보면 대한변호사회와 법원 및 검찰, 이른바 법조 삼륜(三輪)은 이구동성으로 사법시험 합격자 정원을 300명 선에서 200명 선으로 줄여야 한다는 입장을 견지하고 있었다. 불황이다, 법조인의 질이 떨어졌다, 후배들이 갈 곳을 못 찾고 방황한다, 적정 법조 인구를 고려한 것이다 등등의 이유는 제각각인 것처럼 보이지만, 실은 자신들의 파이가 작아지고 있다는 불만과 불안감의 표출이었다. 합격자의 증원이 계속 주장됐던 이유는 사법이라는 것이 사회나 일상 전반에 필수적인 업무라는 인식이 확대된 결과였다. 더불어 급격히 늘어난 법대 정원에 비해 턱없이 부족한 선발 인원도 작은 이유가 됐다.[45]

오늘날에는 변호사가 송무(訟務) 외에도 다양한 영역에서 일하는 직군이라는 인식이 일반화돼 있지만 과거에 법조인이라고 하면 으레 고소하든지(검사) 변명하든지(변호사) 결정하든지(판사) 해야 한다고 생각했던 모양이다. 그 외의 법률 서비스는 당시 법조인들의 뇌리에는 존재하지 않는 업무였던 것 같다. 그들의 특권 및 권위 의식이 얼마나 높았는가는 정원 확대를 주장하는 법과대학 교수들에 대한 인신공격성 태도에도 잘 나타나 있다. 말인즉슨 대부분 사법시험에 떨어져봤던 법과대학 교수들이 법조인들에게 콤플렉스를 느낀다는 것이다.[46] 실상이 무엇이든 간에, 일의 전문성보다는 직임으로부터 오는 이권에 더 집착하는 유치하고 졸렬한 발상이라고 할 수밖에 없다.

이러한 인식과 태도는 이른바 법조 시장의 선진화를 기치로 출범한 로스쿨에 대한 저항에서도 고스란히 드러났다. 다음 신문기사를 통하여 로스쿨 정원을 둘러싸고 벌어졌던 당시의 대립 상황을 우선 확인해보자.

> 2009년 3월 문을 여는 법학전문대학원(로스쿨) 제정 법률이 최근 국회 본회의를 통과하면서 로스쿨 정원을 둘러싸고 논란이 확산되고 있다. 판사와 검사, 변호사 등 '법조 3륜'은 공급 과잉을 이유로 정원을 최소화(700~1200명)하자는 입장인 반면, 공급 주체인 대학과 법학교수회 측은 최대 4000명까지 늘려야 한다고 주장한다. 직역이기주의의 단면이다. 하지만 정부는 로스쿨 대학 수는 최대한 늘리되 정

원은 탄력적으로 운영하는 게 바람직하다는 다소 엉거주춤한 자세를 건지하고 있다.

로스쿨 숫자와 정원에 초점이 모아지는 이유는 사법시험 합격자가 가문은 말할 것도 없고 대학의 서열을 결정지어온 우리사회의 풍토와 무관하지 않다. 사법·행정·입법 등 권력기관에 얼마나 많은 인재를 배출하느냐가 가문과 대학의 위상을 가늠하는 척도가 돼왔기 때문이다. 대학과 법학교수회 등이 필사적으로 로스쿨 정원과 변호사 시험 합격자 수를 늘려야 한다고 주장하는 것도 이와 무관하지 않다. 반면 '법조 3륜' 등 기득권 단체는 월 순수익 500만원을 근거로 변호사 배출 수를 지금의 1000명에서 500~700명으로 줄여야 한다고 주장한다. 변호사 공급 과잉은 불필요한 수요를 창출하는 등 사회적 비용을 유발한다는 논리다.

우리는 사법개혁이라는 기나긴 여정을 거쳐 로스쿨을 도입하게 된 이유가 법률서비스 확대와 과도한 수임료 인하에 있다는 점을 상기할 필요가 있다. 법률시장에도 시장원리가 작동돼 지금보다 저렴한 비용으로 법률서비스에 접근할 수 있는 기회를 넓혀야 한다는 것이 수요자들의 요구인 것이다. 지난 25년 동안 변호사 수는 6배 늘어난 반면 소송 건수는 10배나 늘었다. 이런 맥락에서 볼 때 로스쿨과 변호사 숫자는 더욱 늘려야 한다.[47]

기존의 사법시험에 대해서 보여줬던 집단의 특권적 이기주의가 시대 변화에 따른 새로운 정책적·사회적 요구에도 역주행하는 모양새다. 로스쿨 정원, 즉 변호사(법조인) 배출 수를 두고 한쪽(판사·검사·

변호사)은 '최소화', 다른 한쪽(법과대학)은 '최대화'의 입장인데, 이때 최소화의 기준이란 게 변호사 일인당 월 순수익 오백만원이다. 그러나 자본주의 시스템에서 개인사업자인 변호사의 '순수익'을 일률적으로 가늠하여 책정할 수도 없을뿐더러, 바로 그 이유 때문에 매우 느슨한 산술을 적용했다고도 추정할 수 있다.

게다가 인용 기사의 말미에도 나타나있듯이, 이는 소송 건수의 증가율에 한참 미치지 못하는 변호사(법조인) 수의 증가율에 대해선 아무 상관없다는 태도이다. 오로지 법조인이라면 최소한 월 순수익 오백만원은 '보장' 받아야 한다는 입장뿐이다. 그러나 곧잘 들려오는 판·검사들의 과로사 소식은 다른 생각을 갖게도 한다. 업무의 강도가 높고 인원이 부족하며, 따라서 판결의 본질적인 면, 즉 충분히 숙고하여 최선의 판결을 하는 게 가능한지 우려되는 것이다. 다음의 기사를 통해 확인해보자.

(전략)

전국 판사 1인당 사건 연간 579건

판사들의 업무강도를 밖에서는 알기 힘들다. 비교대상도 없어 수치로 표현하기도 어렵다. 법원행정처 인사 담당자의 설명이다. "재판이 보기에는 험하지도 않고, 줄곧 사무실에만 있으니 건강하리라고 생각한다. 실제로는 그렇지가 않다. 상황을 보자면 이렇다. 전국의 판사 2800여 명 가운데 40대 이하 젊은 사람이 절반이 넘는다. 그런데도 여기저기에서 사고가 난다. 얼마 전에도 지방에서 부장판사가 과로로 숨졌고, 또 다른 부장판사는 뇌출혈로 투병 중이다. 연구관 가운

대 입원하는 경우도 허다하고, 지금도 암 같은 병을 얻어 모금을 하는 법원이 있다. 제일 안타까운 것은 경력에 장애가 될까봐 말 안하고 참는 경우가 더 많다는 것이다." 전국 판사의 1인당 한 해 사건 처리 건수는 2013년 기준으로 579건이다.

판사들의 살인적인 업무량은 재판의 부실화와 시각의 보수화로 이어진다. "사법부는 입법부나 행정부와 달리 다수결로 선출하지 않는다. 이유는 다수가 대변하지 않는 소수자를 보호하기 위해서다. 하지만 지금처럼 사건 처리에 급급해서는 소수 보호에 대한 철학을 갖는 것은 생각할 수도 없고, 가지고 있는 사건을 제대로 처리하리라고 기대하기도 어려워진다. 이렇게 되면 불만을 가진 당사자들은 2심과 3심으로 상소하는 것을 당연시하게 된다. 그리고 비정상적인 업무량에 시달리는 판사는 노동사건에서 보수적으로 바뀐다." 서울남부지법 판사들의 설명이다. 결국 판사들의 과로는 고스란히 시민들의 경제적 · 정신적 고통으로 이어진다는 것이다. 실제로 우리나라 법원은 업무상 재해를 인정하는 데 인색한 편이다.

(중략)

박봉을 떼어 에누리 없이 세금을 치르는 시민으로서 이런 피로에 찌든 재판을 받는 것은 부당하고 위헌적이다. 현재 하급심 재판에 문제가 심각하다는 지적은 이미 판사들 사이에서는 오래 전부터 나온 것이다. 얼마 전 법원 내부게시판에서 한 판사는 "판사가 사망하거나 건강문제를 가질 정도의 상황이라는 것은 문제가 있다는 신호다. 사건 나름의 진지한 고민을 담기보다는 신속한 처리를 위한 사무적 처리로 흐를 수밖에 없다. 이러한 문제를 늘 겪고, 해마다 나아지는 상황이 아니라면 기능에 문제가 있다고밖에 볼 수 없다"고 썼다. 이번 취재에 응한 많은 판사들은 "판사 수를 늘리는 데 절대로 반대하지 않는다. 아마 전국 대부분의 판사들이 마찬가지 입장일 것"이라고 말했다.

진지한 고민보다는 사무적 처리로

숨진 이 판사의 단짝 동료인 여성 판사의 이야기다. "며칠 동안 많은 생각을 했다. 판사는 나만의 양심과 노력으로 누구의 간섭도 받지 않고 판단하는 일이다. 그것이 주어진 소명이다. 판단하고 결정하는 일이 짐이거나 스트레스라면 하지 말아야 한다. 그런데 우리 모두 일에 치여 버티기 힘든 상황이 됐다. 재판은 죽을 정도로 과하게 해야 하는 일이 아니다. ○○가 판사로서 행복하다고 했다. 도대체 뭐가 행복했는지 모르겠다. 정말 잘 모르겠다. 그렇게 이 판사를 보내고 만 것은 못한다고 말하지 못하는 판사들 모두의 책임이라는 생각이 떠나지를 않는다."

대법원은 대법관들의 업무가 과중해 시급히 상고법원을 도입해야 한다고 주장하고 있다. 하지만 그에 앞서 일선의 판사들은 해마다 병을 얻어 법원을 떠나거나 숨을 거두고 있다. 숨진 이 판사는 기록을 가지고 퇴근하기 위해 배낭을 메고 다녔다. 더 이상은 그 무거운 기록들을 어깨에 올려놓지 않아도 되게 되었고, 법관으로서의 소명도 끝이 났다.[48]

40대 이하의 젊은 판사들이 절반을 넘음에도 불구하고 과로로 인한 질병과 사망 소식이 끊이지 않고 있다는 것이다. 특히 최고 엘리트 집단의 특성상 그러한 사실의 공개를 꺼리는 문화가 형성돼 있다. 과로사한 이 판사의 경우도 죽음 당일까지 그러한 낌새를 주위에서 잘 포착하지 못한 상황이었다. 따라서 "비정상적인 업무량에 시달리는 판사는 노동사건에서 보수적으로 바뀐다"거나 "사건 나름의 진지한 고민을 담기보다는 신속한 처리를 위한 사무적 처리로 흐를 수밖에 없다"거나 "판사수를 늘리는 데 절대로 반대하지 않는다. 아마 전국 대부분의 판사들이 마찬가지 입장일 것"이라는 판사들의 고백이 대단히 심각하게 와닿는다. 집단적 권익을 사수하기 위해 판사들 개인의 건강이나, 나아가 일반시민들의 권익은 간과되고 있는 것이다.

로스쿨 도입은 법무가 제 영역에서 일반적으로 요청되는 서비스라는 인식이 사회적 공감대와 요구를 형성함으로써 가시화된 것이었다. 그러나 정원 조정을 둘러싸고 시행 주체와 이해관계 세력 간의 줄다리기가 팽팽하게 전개되었고, 결국 25개에 달하는 로스쿨의 전체 정원은 천오백 명으로 결정되었다. 그 전까지 사법시험 선발 정원이 천 명 선이었던 점을 감안한다면, 시대적·사회적 요구에는 못 미치는 매우 미흡한 결과였다. 또한 로스쿨 출범 직전의 전국 법과대학 정원이 약 구천 명이었다는 사실을 고려하면, 법학 교육의 파행이 예상되는 결과이기도 했다. 대학 서열 문화가 고질적인 사회 문제이고, 그 중에서도 사시와 직결되는 법과대학은 그러한 폐단에 가장 민감한 곳이라고 한다면, 로스쿨이 아닌 법과대학에 진지한 뜻을 둘 인재는 희박해질 수밖에 없는 까닭이다. 법조 인력의 다양화와 확대를 목적으로 하는 로스쿨을 도입함으로써 오히려 법학 교육을 충실히 이수한 인력이 전체적으로는 감소하게 되는 기현상을 낳는 것이라고 하겠다.

또한 법조계는 유사 직군의 진입을 차단하는 방법으로 인력의 규모를 통제하려고도 한다. 이는 전문가 집단 내에서의 장벽 쌓기이기도 하며, 한국사회의 특징적인 그림자이기도 하다. 예컨대 변호사는 다른 전문직의 업무를 대리한다. 변리사, 공인회계사, 세무사 등의 업무도 법률적 성격이 강하며 사법 절차를 거치게 되는 경우가 다반사인데, 개인 직군으로서 법정에 서서 송무를 수행할 수 있는 사람은 변호사로 제한돼 있다.

이러한 사정은 의료 분야에서도 비슷하다. 물리치료사, 방사선사, 치위생사 등은 대표적인 의사 '주변' 직군들이다. 한국사회에서 이들은 의사 없이 단독으로 자신의 사업장을 열지 못한다. 어떤 식으로든 병원(의사)에 고용된 형태로만 일할 수 있다. 또한 (양)의사들과 한의사들 간의 진료 방식을 둘러싼 분쟁은 의료 행위의 배타적 전문성을 유지하려는 의사들에 대한 한의사들의 반발이라고 할 수 있다. 그런데 이러한 싸움에서 주어로 등장하는 것은 엉뚱하게도 늘 '국민'이다(이는 법조계에서도 마찬가지이다. 말하자면 인력을 통제하면서도 법률 서비스의 질을 주장하는 것이다). 얘기인즉슨 국민의 건강과 생명을 저런 비과학적이고 원시적인 의술 행위에 맡길 수 없다는 뜻인데, 정말 국민에 대한 염려가 진짜 이유인지 자신들의 가슴에 먼저 손을 얹어보아야 할 것 같다.

새로운 비즈니스? : 가짜 관련짓기

관련짓기는 적극적이고 전향적인 전문 영역의 재설정 방식이다. 동시대와 호흡하면서 거기에서 반 발짝 정도 더 나아간 비즈니스라면 전문가에게나 그 소비자 대중에게나 모두 이익을 줄 수 있기 때문이다. 그러나 가짜와 진짜의 구별이 필요하다.

오늘날 횡행하는 '사무장 병원'과 '사무장 법률사무소' 그리고 '면대 약국'은 새로운 전문가 비즈니스를 표방하는 가짜 관련짓기의 대표적 사례이다. 앞서 언급했듯이 사무장 병원과 사무장 법률사무소는 면허가 없는 사람이 의사 및 변호사를 고용하거나 그들의 면허를 빌려서 사업장을 운영하는 것이고, '면대 약국'이란 '면허 대여'의 줄임말이다. 무한경쟁에 내몰리는 21세기의 신자유 체제 그리고 소비자들에게 정보가 과도하게 제공되는 지식정보화 사회의 조건 하에서 전문가들의 사업은 결코 녹록치 않은 상황이다. 끊임없이 적응하고 변신해야 살아남을 수 있다는 이 시대의 지상 명령이 그들에게만 하달되지 않았을 까닭이 없기 때문이다.

그렇다고 해도 전문가들의 사업에 있어서 일차적으로 보존되고 최상으로 공급되어야 하는 것은 바로 전문성 그 자체이다. 하지만 '사무장 병원'과 '사무장 법률사무소' 그리고 '면대 약국'은 돈벌이를 전체화한 사업 방식일 수밖에 없으며, 그래서 가짜 관련짓기가 될 수밖에 없다. 병원, 법률사무소, 약국에서는 각각 의사, 변호사, 약사가 업무의 본원(本源)이다. 그러나 돈벌이를 극대화하기 위해서는 고객을 잘 유인하고 관리하는 사무장이 절실한 게 사실이다. 또한 면허를 대여해 운영할 때에는 언제 발각될지 모를 위험성과 면허 대여료 지불까지 염두에 둬야 하므로, 최대한의 수익을 내기 위해 건강보험공단에 허위 신고를 하고 불법적으로 부풀려 보험급여를 타내는 일도 다반사다.

업종 별로 특징적인 면도 있다. 예컨대 병원의 경우, 의료 장비나 처방 의약품을 선정하는 과정에서 리베이트를 수수하고자 혈안이 된다. 약국의 경우, 여러 약국을 운영하면서 기업화하기도 한다. 법률사무소의 경우, 개인 회생과 파산 업무에 주력하는데 일종의 블루오션을 파고든 셈이다. 이제 각 분야별로 몇 가지 사례를 살펴보도록 하겠다.

[A]

의료 사고 등으로 병원 운영이 어려워진 의사를 고용하거나 신용불량자인 의사와 동업 형식으로 병원을 운영한 사무장 병원이 검찰에 적발됐다. 인천지검 형사4부(최영운 부장검사)는 ㄱ씨(41) 등 4명을 의료법과 사기 등으로 구속기소하고 의사 ㄴ씨(52)를 같은 혐의로 불구속기소했다고 2일 밝혔다.

의료장비 납품업체를 운영하던 ㄱ씨는 지난해 10월부터 인천 중구 영종하늘도시에서 병원을 운영하던 ㄴ씨가 의료사고 등으로 경영에 어려움을 겪자 이 병원을 지난 2월 인수했다. ㄱ씨는 ㄴ씨의 빚 18억 원을 떠안는 조건으로 병원을 인수하고, ㄴ씨에게는 월 1000만원씩 주기로 했다. 병원 명의도 ㄴ씨 명의 그대로 했다.

ㄱ씨는 또 사무장 병원을 운영한 경험이 있던 ㄷ씨(44)를 행정원장으로 앉혔다. ㄷ씨는 의사와 간호사 등 병원 직원들을 직접 채용했다. ㄷ씨는 필리핀 의대를 나온 것처럼 행세하면서 의사와 방사선사 면허도 없이 환자들을 상대로 엑스레이 촬영과 깁스 등의 업무를 하고, 병원 직원들에게 영양제를 주사하기도 했다. 이들은 국민건강보험공단으로부터 요양급여비 4400여만 원을 받아 챙겼다.

마니아마추어의 시대가 온다

검찰은 또 신용불량자이면서 14억 원의 빚을 진 의사를 끌어들여 병원 운영을 동업한 또 다른 사무장도 구속기소했다. 검찰 관계자는 "영리를 목적으로 병원을 운영하는 사무장 병원은 건강보험료를 빼돌려 보험료 상승으로 인한 국민 부담을 가중시키고, 의약품 리베이트 수수 등 각종 폐해를 일으키고 있다"며 "의료인이 아닌 병원 실운영자의 경우 구속수사를 원칙으로 할 것"이라고 말했다.[49]

[B]

인천 삼산경찰서는 22일 고령의 한의사와 약사를 고용해 건강요양급여를 챙긴 혐의(의료 · 약사법 위반)로 김모(54)씨를 구속했다고 밝혔다. 또 김씨를 도운 한의사 김모(71)씨와 약사 이모(74 · 여)씨를 불구속 입건했다. 김씨는 2012년 한의사 김씨와 이씨를 고용해 부평구의 한 건물에 한의원과 약국을 차린 뒤 국민건강보험공단으로부터 52차례에 걸쳐 요양급여 10억1000만 원을 챙긴 혐의다.

경찰 조사 결과 한약도매상을 운영하던 김씨는 경영이 어려워지자 사무장 병원을 계획했다. 이후 인터넷 구인사이트를 통해 한의사 김씨 등을 고용한 뒤 이들의 면허로 한의원과 약국을 차렸다. 한의사 김씨와 약사 이씨는 고령인데다 신용불량자로 재취업 등에 어려움을 겪다 김씨가 각각 월급으로 520만원과 250만원을 주겠다는 제안하자 받아들였다. 김씨는 단속을 피하기 위해 자신이 임대한 병원과 약국의 명의를 한의사 김씨와 약사 이씨의 명의로 재작성하는 치밀함을 보였다. 또 동시에 감시하기 위해 한의원과 약국 사이에 별도의 쪽문까지 설치했다고 경찰은 전했다.[50]

[C]

(전략) 변호사가 아닌 자와의 동업 금지 등을 규정한 변호사법 34조에 따르면 변호사는 법률사건이나 법률사무의 수임을 알선받거나 이러한 자에게 자기의 명의를 이용하게 해서는 안 되며 변호사가 아닌 자는 변호사를 고용해 법률사무소를 개설·운영할 수 없다고 돼 있다. 그러나 도내 일부 법률사무소가 이를 어긴 채 버젓이 영업을 하고 있으며 경기중앙지방변호사회 등이 이를 막기 위해 검찰에 고발 조치하는 등 맞서고 있는 형국이다.

수원에 있는 A법무법인은 B씨를 대표변호사로 두고 있지만 실질적인 운영은 사무장이 도맡고 있는 전형적인 사무장 법률사무소다. A법무법인은 화성 지역에 분사무소까지 내며 영업을 하고 있는 것으로 나타났다. 특히 B변호사는 서울지방변호사회 소속 변호사로 서울에 상주해야 하지만 경기 지역에서 버젓이 사무실을 내고 활동하고 있는 것으로 알려졌다. 수원지검 특수부(이용일 부장검사)는 경기중앙지방변호사회의 고발로 이 사건에 대해 수사를 벌이고 있다.

이와 함께 변호사와 2명의 사무장이 함께 운영하던 C법무법인은 실질적 운영을 하던 한 사무장과 변호사간의 알력 다툼으로 현재 2개의 법률사무소로 나눠져 운영되고 있다. 이중 한 사무소는 변호사와 사무장이 함께 새롭게 개업했지만 불법운영 및 명의대여, 동업 등의 의혹을 받고 있다. 다른 한 사무소는 변호사 명의를 빌려 또 다른 사무장이 법률사무소를 만들어 운영하는 사무장 법률사무소로 운영되고 있다. 경기중앙지방변호사회는 이 같은 사실을 파악하고 자료를 수집해 검찰에 고발을 준비 중이다.

마니아마추어의 시대가 온다

이와 함께 평택과 안산 등지에도 재판 업무 외에 회생과 파산 업무에 주력하는 사무장 법률사무소로 의심되는 법무법인이 10여 개에 달하는 것으로 나타났다. 이들 법무법인은 대부분 변호사 이름이 안 들어간 법률사무소로, 간판이 없거나 직원이 과다하게 많은 등 비정상적인 영업 행태를 보이고 있다는 것이 변호사회의 분석이다. (후략)[51]

[D]

2010년 3월부터 경기도 김포에서 약국을 운영한 A약사는 B약사에게 월 100만~200만원을 주기로 하고 약사 면허를 빌렸다. 빌린 면허로 서울 성북구에 약국을 하나 더 차렸다. A약사가 이런 방식으로 2012년 10월까지 2년여간 건강보험공단에서 부당하게 타낸 요양급여액은 5억1089만340원이나 된다. 공단은 지금까지 1279만890원을 환수했지만 나머지 4억9000여만 원은 받아내지 못하고 있다.

C약사는 약사가 아닌 일반인 D씨에게 월 300만원을 받는 조건으로 약사 면허증을 빌려줬다. D씨는 2013년 10월부터 지난해 2월 초까지 충남의 한 군 지역에 C약사 명의로 약국을 개설해 운영했다. 공단은 D씨가 약값과 조제료 등 건강보험공단에서 타낸 1억3512만원에 대한 환수 절차를 진행하고 있다.

이런 불법 '면대(면허대여) 약국'이 근절되지 않고 있다. 면대약국은 일반인이나 약사가 다른 약사의 면허증을 빌려 개설하고 운영하는 약국을 말한다. 불법 개설 의료기관을 뜻하는 '사무장 병원'에 견줘 약학계에서 통용되는 용어다. 검찰과 경찰은 면대약국 의혹이 제기된 36곳에 대해 수사를 진행 중인 것으로 17일 확인됐다.

약사면허 불법 거래는 개인 간에 은밀히 이뤄지는 데다 소규모인 약국 구조상 내부 고발 루트가 다양하지 않아 적발은 물론 수사로 실상을 밝혀내기도 어려운 실정이다. 간호사·원무직원 등 내부자 신고로 적발 사례가 갈수록 늘어가는 사무장 병원과 대조적이다. 면대약국이 부당하게 타낸 요양급여도 제대로 환수되지 않아 건강보험 재정을 축내는 요인이 되고 있다. (중략)

건보공단 관계자는 "약사면허 거래는 구직센터 게시판이나 약사들이 많이 활동하는 온라인 커뮤니티 등을 통해 아주 은밀하게 이뤄지는 걸로 안다"고 했다. 주로 약사면허 취득 후 경제적 어려움으로 약국을 열지 못하거나 활동이 없는 고령 약사 등이 '용돈 벌이'로 면허 대여에 나선다고 공단 측은 파악하고 있다.

면대약국 개설 수법은 날로 지능화하고 규모도 대형화되는 추세다. 예를 들어 건물주들이 직영 면대약국을 여럿 개설하는 '기업형'이 그렇다. 건물주들은 면허를 대여해준 약사가 약국에 상근하면 적발이 쉽지 않다는 점을 악용해 '문어발 확장'에 나서기도 한다. (후략)[52]

이상의 기사들에는 불법과 부정의 백태가 가히 망라돼 있다. 하지만 하나의 공통점에 그 백태들은 수렴된다. 모두가 수단과 방법을 상관치 않는 돈벌이 욕망의 다양한 변주 형태들이기 때문이다. 면허를 가진 이들, 특히 의사들이 사무장 '밑'에 들어간 이유도 다 돈 때문이었다. 다른 사연이 있을 수도 있겠지만, 일반적으로 병원 개업에는 고비용이 소요되기 때문에 문제가 발생한 개업의는 신용불량자로 전락하기 쉽다. 아닌 게 아니라 '[A]'와 '[B]'에 등장하는 의사, 한의사, 약사는 모두 신용불량자들이다. 어쩌면 그런 그들에게는 일을 시키며 봉급을 주는 '업주' 사무장이 고마운 존재인지도 모른다.

하지만 그에 앞서 이러한 의료 행위는 매우 심각한 윤리적 문제를 야기하는 것이다. '[A]'에 나오는 사무장은 아무 면허도 없으면서 평소 의사 행세를 하고 X레이도 찍고 깁스도 해주고 직원들에게는 친히 영양제 주사까지 놔주었다. 양심에 찔렸던 건지 아니면 발각될 염려가 컸던지 그는 필리핀 의대를 나온 것으로 얼버무리고 다니면서 의사(擬似) 의사로 살아왔던 것 같다. 이는 사회에 금전적 해악을 끼치는 문제이기에 앞서 생명 윤리에 관한 문제다.

약국 쪽으로 가면 '[D]'에서 확인되듯이 '의사' 약사는 아주 흔한 존재들임을 알 수 있다. 병원에 비해 소규모이어서 내부 고발이 기대되기가 더 어렵고, 돈을 가진 사람이 동시다발적으로 여러 개의 '면대 약국'을 운영하기는 더 쉽기 때문이다. 이들은 여러 개의 면허를 빌려서 다수의 약국을 경영하기도 하고, 건물주가 한곳에 여러 개의 '면대 약국'을 모아서 운영하기도 한다. 실로 불법 위에 불법, 도덕적 행위 위에 인간 불신이 판치는 요지경이다.

사무장 법률사무소는 불법을 이용하여 법 지식을 장사하는 곳으로서, 법에 대한 근본적인 회의를 품게 한다. 다음은 서구 정신사에 큰 영향을 끼친 16세기 프랑스 사상가 몽테뉴가 법에 대한 회의를 드러낸 글이다.

법률은 정당하기 때문이 아니라, 그것이 법률이기 때문에 신용을 유지한다. 이것은 법률의 권위가 가지는 신비적인 기만이다. 그것은 다른 기반이라고는 가진 것이 없다. 이것이 법률에 있어 대단히 효과가 있다. 법률은 흔히 바보들이 만들어놓은 것이고, 그보다도 공평하지 못한 자들이 평등을 몹시 싫어해서 만드는 수가 많으며, 어떻든 늘 허영되고 결단성 없는 자들인 인간에 의해서 만들어지는 것이다. 법률보다 더 중대하고도 대폭적으로, 이보다 더 예삿일처럼 잘못을 저지르는 것은 없다. 법률이 올바르다고 해서 법률을 지키는 자들이 누구나 다 바로 지켜야 할 방법으로 지키는 것은 아니다.[53]

법률은 법률이라는 사실 자체로 권위를 지니며 (기만적이게도) 그 신뢰를 유지할 수 있지만, 바로 그러한 까닭에 예사롭게 불의의 근거가 되며, 교묘한 이용도 자행될 수 있다는 의미이다. 불법 법률사무소를 운영하는 사무장들은 변호사 면허는 없지만, 사법 시장의 바닥에서 잔뼈가 굵은 사람들이다. 누구보다도 법의 실제, 그러니까 법의 가능 영역과 불가능 영역의 경계선을 예리하게 넘나들 수 있는 위인들이다.

그들에게 법은 정의·공의·정당성 등의 미사여구는 때려치우고서라도, 최소한 지켜야 하는 것과도 거리가 먼 돈벌이 수단에 불과했다. 따라서 법의 근본정신 중 하나인 약자 및 소수자 보호가 그들에게서는 결코 기대될 수 없었다. 오히려 그 가련한 인생들은 그들에게 제물이 되었다. 'ㄷ'에는 네 단락에 걸쳐 다양한 사례들이 소개되고 있다. 앞의 세 단락에는 불법의 여러 유형들이 나타나 있고, 네 번째 단락에는 일반 재판보다는 '개인회생'과 '개인파산' 업무에 주력하는 불법 법률사무소들이 보고돼 있다.

개인회생 및 개인파산 제도란 무엇인가. 경제적으로 벼랑 끝에 몰린 개인에게 우리사회가 내미는 최종의 손길이요, 최후의 비빌 언덕이다. 2004년부터 시행된 개인회생 제도는 재정적 어려움으로 파탄에 직면한 사람에게 지속적인 수입의 가능성이 있을 경우, 법원이 채권자에게 갚아야 할 변제액을 조정해주는 제도이다. 그리고 2006년부터 시행된 개인파산 제도는 과도한 채무가 있는 사람에게 면책 절차를 통해 경제적으로 재기할 수 있는 기회를 부여하는 제도이다.

그런데 절박한 심정으로 이 혜택을 받고자 하는 이들에게는 각종 서류 준비부터 까다로운 법 절차들이 기다리고 있다. 불법 법률사무소 사무장들은 바로 이 점을 파고든 것이다. 회생 또는 파산 작업을 도와준다고 했을 때 채무자들에게 그 사무장은 필시 천사의 모습이었을 것이다. 그러나 수임료를 받고나서 그들은 일처리를 차일피일 미루거나 심지어는 줄행랑을 치는 늑대가 된다. 이 경우 줄행랑은 절벽 위로 간신히 기어오른 실낱 같은 재기의 의지를 다시 낭떠러지 아래로 처넣는 것이나 다름없다. 이는 측은지심은 고사하고 자신보다 약한 사람을 서슴지 않고 잡아먹는, 문명이 소거된 약육강식의 풍경이자 비열한 한국사회의 자화상이 아닐 수 없다. 제도(문명)는 날로 우아함을 더해가지만 민생에서는 지식의 이름으로 야만(살육)이 횡행하는 몹시도 우울한 세대인 것이다.

이상에서 살펴본바 새로운 전문가 비즈니스는 예리하게 가다듬은 지식의 물질적 사용이라는 특성을 띠고 있다. 그들의 아이디어는 기술적 측면에서는 고도화돼 있지만 인간적 측면에서는 저급해져 간다. 사람이 사람에 대해 하는 일에서 사람은 사라지고 물질만 남아버린 까닭이다. 따라서 새로운 전문가 비즈니스가 양화를 구축하는(쫓아내는) 악화라는 결론에 도달하고 만다. 다시 전문 영역 재설정의 바람직한 관련짓기를 모색할 필요성을 느낀다.

다 체험해볼 것 : 참된 전문성과 진짜 관련짓기

몇 년 전 방영됐던 한국방송공사(KBS)의 월화드라마 〈브레인〉(18회, 2012년 1월 10일 방영)에는 다음과 같은 감동적인 대사가 등장한다. 수술에 들어가는 후배 의사에게 선배가 한 말이다.

> 사람을 봐 사람을…… 그 사람이 누구의 아들인지, 그를 살림으로써 내가 얻을 영예가 무엇인지를 생각하지 말고 그 사람을 봐. 그래야 살릴 수 있어.

앞에서 우리는 일상적 삶과 가장 밀착돼 있는 전문 영역인 의료 분야와 법률 분야를 우수 가득한 눈으로 고찰해왔다. 유독 이 두 집단에 집중했던 이유는 그들에게만 문제가 많아서가 아니라 그들이 우리사회에서 가장 근간적인 전문가 집단이기 때문이었다.

지식정보화 사회에 들어서 그 어느 때보다 대중의 기본 지식이 풍부해졌다는 사실을 뒤집어서 생각해보면, 범인(凡人)이 전문가와 좀 더 심층적인 부분, 더욱 본질적인 차원을 두고 얘기하며 공감할 수 있는 조건이 마련됐다는 의미이기도 하다. 이 얼마나 아름다운 인간관계의 조건인가. 하지만 21세기에 바라보는 우리 그리고 한국사회에서 전문가와 비전문가의 심층적인 대화, 인간적인 공감은 무척 이상한 나라의 얘기처럼 들린다. 무엇이 그 인간 미학의 현현을 훼방하는 것인가.

오늘날 우리는 소위 명의(名醫), 즉 몸을 좀 더 믿고 편안하게 맡길 수 있는 의사에게 진료받기 위해 (실제 대면 시간은 순간에 그치고 말기 일쑤이지만) 얼마나 오래 기다려야 하는지 모른다. 그러나 필자는 여하한의 의사도 명의가 될 수 있다고 믿는다. 그것은 본질적으로 사람과 일과 삶에 대한 가치와 태도에 달린 문제라고 생각해서다. 그 밖의 것은 갈고닦는 기술이다.

마음의 문제가 왜 중요한지, 그것이 얼마나 치명적일 수 있는지를 다음 사례는 잘 보여주고 있다.

행크 굿맨은 정형외과 의사였다. 나이 56세에 키는 183센티미터 정도, 숱 많은 밤색머리는 아무렇게나 헝클어져 있고, 엄청나게 큰 손은 보기만 해도 힘 하나 안 들이고 무릎관절을 맞춰 넣는 모습이 상상된다. 그는 조용하고 자부심이 강한, 뼈를 고치던 사람이다. 의사면허증을 뺏기기 전 그도 한때는 사람들이 너도나도 찾는 명망 높은 외과의였다. "인근에서 가장 솜씨가 뛰어난 정형외과의였어요." 그의 정형외과 파트너의 말이다. 가족이나 친지한테 정형외과의가 필요할 때 동료의사들은 그를 찾았다. 10여 년 넘게 굿맨은 그 주에서 가장 바쁜 외과의에 속했다. 하지만 언제부턴가 일이 틀어지기 시작했다. 시간 아낀다고 대충대충 적당히 하기 시작했다. 환자들이 고통을 당

하고 몇몇은 아주 심하게 손상을 입었다. 한때 그를 존경하던 동료들
도 점차 그러면 질겁하게 되었다. 하지만 그가 그만두게 된 것은 그
러고도 몇 년이 지난 후였다.[54]

이것은 십 년이 넘도록 한 주에서 가장 잘 나가던 의사였다가 의
사면허증까지 반납해야 했을 만큼 '망가진' 전직 의사의 이야기이다.
누구보다 일을 즐기고 열중했던 그가 왜 그렇게 되었을까. 이유는 그
가 너무나 잘 나갔던 바로 그 때문이다. 너무 유능해서 가장 바빴으
며, 그렇게 보내던 어느 순간부터 그는 일 자체가 아닌 무언가에 집착
하기 시작했다. 여기 인용문에서는 그것이 "시간 아낀다고 대충대충
적당히 하기 시작했다"는 표현으로 나와 있다. 간단히 말하자면 그는
의사로서 굵고 짧게 살았다. 이미 고장 난 후에도 몇 년간 그 일을 계
속하고 있었다.

타이어가 펑크 난 상태에서도 차는 꽤 달릴 수는 있다. 그러나 그
즉시 멈춰야 한다. 망가진 이후에도 그가 몇 년 간 더 의사로 지냈던
시간은 일단 이 계산에서는 빼두자. 가능한 한 우리가 자세히 들여다
봐야 할 지점은 왜 그가 이성적 판단으로, 더욱이 주위의 이러저러한
충고와 지적에도 불구하고 망가진 채로 계속 달렸는가의 문제이기
때문이다.

"문제가 처음 나타났을 때 멈췄어야 했다. 그 길로 견인을 요청했
어야 했다"라고 우리 대부분은 굿맨과 그 동료들에게 말할 것이다.
그러나 굿맨이 그 상태로, 전혀 개선되지 않고 망가진 채로 몇 년이나
지낼 수 있었던 데에는 동료들의 헌신적인 배려와 보살핌이 있었다.

마니아마추어의 시대가 온다

그러면 그들에게 보여질 반응이란 이런 게 거의 확실하다. "당신들도 공범이야. 왜 손 떼게 하지 못했지?"

지금 논의되고 있는 상황은 한국사회보다 맺고 끊음이 똑 부러진다고 간주되는 미국 주류 사회에서 벌어진 것이다. 그래선지 이런 생각과 의문도 품게 된다. '그들도 우리처럼 인간적이긴 한 건가. 정이 없지는 않군. 그런데 정말 왜 그만두게 하지 않았을까 ⋯⋯.'

여기서 군이 인종·민족 차별적인 얘기를 늘어놓고 싶지는 않다. 하지만 확실한 점은 집단으로서 미국사회라는 곳이 한국사회보다 매우 엄정한 체계가 작동하는 곳이란 사실이다(예컨대 한국에서 운전할 때 종종 그렇게 하듯이 횡단보도 정지선을 조금만 넘어가서 정지해보라. 어디선가 도깨비처럼 나타난 경찰이 딱지를 들이밀 것이다). 즉 우리가 보기에도 지극히 불합리한 상황을 그들이 지속했다는 사실은 그 과정에서 이성적 판단이 거의 작동되지 못했다는 것을 의미한다. 그리고 바로 이것이 치명적이다.

문제는 멈추지 '않'았다는 게 아니라 멈추지 '못'했다는 것이며, 다시 말하면 본인은 물론이고 주위 사람들조차 그 방법을 몰랐다는 사실이다.

굿맨은 사람들이 하는 얘기를 귀담아들었다. 머리를 끄덕이면서 자신도 일 욕심이 지나쳤다고 느끼고 있으며, 때로 감당하기 벅찰 때도 있다고 고백했다. 이제부터 달라지겠다는 맹세도 했다. 환자도 덜 받고, 시간을 재가며 환자들을 급하게 보는 것도 그만하고, 수술도 제대로 찬찬하게 잘 하겠다고 했다. 부끄러워 얼굴도 못 들고 걸어가면서 잘못을 고치겠다고 결심을 다지기도 했을 것이다. 하지만 종국에는 아무것도 변한 것이 없었다.

흔히 그렇듯이, 굿맨이 얼마나 위험스러워졌는지 가장 잘 볼 수 있는 사람들은 뭔가 조치를 취하기에는 가장 나쁜 위치에 있었다. 후배 의사들, 간호사, 보조사들이 그랬다. 굿맨의 보조 스태프 중 하나가 그와 같이 환자들을 보호하는 역할을 떠맡았다. "하루에 환자를 40명이나 보면서 1인당 5분도 할애하지 않았어요." 보조사가 말했다. 진료상의 문제가 발생하는 것을 피하기 위해 그는 근무 시간 뒤 늦게까지 남아서 굿맨의 결정을 재확인했다. 수술실에서는 거슬리지 않도록 조심하면서 바른 방향으로 끌고 가려고 애썼다. 그랬음에도 불구하고 과실은 범해졌으며 "수많은 불필요한 수술"이 행해졌다고 했다. 그래서 가급적 환자들을 굿맨한테 못 오게 했다. '제 정신이 아닌 것 같다'고 내놓고 말하지는 않았지만 말이다.[55]

이 내용은 굿맨이 거의 무의식 상태로 계속 잘못된 상태로 가고 있었음을 일러준다. 그가 정신병을 앓고 있는 게 아니라고 한다면 말이다. 굿맨은 분명 정신 나간 사람 같긴 했지만, 주위 사람들 역시 결정적으로 명백하게 그를 그만두게 할 수단과 방법을 찾지는 못하고 있었다. 그렇다면 다시 문제는 굿맨 자신에게로 모아진다. 가장 앞서 갔던 것도 그였고, 지금 정신 나간 것 같은 사람도 그이며, 아무도 그에게 적절한 제동을 걸지 못하고 있기 때문이다.

따라서 그를 멈출 수 있는 것은 바로 그 자신뿐이다. 다른 방식으로 멈춰진다는 것은, 그가 회복될 수 있는 기회를 완전히 상실한다는 것, 즉 그의 파멸을 의미하기 때문이다. 결국 그는 해고 당함으로써, 의사면허 반납 조치를 당함으로써 재생 작업을 일절 거치지 않고 곧장 폐차되는 차량 신세가 되고 말았다. 그가 해고 당하게 된 결정적인 원인은 그를 감싸주던 동료들이 등을 돌린 데 있었다. 그 역시 고달팠겠으나, 어느 때부턴가 필히 참석해야 하는 의학모임(Medical Meeting)까지 나오지 않으면서, 여전히 더 많은 환자들을 수술하고 더 많은 문제를 일으켰다. 이에 동료들은 강경한 경고를 보냈으나 굿맨은 모두 무시해버렸다. 마침내 동료들은 잡아주고 있었던 굿맨의 손을 놓을 확실한 명분을 갖게 되었고, 결국 그는 해고 당했다.

그는 자신의 잘못을 의식하고는 있었지만, 그것을 자기 의지로 제어하면서 위기의 심연에서 빠져나올 만큼 정신력을 발휘하지 못했다. 그의 정신 그리고 신체는 오직 달리는 것밖에는 아는 게 없었다. 예약 환자 수 1위라는 타이틀(명예와 자존심)에 대한 집착과 고수, 찾아오는 환자는 어떻게든 받는 것 등, 이런 식으로 그는 10년 넘게 주당 80~100시간까지 의사-기계로만 존재했던 것이다. 부인과 세 자녀들과는 얼굴도 제대로 마주치지 못한 것은 물론이었다.[56]

이러한 상태는 앞서 얘기했듯이, 쉬이 납득되지 않는 행동을 보이는 사람의 자기공명영상 분석 결과를 상기시켜준다. 즉 우리는 이성적으로 충분히 멈출 수도 있지 않았겠느냐고 반문하겠지만, 굿맨의 질주는 무의식적 본능과 흡사한 생물학적인 동인에 의한 것이었다. 이는 또한 앞에서 분석했듯이, 이상의 〈오감도〉 시 제1호의 오로지 달리기만 하는 아해들과 포레스트 검프의 모습이기도 하다. 말하자면 날렵한 자동차에 대한 관용구처럼 흔히 사용되는 '질주 본능'이란 인간 본능의 적확한 이입 또는 은유이다. 달리기를 포함해 단조롭고 재미없어 보이는 운동들, 칠흑과 폭우를 마다하지 않고 자전거 주행에 나서는 사람들, 매일 몇 시간씩 덤벨이며 바벨이며 그 육중한 쇳덩이들을 반복적으로 들어올리고 내리는 사람들의 그 '성실성'은 본능적인 것이다. 그렇게 해야만 직성이 풀리고 정신적 안정감을 갖게 되기 때문이다.

건강관리 등의 이성적 판단으로 시작된 그 운동이 처음부터 성실하게 잘 되는 것은 아니다. 계속 미래의 성과를 상상하면서 지금의 고역을 긍정해야 하는 일이기 때문이다. 그러나 오랜 시간과 노력을 들여 그 운동 수준이 일정 궤도에 오르고 나면, 애초의 목적과는 상관없이, 오히려 그 목적에 반할 정도로 운동을 반복하게 될 때가 있다. 이때 그를 이끄는 것은 생물학적 본능이다. 그래서 아해들이나 검프와 마찬가지로, 그들은 비가 오든지 눈이 오든지 바람이 불든지 개의치 않고 그 행위를 반복한다.

이러한 상태는 그것이 어떤 미덕을 지니고 있다 하더라도 매우 위험하다. 운동을 전혀 하지 않는 게 문제이듯 적당량을 초과하는 것도 건강을 해친다. 본말이 전도되는 것이다. 이제 그들은 이성적 판단 영역에서 주행과 정지가 원활하게 되지 않는다.

바로 이 지점에서 우리는 다시 잘못돼가던 굿맨을 떠올리게 된다. 그는 상당한 공부와 수련을 거쳐서 매우 유능한 의사가 되었다. 그리고 누구보다 집중하여 자신의 일에서 대단한 열의와 성과를 나타냈다. 하지만 그것이 파행의 전주곡이었다는 점은 아무도 의식하지 못했다. 누가 감히 최고의 실력에다 성실성까지 겸비한 굿맨에게 찬탄

이 아닌 문제의 시선을 들이댈 수 있었겠는가. 질주를 긍정하고 격려하도록 가르침을 받았고 또한 그렇게 여기고 살아왔던 사람들이 어떻게 문제 제기를 할 수 있었겠는가 말이다.

전문가가 이와 같은 상태에 빠지면 여러 측면에서 문제가 발생한다. 첫째, 전문 서비스 질이 급격히 하락한다. 이 점은 굿맨의 사례에서 확인되었고, 앞에서 나왔던 한국 법원의 판사들에게서도 심각하게 드러난 상태이다. 인력 수급 규모를 통제하려는 집단적인 힘과 과로에 허덕이는 현장에서의 인력 요청 간의 괴리를 우리는 확인한 바 있다. 또한 환자를 하루 40명 정도 진찰하면서 굿맨은 한 명당 5분 이하의 시간을 할애했다고 했다. 이는 명의로 이름 높은 의료진을 다수 보유한 한국 대형병원에서도 흔히 나타나는 현상이다. 스케줄 자체가 무척 빡빡하게 짜여 있는 것인데, 이는 병원 입장에서 효율성을 극대화한 결과이다.

둘째, 전문가 스스로 소진되고 파멸한다. 그들은 과로에 시달리는 시스템에서도 악바리처럼 버텨낸다. 어린 시절부터 맡겨진 일들을 늘 최고 수준의 결과로 수행해왔던 이들이기 때문이다. 무한 경쟁마저 심화된 오늘날의 조건에서 그들은 여전히 그러한 방식으로 일에 덤벼든다. 그것이 주류적 분위기이다. 앞에서 인용했던 어느 기사에는 다음과 같은 현직 판사들의 토로가 들어 있었다.

"우리 판사들은 어려서부터 주어진 일을 해내는 게 몸에 밴 사람들이다. 그러니 공부도 잘했던 것이다. 남들과 비교해 조금이라도 뒤떨어지는 것을 부끄럽게 생각한다. 해오던 속도가 있는데 이제 와서 늦

출 수도 없다." 서울대 법대에 재학 중에 사법시험에 합격하고, 연수원을 최상위권으로 수료한 현직판사의 이야기다. "대학입시 준비, 사법시험 공부, 사법연수원 시험을 거쳐 왔다. 돌이켜보면 지금 판사 시절이 가장 힘들다. 아무리 생각해봐도 고등학교 3학년 때보다 강도가 높다. 지금 법원의 재판은 머리가 아주 좋고, 체력이 충분히 강하고, 일처리가 성실한 사람을 기준으로 가고 있다. 이 가운데 하나라도 모자라면 바로 뒤처지는 구조다." 법원에 다양한 사람이 들어가기도 힘들고, 들어간다고 해도 버티기 힘든 이유다. "쳇바퀴 돌 듯 사건을 처리한다. 다른 생각을 하지 못하게 만든다. 심지어 이런 시스템에서 일을 계속해야 하는지에 대한 고민도 하기 어렵다. (남들이 뭐라고들 하는지 알지만) 변호사 개업도 어렵게 됐지 않느냐. 그냥 우리 나름의 소명으로 사는 것이다."[57]

대체 무엇을 위해 그렇게 사는가에 대해 그들은 묵묵부답일 수밖에 없다. 공적 권위로 존중되는 판결을 하는 사람들이, 즉 생각하는 게 직무 그 자체인 사람들이 아무 생각 없는 사람처럼 살고 있는 실정이다. 굿맨이 꼭 이들과 같았던 것처럼 한국의 의사들, 특히 유명 대형병원 의사들의 상태도 이와 크게 다르지 않을 것이다. 따라서 우리는 그 거대하고 이름 높은 병원들에서도 얼마든지 잘못된 판단과 과실이 발생할 수 있다는 사실, 더군다나 법원과 마찬가지로 그러한 위험성이 조직화돼 있다는 사실에 깊은 우려를 표한다.

개인들은 망가져 가면서도 집단으로서의 이익 확보에는 팔을 걷어붙이게 되는 이유가 무엇일까. 물론 집단적 이기주의라고 간단히 얘기할 수도 있겠지만, 필자는 그것이 기계 - 조직화된 엘리트 집단의 상향평준화, 그러니까 거기에서 빚어지는 기대치의 초과 평준화라고 말하고 싶다. 그들은 무서운 공부 기계에서 욕망의 화신으로 기계 - 조직화되는 것이다. 그들은 결코 쉬는 법을 모르는 집단으로 결정지어진다.

하지만 인간은 쉬는 법, 거니는 법, 노는 법을 배워야 한다. 아니 그 생득적인 본능을 회복해야만 한다. 이것은 보통 우리가 의미 있는 성과를 잘 내지 못하는 경우에 대해서 적용하는 "시간이 없어서 못한다고 불평하지 말라"는 격언의 역(逆)이다. 시간이 주어졌다손 치더라도 그 방법을 모르는 사람은 결코 쉴 수도, 놀 수도 없는 법이다.

셋째, 불필요한 사회적 비용이 막대하게 증가한다. 처음에 제대로 처치되지 못하면 사람은 계속 치료 받든지 항고하든지 해야 한다. 본질 자체에 집중하지 못하는 업무와 생존 구조에서 의사와 법조인들은 기계처럼 일하게 되고, 그 폐해는 다시 비전문가 - 국민에게 고스란히 전이되는 것이다. 한 환자 당 5분도 보지 않았다는 사실이 심각한 문제였다는 (망가졌을 때의 굿맨에 대한) 증언은 한국 독자로서 무척 화끈거리게 되는 대목이다. 한국사회에서 하급심 법원이나 대형병원을 경험해본 사람에게 이런 상황은 아주 흔한 것이기 때문이다.

따라서 이상에서 분석된, 붕괴 위기에 처한 한국사회의 전문성은 쇄신되어야만 한다. 이 책에서는 이를 참된 전문성의 실천에 의한 전문성과 비전문성 간의 '진짜 관련짓기'로 제시하려 한다. 몽테뉴는 다음과 같이 말했다.

티베리우스는 20년을 살아온 자이면 누구든지 자기 몸에 해로운 것과 이로운 것을 분간할 줄 알게 되기 때문에, 의술 없이도 해나갈 줄 알아야 한다고 하였다. 그는 이것을 소크라테스에게 배웠을 것이다. 소크라테스는 제자들에게 건강을 대단히 중요한 연구 과제로 여기라고 충고하며, 이해성 있는 사람은 자기 몸을 단련하고 음식을 가리는 데 조심하며, 무엇이 자기에게 좋고 나쁜가를 의사보다도 더 알지 못한다는 것은 어려운 일이라고 덧붙이고 있다.

그리고 의술은 역시 경험을 항상 치료법의 시금석으로 삼는다는 점을 표명한다. 그러므로 플라톤이 "진실한 의사가 되려면, 고치고 싶은 모든 병들을 다 겪어보고, 그가 판단하려는 사정과 사건들을 모두 거쳐 보고 난 다음에 할 필요가 있다"고 말한 것은 지당하다.

마마를 고치려면 마마를 앓아보아야만 한다. 그런 사람이라면 나는 믿겠다. 왜냐하면 다른 자들은 대개 자기 집 탁자에 앉아서 마치 바다와 암초와 항구 등을 그려놓고, 아주 안전한 자리에서 배의 모형을 끌고 다니는 식으로 사람을 지도하고 있기 때문이다. 그에게 실제로 당하게 하라. 그는 어떻게 해야 할지를 모른다. 그들이 사람의 병을 말하는 꼴은 마치 성읍의 나팔수가 잃어버린 말이나 개의 모양을 설명하며, 털빛이 어떻고 키는 어떻고 귀가 어떻게 생겼다고 소리치는 식이다. 진짜 실물을 가져다 보여 보라. 그렇게 해도 그는 알아보지 못한다.

정말이지 의술이 언제고 내게 눈에 보이도록 좋은 효과를 주게 된다면, 나는 얼마나 진심으로, '마침내 나는 결과로 설명되는 학문에 항복한다!'(호라티우스)하고 소리칠까를 보라. 우리 신체의 건강과 영혼의 건강을 보존하라고 약속하는 기술은 대단한 일을 약속한다. 그런데 약속하는 바를 그들만큼 지키지 못하는 경우도 세상에 없다. 요즘 우리 사이에 이런 기술을 떠들어 대는 자들은 다른 사람들보다도 실제를 보여주는 것이 적다. 그들은 기껏해야 약을 팔고 있다고는 말할 수 있어도, 의사라고 말할 수는 없다.[58]

의술 및 의사에 관한 비판이 신랄하게 나타나 있다. 그런 비판을 한 인물들이 인류 지성사의 거물들이기에 쉽게 무시할 수는 없겠지만, 오늘날 의술은 좀 더 많은 부분에서 투명해졌다고 할 수 있다. 그리고 소크라테스처럼 우리는 우리 자신의 몸에 대해서 해박하지도 못하다. 또한 병을 고치기 위해서 그 병을 다 앓아볼 수도 없는 노릇이다. 그럼에도 불구하고 저들의 주장은 참이기에 존중되어야 하며, 우리는 가능한 한 적용점을 찾을 필요가 있을 것이다.

21세기 지식정보화 사회인 오늘날에는 의사 – 전문가와, 대중 – 비전문가의 수평적 만남이 가능한 조건이 충분히 구비돼 있다. 현장에서는 다소 불친절하고 성급하게 돌아서기도 하지만, 우리는 인터넷에서 친절하고 자상한 지식과 해설을 만나기도 한다. 우리는 의사나 법률가를 마술사처럼 여겨서는 안 된다. 소크라테스, 플라톤, 몽테뉴 같은 지혜의 지성들이 일러준 대로 그들을 체험시켜야 한다. 내 몸에 대한 의학 지식과 내 처지와 상태에 관련되는 법률 지식을 형편대로 정성스럽게 파악한 후 의사 또는 법률가와 함께 들여다보고 토의해봐야 한다.

따라서 우리 전문가들에게는 충분한 시간과 함께 인문적 안목이

배양돼 있어야 한다. 직접 앓아보거나 곤란한 상황에 서보지는 못한다고 해도, 충분히 자신을 분석하고 있는 비전문가와 진지한 공동 탐구를 통해 참된 전문성은 살찌워지고 예리하게 발휘될 수 있다. 여기에는 많은 시간과 비용이 소요될 수밖에 없다. 그러나 이 일을 위해 필요하다면 우리 사회는 그 방향에 맞추어 인프라를 확충하고 비용도 투자해야 할 것이다. 지금처럼 초기 비용이 저렴하다고 해도, 그것이 여러 번 반복되다 보면 실제 비용도 상승할 뿐 아니라, 그 과정에서 발생하는 정신적 비용은 증명되지 못한 채 사회적 암으로 성장해 버릴 수도 있기 때문이다.

모두를 파국으로 치달아가는(물론 무한 생산력을 지닌 자본주의적 조직으로서 병원이나 법원 등은 건재하겠지만, 그것은 또한 무한한 파멸들로써 유지되는 것이다) 가짜 관련짓기의 궤도에서 이탈하는 길은, 지식정보화 사회의 비전문가 지성인 대중들 그리고 그들과 진지한 공동 탐구를 수행할 수 있는 전문가들에 의해서 구축될 수 있을 것이다. 이는 실현 가능한 이상이다. 이제 우리시대는 그런 맘을 먹음으로써 비로소 다시 희망을 꿈꾼다.

고급 I 대중

친절의 소비 : 대중을 향한 고급문화의 제스처

아는 자들이여, 실천하라. 이해하는 자들이여, 가르치라.
- 아리스토텔레스 -

기원전 4세기에 살았던 그리스의 기행(奇行) 철학자 디오게네스 그리
고 인류사상 최고의 군사(軍事) 천재로 꼽히며 동시대 세계의 지배자
였던 알렉산드로스. 그들의 만남은 디오게네스의 집 앞에서 이뤄졌다.
이른바 견유(犬儒)학파인 그의 집은 개집과 일반이었다. 동그란 나무
통, 자신의 집 앞에서 여느 때와 마찬가지로 한가롭게 햇볕을 쬐고 있
던 그에게 알렉산드로스가 나타났던 것이다. 그리스 내의 여러 나라들
이 알렉산드로스를 지휘관으로 하여 페르시아 정벌에 나서기로 결정
했을 때, 수많은 정치가들과 학자들이 알렉산드로스를 알현했는데, 오
직 디오게네스만 보이지 않았다. 하여 알렉산드로스가 친히 디오게네
스를 찾아온 것이었다.

> "저 쪽으로 좀 비켜주시오. 당신에게 가려 햇볕이 들지 않으니."

이것은 주위에 신하와 군졸을 거느린 채 자신을 알렉산드로스라고
밝힌 한 사내가 다 들어줄 테니 원하는 것을 말해보라고 했을 때 디오
게네스가 한 대답이다. 하는 수 없이 알렉산드로스 일행은 발길을 돌
렸다. 이때 디오게네스의 어이없는 반응과 거지차림의 행색을 두고 신
하들이 수군댔다. 그러나 알렉산드로스는 "내가 알렉산드로스가 아니
었다면 나는 디오게네스가 됐을 것이다"라는 그 유명한 말을 남겼다.
당대 최고의 격식이 당대 최고의 자유에게 시도한 대화는 싱겁
게 끝나고 말았지만, 그 의미 파장은 역사 속에서 오래도록 지속돼왔

다. 그리고 여기서 고급문화 대 대중문화의 입장으로 그 의미를 되새겨보려고 한다. 다 갖춘 사람은 역시 그 식으로 '모든 것'을 제안했고, 아무것도 갖추지 않은 사람은 역시 '없는 것'으로 응수했다. 전자는 얼마든지 후자에게 되갚아줄 수 있는 입장이었지만 마치 패장처럼 발걸음을 돌렸고 신하들 앞에서 후자를 높였다. 알렉산드로스 역시 디오게네스만큼 지혜를 이해하고 존중하는 사람이었던 까닭이다.

문화는 아주 오랫동안 형성돼온 내력 속에 구별 짓기의 속성을 내장하게 된다. 근대에 들어서면서 우리는 흔히 그 한편을 '고급'–격식으로, 그 반대편을 '대중'–비격식으로 일컫게 되었다. 그러나 두 위인의 만남에서 깨달을 수 있는 중요한 이치는 그 '격'과 '식'의 어떠함이 핵심이 아니며, 그 장막의 안쪽에서든 바깥쪽에서든 본질을 꿰뚫는 '지혜'(참됨, 선함, 아름다움 등)의 선상에서 문화는 통한다는 것이다.

그러나 견고한 문명사에서 인간의 지혜는 여러 갈래로 찢기게 되었다. 특히 점차 고도화하는 문화의 격식을 도저히 따라갈 수 없는 서민들은 그 고급의 위세에 적이 주눅 든 채 지낼 수밖에 없었다. 그러던 서민들이 제 목소리를 낼 수 있게 된 것은 그들도 저 높은 격식들에 참여하게 되었을 때이다. 하인의 먼발치에서가 아니라 당당한 관객의 자리에서 문화를 소비하게 되었을 때 말이다. 그리고 대중 자본주의가 충분히 구축되었을 때 대중은 자기 목소리를 직접 냈다. 중간에 껴서 설명하거나 가르치려 들지 말고 내버려두라고, 그런 것들 없이 보이는 대로 보고 들리는 대로 듣겠다고. 따라서 대중문화는 '쉬움'을 일반적 특성으로 지닌다.

하지만 일정한 전통이 있는 문화에는 차이는 있을지언정 다 격식이 들어 있다. 지금-여기의 문화는 그렇지 않지만 그것들도 일정한 시간이 흐르고 나면 격식을 갖게 되며, 미래 시점에서는 고급문화로 편성된다. 이러한 원리는 계층적 위계에서도 동일하게 적용된다. 어느 지역·신분·종교 등 특정한 지경 내에서만 향유되는 문화는 그 외부인에게는 격식을 갖춘 것이 된다. 이상의 원리는 모국어 화자가 생물학적으로 언어를 습득하는 반면에, 외국인 화자들은 문법으로 익혀야 한다는 차이로 모두 설명될 수 있다.

단순히 향유 신분으로 문화의 '고급ㅣ대중(서민)'을 구분하는 것은 편의적이며 부분적인 것이다. 과거 신분상 고급이었던 이들이 고급문화를 향유할 수 있었다는 사실이 문화의 위계를 구분하는 결정적 요인이 아니라는 의미이다. 고급 신분을 지닌 계층은 문화를 특수하게 발달시키는 동시에 오랫동안 유지-저장하는 데 절대적으로 유리한 조건을 갖고 있었을 뿐이다.

따라서 "저리 좀 비켜주시오. 내 직접 햇볕을 쬐고 싶소"라고 하는 대중의 포스트모더니즘적 반란은 문화의 속성에 비춰보면 일단 맞는 방향이라고 할 수 있다. 그런데 그런 주체적 배짱만으로는 저 유구한 전통을 지닌 문화의 기호와 코드들이 쉽게 풀리지 않는다. 억지로 풀려고 들면 들수록 더욱더 풀기 어려워지는 자물쇠-열쇠처럼, 그 문화는 파쇄되고 만다. 문화는 격식을 배우고 익힘으로써 향유할 수 있는 것이다. 그러므로 오늘날, 지금-여기의 문화가 아닌 전통 문화에 대하여 다양한 배움의 장들이 마련돼 있는 것은 필연적이라고 하겠다.

이제 문화의 통합적 주체로서의 대중은 지금-여기의 문화를 주도할 뿐만 아니라, 과거-그때 혹은 오늘날-저기의 문화들도 자신들에게 적합하게 수용되는 조건을 결정하고 있다. 그들은 지식정보화 기반 위에서 복제된 전통 문화와 다른 민족·국가 문화를 두루 접해 보고는 그 실재들에 대해서도 관심을 보인다. 그리고 그 수요에 부응하는 것은 바로 전통 문화 또는 타 민족·국가 문화의 계승자들과 전공자들이다. 이들은 대중에게 문화의 순가락을 쥐어주고 밥상을 차려주는 역할을 맡는다. 고급문화와 대중문화의 시너지는 이렇게 생성된다. 그들만의 리그가 우리 모두의 리그로 확장되는 순간이다.

문화 숟가락 : 고급문화의 해설

한국의 현대문화사에는 일찍이 문화 대중의 교육자로 소매를 걷어붙이고 나선 사람이 있다. 그는 클래식 공연을 다양한 장소에서 다양한 형식으로 만들어냈고, 그러한 성공을 바탕으로 평소 소신이자 꿈인 문화 대중 육성 사업에도 본격적으로 나섰다. 금난새, 그의 아버지 그리고 그 아버지의 기질을 꼭 빼어 닮은 아들의 과거 행적들을 살펴보면 이와 같은 독특한 문화 창의가 그냥 나온 게 아니었음을 알 수 있다.[59]

그의 독특하고 예술미가 풍기는 이름은 본명으로서, 한국 최초로 등록된 순우리말 인명이다. 아버지는 성악가이자 작곡가이며 음악 교육자였던 금수현 씨인데, 본래 김녕 김씨였으나 이십 대에 순한글 표기 '금수현'으로 개명했다고 한다. 금난새의 형제들은 이름의 초성이 같은 'ㄴ' 돌림이고, 금난새의 자녀들은 'ㄷ' 돌림이라고 한다.

이 독특하고 창의적인 아버지의 기질을 금난새는 많이 닮았다고 한다. 서울대 음대 작곡과 재학 시절에 세종로에 있는 미국 공보원 강당을 빌려서 다른 학교 음대생들과 함께 '서울 영 앙상블'을 조직한 일, 1970년대 국내에서 마땅히 지휘 공부할 곳을 찾지 못하던 중 무작정 빈손으로 독일 베를린으로 건너간 일, 최연소로 데뷔하여 12년 간 활동했던 KBS교향악단을 갑자기 떠나 무명의 수원시립교향악단으로 간 일, 테헤란로의 포스코 본사 로비에서 연주회를 제안하고 성공하여 정기 공연으로 정착시킨 일 등, 그의 놀라운 기지와 추진력과 자신감은 신선한 사건을 많이 탄생시켰다.

이 과정에서 그는 베를린음대 지휘과 교수인 라벤슈타인의 아낌없는 지원(무일푼이었던 금난새에게 유학 수속도 생략시킨 채 모든 비용을 대주면서 지휘를 배우게 했다)을 받아 공부했는데, 이 경험은 그가 나중에 도움을 청하는 어린 손길들에게 적극적으로 응대하는 데 중요한 바탕이 되었다.

또한 그는 이름 없던 수원시향을 가장 인기 있는 지역 교향악단의 하나로 성장시켰다. 가용한 자금 단돈 오백만 원을 갖고서 오페라를 성공시켰던 것인데, 공연에 참석했던 수원시장과 경기도지사는 감동한 나머지 수원시향을 위해 야외음악당과 연습장을 만들어주었다. 그리고 이 사건을 계기로 예술의전당으로부터 청소년을 위한 음악회를 맡아달라는 제의를 받았다. 그는 당시 무료로 진행돼오던 것을 돈을 내고 음악회를 감상하는 습관을 길러주어야 한다며 이천 원의 입장료를 내는 '금난새와 함께하는 세계음악 여행'으로 바꿔서 진행했다. 이 공연은 2001년부터 2006년까지 2400개에 이르는 객석이 전회 전석 매진이라는 한국문화사의 전무후무한 기록을 세웠다고 한다. 또한 그는 클래식음악 교양서를 여러 권 집필하여 문화 대중의 교양 선택의 폭을 넓히기도 하였다.

현재는 이와 유사한 클래식 문화 공연이 상당히 보편화돼 있다. 특별한 장소에서 친절한 해설로 관객에게 가까이 다가가는 음악회가 한국사회에는 많아졌다. 그중 대표적인 프로그램 하나가 서울특별시에서 2011년부터 시행해오고 있는 '천 원의 행복'이다.

천 원의 행복

세종문화회관이 공연장의 문턱을 낮추고 시민들에게 더 가까이 다가가기 위하여 국내외 저명한 아티스트들의 수준 높은 공연을 입장료 1,000원에 제공합니다. 문화예술을 접할 기회가 없었던 서울시민들을 대상으로 문화 향수의 기회를 늘리고 보다 활기찬 '문화서울'을 만들기 위한 상상 아이디어에서 출발한 '천 원의 행복' 프로젝트는 세종문화회관 공연장에서 우수하고 다양한 장르의 공연을 시민에게 선보이고자 기획된 프로그램입니다. 천 원의 행복은 관객들이 보다 편안하고 이해하기 쉬운 공연 관람을 위하여 사회자와 해설자로 국내 유명인사들을 초빙하고 있으며, 수준 높은 공연을 선사하기 위하여 연주와 프로그램 구성에 최선을 다하고 있습니다. 또한 천 원의 행복은 매회 일정 비율의 객석을 문화예술 향유가 어려운 대상자들을 발굴, 초청하여 훈훈한 이웃의 정과 사랑을 나누며 서울시민의 문화 향유와 함께 행복 나눔 예술의 장을 펼쳐나가고 있습니다.[60]

클래식(고전) 문화라는 것은 본래 대중의 자발적 참여만으로는 충분치 않다. 그래서 공공기관이 나서고 기업이 후원(메세나, mecenat)에 가세함으로써 그 문화적 명맥이 지켜질 수 있다. 그동안에도 나름대로 공공기관과 기업이 조력하는 문화 프로그램이 있기는 했다. 하지만 21세기의 추세는 확실히 대중의 눈높이에 초점을 맞춘 공연과 행사들이다. 이는 서양 클래식 음악뿐 아니라 연극, 오페라, 발레 그리고 판소리, 창극, 국악 등 한국 전통 문화에 이르기까지, 또한 공연 형식만이 아닌 각종 체험 행사들로서도, 클래식 문화예술의 거의 모든 영역에서 현재진행형이다.

이런 측면에서 보면 21세기 한국의 대중들은 무척이나 행복하다고 할 수 있다. 인터넷－컴퓨팅 중심의 지식정보화 사회에서 마음만 먹으면 가능한 일이 사실상 무한대로 확장된 것과 마찬가지로, 대중은 마음만 먹으면 그간 멀게만 여겨졌던 클래식 문화 향유의 현장에 직접 참여할 수 있게 된 것이다.

이러한 흐름은 이른바 인문학이라는 시대적 화두와 기치 아래 대중 교양서의 출간과 강좌의 형태로도 다양하게 나타나고 있다. 다음은 동양고전의 현재화에 집중하고 있는 어느 학자의 일설이다.

고전의 높이를 낮추고 무게를 줄여서 대등한 지평에서 만나자!

고전이 대세다. 인문학이 학교에서는 차가운 대접을 받지만 사회에서는 뜨거운 대접을 받는다. 둘 사이의 틈새가 메워져서 고전이 학교와 사회에서 제 대접을 받으려면 어떻게 하면 될까? 그 길은 그동안 고전이 가졌던 엄숙한 권위를 내려놓는 데에 있다. 지나친 무게는 줄이고 지나친 높이는 낮추는 것이다. 어떻게 하면 고전의 높이를 낮추고 무게를 줄여서 대등한 지평에서 만날 수 있을까? 그 길은 고전, 특히 동아시아의 고전을 한문에 능수능란한 고수(전문가)의 손에서 슬쩍 빼내서 보통사람의 손으로 옮기는 것이다.[61]

그는 '고전'의 힘을 빼야 한다고 주장한다. 동양이나 한국의 고전이라고 하면, 으레 외국의 문장보다 더 막막하게 느껴지는 한문 문장들(원문)이 먼저 주어지고, 전문가는 헛기침을 연신 해대면서 그것을 썩 위엄 있는 모양으로 해석해내기 일쑤였다. 따라서 해석 이후 인간 대 인간으로서의 나눔 과정은 간과되거나 축소되기 쉬웠다. 그러나 이제 그러한 장치를 해제하고 대등하게 만나자는 것, 인간 대 인간으로서 토의하고 공감하면서 지혜의 지평을 함께 확장해보자는 것이다.

이러한 고전의 무장해제 역시 인터넷-컴퓨팅 시스템 상에서 먼저 진행되었다. 고전의 데이터베이스화 작업은 현재도 중단 없이 진행 중인데, 그 중간 중간에 재야 고수들이나 일부 전공자들이 나름대로 별도의 해제 작업을 하기도 했다. 대중은 그 원본이 어떠한지, 진위는 어떻게 가려져야 하는지와 같은 학문적 입장에는 별 관심이 없다. 그래서 그들은 좋은 글귀와 교훈들을 발견하는 대로 실어다 나르고 퍼트리면서 고전을 맛본다.

이제 이 기세는 만만치 않다. 어떤 전문가가 과거와 같이 폼을 잡고 끼어들고자 하면, 아마도 '저쪽으로 좀 비켜주시오'라는 대중의 핀잔을 듣게 될 가능성이 매우 높아졌다. 오늘날의 대중은 가장 어려운 수준의 클래식 문화도 그 특유의 '쉬움'으로 잠식하고 있는 것이다. 이것이 위 책의 저자가 말하는 "고전이 대세다. 인문학이 학교에서는 차가운 대접을 받지만 사회에서는 뜨거운 대접을 받는다"는 역설 또는 모순의 이유가 될 것이다.

냉정하게 말하자면, 그동안 대학(학문 세계)에서 인문학이란 인간 밖의 무엇으로 존재해왔던 게 사실이다. 예컨대 한문고전은 그 자체로 씨름하는 것을 우선이자 미덕으로 여겼으므로 일종의 번역과 각주 작업의 반복을 면치 못하는 실정이었다. 물론 여전히 그 작업은 근간이요 매우 중요하지만, 그 이상의 진척은 더 근본적이라고 할 수 있다. 지금－여기의 문제와 유리된다는 것은 오늘날 학문으로서의 존재 의미를 상실했다는 것과 마찬가지다. 따라서 지금－여기의 인문학이라고 한다면 마땅히 지금－여기의 사람들이 직접 화제에 올리고 토의하고 공감하면서 교훈을 발견하고 되새기는 콘텐츠가 될 수 있어야 한다.

하지만 지식정보화 사회 이전의 대중들은 한문고전을, 그저 중국 실력자가 국제 회담장에서 던지는 화두나, 대통령이나 정치 지도자들이 전하는 신년사의 한 토막이나, 중대한 국면에 대한 지식인의 은유 등으로만 간헐적으로 아주 조금씩 들어왔을 뿐이다. 그런 식의 고전이란 인문학일 수가 없었다. 지금－여기의 사람들을 소외시키는 것이 어찌 오늘날의 인문학일 수가 있겠는가. 문화적 기세가 성장한 대중들에게 그것은 냉소의 대상이기 쉽다. 저 옛날 옛적에 누군가 그런 말을 남겼다는 게, 그래서 어쩌란 말인가.

그래서 인문학이 학교 밖 "사회에서는 뜨거운 대접을 받는다"는 사실은 그것을 전공(학문) 분야로 담지해오던 이들에게 불평의 비교 대상으로서는 말할 것도 없거니와 편승의 기회로 인식되어서도 안

된다. 이 역설 아닌 역설, 모순 아닌 모순의 현상은 오로지 그 담지자들에게 부끄러움과 자성의 소재로 우선 받아들여져야 한다. 충분한 자성과 숙고의 시간을 지나야 비로소 지금 – 여기의 인문학으로 갱신할 수 있다. 그때쯤이면 인문학은 학교 안에서도 뜨거운 대접을 받을 수 있지 않을까 싶다.

문화의 숟가락을 들고 나선 이들은 우선 방향은 맞았다고 할 수 있다. 하지만 그것이 예술이고 인문학이라고 할 때는 그 숟가락질도 그다워야 할 것이다. 대중에게 쉬움으로 다가간다는 것이 예술·인문학 심도의 동반 하락을 의미하지는 않기 때문이다. 무장해제를 통해 대등한 눈높이를 갖게 할 뿐만 아니라 화제와 등장인물을 현재화하여 지금 – 여기와의 소통을 이끌어야 한다. 가장 단순하고 초보적인 방식은 사회적 이슈를 화제로 삼는 것이다. 이 작업은 요새 유행처럼 번지기도 하고, 학문 밖에서도 가능하다.

인문학은 메타적 시선을 지녀야 한다. 과거 신분사회에서는 직무 배치도 신분에 따라 직설적이었다. 무슨 말인가 하면, 양반사대부는 인문학과 그 연장선상에서의 예술을, 중인은 산술·의학·번역·경리·기술기계 등과 기능적 예술을, 천민은 서민 문화예술을 각각 담당했다. 이 위계는 오늘날에도 그대로 적용된다. 신분적 위계로 구분하는 것이 이 시대에 맞지 않는 일일 뿐이다.

생각해보라. 저 분과들을 종횡으로 가로지르는 대상과 가치는 그것들의 총합, 실은 모태인 인간에 수렴된다. 인간(학)에서 시작하고 인간(학)으로 복귀해야 하는 것, 인문학은 모든 지식의 알파와 오메가일 수밖에 없다. 그것이 이치이고 순리이다. 따라서 오늘날 사회에서 인문학이 뜨거운 대접을 받는다는 건 어느 분과에서든 인간에 대한 관심과 집중이 중대한 문제로 떠올랐다는 사실을 의미하는 것이다. 인문학의 담지자들이 더욱 크고 깊숙이 파인 숟가락을 준비해야 하는 이유다.

문화 밥상 : 전통 문화 마케팅의 개선

숟가락을 들었다는 것은 음식을 먹겠다는 의사 표시이다. 대중은 이제 직접 떠먹으려고 한다. 이것은 어린아이가 부모가 먹여주는 것을 받아먹다가 어느 순간부터는 서툰 솜씨지만 자신이 직접 떠먹으려고 하는 것과 동일한 사정이다.

이에 부응하여 기민하게 움직인 것은 역시 정치권력과 결탁한 문화 상인들이었다. 오늘날 한국사회에는 클래식 문화를 밑반찬으로 하는 밥상들, 그것을 제공하는 식당이 아주 많이 들어서 있다. 그 조리법의 적합성은 객관적으로 검증되기에 한계가 많지만, 어쨌든 나름대로의 개발 과정을 거쳐서 유명한 전통 브랜드를 달고 그 식당들은 경향 각처에서 영업을 개시했다. 오늘날 우리는 한국 도처에서 다양한 문화 메뉴를 맛볼 수 있게 되었다.

인간은 결국 자신의 정체성을 가능한 한 오래된 것으로부터 끌어온다. 1990년대 초중반부터(문민정부) 재개된 지방자치제도는 각 지방자치체들에게 그 정체성을 수립하라는 과제를 내준 셈이었다. 그러나 빈약한 인문학적 배경 및 소양을 지닌 당사자들이 그 과제를 제대로 해낼 재간은 별로 없었다. 그 과정에 학자 전문가들이 포함되지 않았다는 뜻이 아니다. 전체적으로 그 과제를 해내는 주체 그리고 그에 따른 방식이 상인의 그것과 유사했다는 지적이다.

각 지방자치단체의 수장들은 가시적 성과에 끊임없는 갈증을 느낀다. 그때 그들에게 파고드는 것이 그럴싸하고 보암직한 유형물들이다. 그들은 늘 시급하고 절실한 상태인지라 인문학적 과정을 통해 그것들을 만들어볼 생각은 잘 하지 못한다. 이미 알려져 있는 것 위주로, 즉 시장성이 있다고 판단되는 콘텐츠를 끌어다 쓸 생각에만 골몰한다. 말하자면 고전의 스타들 중에는 그 고향이 여럿인 경우가 생기기도 하고, 관할 경계선을 두고 문화 전투가 벌어지기도 한다.

예컨대 다음과 같은 퀴즈의 정답을 맞히기는 쉽지 않다.

(문1) 조선시대 충렬의 한 상징인 논개의 고향은 어디일까요?
① 전주 ② 진주 ③ 장성 ④ 장수 ⑤ 경주
(문2) 율곡 이이의 고향은 어디일까요?
① 파주 ② 남양주 ③ 서울 ④ 강릉 ⑤ 안동

이 고약한 문제의 답은 각각 '④'와 '①'이고 예상되는 다른 답은 물론 '②'와 '④'이다. 사실 '문1'은 지금까지 희미한 부분이 다수 남아 있다. 논개가 처음 역사적 이름을 얻은 곳은 진주이고 당시 그는 관기 신분이었는데, 이후 역사적·문화적 관심이 끊이지 않으면서 남편과 고향 그리고 외가와 무덤에 이르기까지 여러 가지 정보들이 계속 나타나고 덧붙었기 때문이다.[62] 논개에 대한 역사적 사실로 잘 알려져 있는 바는 진주 촉석루에서 왜장을 끌어안고 함께 뛰어내렸다는 것이다. 이는 '진주 의기(義妓) 논개'라는 이름으로 역사에 남은 이유이기도 하다. 하지만 전라북도 장수(長水, 임내면 주촌 마을)에서 나고 자란 '주논개(朱論介)'라는 이름은 상대적으로 덜 알려져 있다.

'문2'의 경우 명백하게 '④'라고 답했을 가능성이 높다. 강릉 오죽헌(烏竹軒)은 오래 전부터 잘 조성돼 있는 문화관광지로서 그곳에는 율곡 이이가 출생했다는 장소(몽룡실夢龍室)도 분명히 남아 있기 때문이다. 그런데 그곳이 이이의 외가이고 본가는 지금의 경기도 파주였다는 사실은 덜 알려져 있다. 당시의 관습대로 이이는 외가에서 태어나서 유년기를 그곳에서 보내다가 여섯 살쯤에 본가로 올라왔다. 따라서 오늘날의 관점으로는 고향이 어디라고 잘라 말하기가 애매하다. 하지만 당시나 현재나 부계혈통을 따르고 본가와 외가가 구분된다는 점을 감안하면, 그의 고향은 경기도 파주라고 하는 게 적절하다. 그가 서울[近畿] 출신으로서 기호학파(畿湖學派)의 영수(領袖)에 오른 것 역시 동일한 사정이다.

관할 경계에 걸쳐 있는 유형 문화로서 자치단체 간의 문화 전투를 촉발한 대표적인 예는 아차산 일대의 고구려 관련 유물들이다. 그도 그럴 것이 이곳은 비교적 최근에 발굴된 데다가 한강 이남에서는 희귀한 고구려의 유적지이기 때문이다.

1989년 여름 아차산에서는 큰 산불이 발생했다. 그런데 진화를 마치고 나니 여기저기에서 인공으로 돌을 쌓은 흔적들이 뚜렷하게 드러났다. 평소 아차산을 오르내리던 사학자 김민수 씨는 15개의 보루 성터와 그 연결 산성의 흔적을 찾아냈다. 그는 이를 바탕으로 경기도 구리시의 구리문화원에 공식 조사를 요청했다. 그는 아차산 어딘가에는 고구려 유적이 반드시 있을 것이라고 믿어온 터였다. 그리고 구리문화원에서는 다시 서울대학교 박물관에 이 문제를 의뢰했다. 그 결과 이곳(아차산군群, 아차산 및 인근 용마산·망우산·봉화산을 포함)이 고구려의 중요한 군사 요새로서 그 일대에 고구려의 문화 유물이 많이 남아 있다는 사실이 공식화되었다.[63]

이 엄청난 역사적 발견을 재빠르게 지역 문화로 연계시킨 쪽은 구리시였다. 1998년 민선2기 구리시장에 취임한 박영순의 일성은 고구려 마케팅만이 구리시를 살리는 길이라는 것이었다. 그동안 구리시는 남양주시에서 분리된 이래 전국적으로 가장 좁은 면적에다 향락과 소비 도시라는 이미지에서 벗어나지 못하고 있었다. 이런 상황에서 고구려 유적지 발굴은 구리시에 도시 이미지를 개선할 수 있는 일대 기회가 되었던 것이다. 그 후로 구리시는 슬로건을 '고구려의 기상 대한민국 구리시'(2006년) 그리고 '고구려의 기상 세계 속의 구리시'(2010년)로 정하고, 고구려 관련 문화 사업을 다각적으로 펼쳐 왔다. 학자들을 초빙하여 이론적 기틀을 세우는 한편, 광개토대왕비 실물 복제 및 광개토대왕상 건립, 고구려 대장간 마을 건립, 고구려 투구를 디자인 모티브로 한 토평교 건설 등 꾸준히 사업을 진척시켜 왔던 것이다.[64]

이에 비해 서울 광진구는 고구려 유적지를 더 많이 보유하고 있음에도 불구하고, 출발이 더뎠고 진행도 다소 주춤하는 상태이다. 공통의 콘텐츠인 까닭에 추진하려는 사업들은 대개 선발주자인 구리시가 이미 시행하는 사업들과 중복되었기 때문이다. 급기야 두 단체 간에는 고구려 문화 마케팅을 두고 대립 양상이 빚어졌다. 2006년 민선4기 구청장 정송학은 취임 일성으로 '고구려 특별구'를 제안했는데 그 내용이 파문을 일으켰다. 관련 유적을 공통으로 보유하고 있는 서울시 광진구와 중랑구 및 경기도 구리시를 연계하는 방안으로, 그중 가장 많은 보루와 아차산성을 보유하고 있는 광진구가 고구려 문화 사업을 주도해야 한다는 주장이었기 때문이다.

결국 두 자치 단체는 박물관 건립을 두고서 큰 마찰을 일으켰다. 광진구는 2008년부터였지만, 구리시는 2006년부터 이미 고구려박물관 건립을 추진해오고 있었기 때문이다. 두 단체는 서로 양보하지 않고 평행선을 달렸다. 결국 문화체육관광부가 중재에 나서서 광진구는 박물관을, 구리시는 체험관을 각기 추진하도록 정리되었다. 그러나 광진구의 박물관 건립은 여러 사정이 겹쳐서 지금까지 실행되지 않고 있는 상태이다.

대한민국은 오천 년의 역사를 간직한 그야말로 문화 국가이다. 따라서 같은 장소라 할지라도 다양한 문화유산들이 중복돼 있다. 고구려 마케팅에 올인한 것으로 보이는 구리시의 경우도 동구릉(東九陵)이라는 최대의 왕릉과 그 안의 태조 건원릉(健元陵)과 신도비(太祖神道碑, 보물 제1803호) 등 조선의 주요한 문화유산을 적잖게 보유하고 있다. 따라서 시에서도 얘기하고 있듯이 관련을 짓는 시각이 중요하다고 하겠는데, 그 관련이란 종적(diachronic)으로 뿐만이 아니라 횡적(synchronic) 차원에서도 이뤄질 필요가 있다.

더욱이 선조들로부터 현세대가 존재하고 현세대에 의해서 선조들이 문화라는 이름으로 존재하듯, 마찬가지로 동시대에서 하나의 단위는 인접하는 경계들로부터 그 존재가 시작된다. 따라서 특정한 문화유산을 사이에 두고 대립하는 일은 원칙적으로 소용없는 일이다. 아차산 일대가 한강 유역을 서로 차지하려는 삼국 간의 각축장이었다는 사실은 그 안에 백제 - 고구려 - 신라가 그리고 그 통합으로서의 고려와 조선 그리고 지금의 대한민국이 '비동시성의 동시성(the contemporaneity of the uncontemporary)'으로 공존함을 의미한다. 또한 논개는 장수에서 나서 진주로 갔다가 함양에 묻혔다. 지금으로 치면 전라북도에서 발원하여 경상남도 하방으로 내려갔다가 다시 전라북도 접경의 경상남도로 복귀한 게 된다.

이러한 사실들이 무엇을 의미하겠는가. 역사·문화의 종횡성 그리고 우리 존재의 종횡성이다. 따라서 지역 간 대립은 존재 근거를 자멸시키는 소모전일 뿐이다. 따라서 그 경계들 상위에서 통합적으로 조망하는 시각과 방법이 요청된다. 이를테면 아차산군(群)을 관통하는, 그러니까 광진구·구리시·중랑구를 가로지르는 문화 탐방, 장수·진주·함양을 연관시키는 논개 문화제가 토의되고 실행되어야 한다. 그 상급의 광역시도 그리고 그들까지 아우를 수 있는 행정부(문화체육관광부)가, 예전부터 그렇게 존재해왔듯이 문화적 동일체 - 대한민국을 위한 통합과 조정의 역할을 수행해야 하는 것이다.

적어도 지금까지 문화 식당은 그 수에 비해 메뉴가 그저 그랬다고 생각된다. 차분한 인문학적 고민 없이 문화 산업으로 시작되었기 때문이다. 서로 교차하고 통합하는 방법을 생각해보지 않는 까닭에 실제로는 개성 없이 섞여버린 것이다. 혐의를 두자면 각 지방자치단체들은 대개 정체 모를 정체성을 추구한 것이고, 콘셉트와 테마 없는 문화 상품을 찍어낸 셈이다. 따라서 내용 부실한 문화 밥상으로 인한 폐해는 역시 지역 시민들 곧 모든 국민에게로 돌아가게 된다. 이제 인스턴트 메뉴는 충분히 갖춰진 것이니 엄마의 집 밥상을 차리는 일을 추진해볼 때다.

중심 | 주변

미디어 노출증 : 중심을 차지하기 위한 몸부림

행복한 인생이란 대부분 조용한 인생이다.
진정한 기쁨은 조용한 분위기 속에서만 깃들기 때문이다.
- 버트런드 러셀 -

나도 뜰 수 있다 : 중심 없는 중심의 가능성과 위험성

한국 현대사에서 2002년은 여러모로 획기적인 전환의 시점(始點)으로 기록될 것 같다. 믿기 힘든 일이 현실이 된 두 가지 사건이 있었는데, 하나가 한일월드컵에서 대한민국이 4강에 올랐다는 것, 다른 하나는 기득권의 승인을 받지 못한 노무현이 대통령으로 당선된 것이었다. 이 중 후자는 미디어 권력의 분산과 재배치라는 관점에서 획기적인 사건이었다.

  물론 당시 노무현은 인지도가 매우 높은 정치인이었다. 초선 의원 시절 청문회장에서 전임 대통령 전두환·노태우와 현대그룹의 창업주인 정주영을 논리적으로 거세게 몰아붙임으로써, 그는 소위 청문회 스타로 한국 정치의 중앙 무대에 등장하였다. 그러나 노태우·김영삼·김종필의 3당 합당에 반발, 속칭 '꼬마 민주당'에 잔류하면서부터 흡사 정치 야인의 길을 걷게 되었다. 극심한 지역주의를 타파한다는 명분으로, 그는 소속 정당과 지역색이 다른 부산 지역에 거푸 출사표를 던졌으나 모두 낙선하였다(이 과정에서 그는 '바보 노무현'이라는, 애잔하지만 정치적 자산으로는 꽤 부유한 별명을 얻었다). 서울 종로구 보궐 선거에서 당선된 게 유일한 당선이었다. 그래서 그는 국회의원으로서는 재선에 불과한 정치인이었다. 물론 그를 추종하는 정치 세력이 특별히 있다고 할 수도 없었다.

  대개 당수나 대통령 후보는 거물들 간의 정치적 경합에 의해 탄생한다. 정치 거물 본인이 직접 나서거나 아니면 판을 만들고 조종하는 것이다. 그런데 노무현은 이러한 정치판의 생리에서 대단히 예외적인 방법으로 후보에 지명되고, 마침내 대통령에도 당선된다. 그래서 그는 후보 시절에도, 대통령 시절에도 거센 반발과 뒤흔들림에 시달렸다. 반면 다시 대통령 선거에 나온 이회창은 여러모로 노무현과 대비되는 인물이었다. 그는 정치적 호불호 이전에 한국 근대 신화를 신봉하는 기성세대들이 인정할 수 있는 인물이었다(이런 면에서 노무현은 김대중과도 아주 달랐다). 그러나 노무현은 한국 근대를 이룩했다고 생각하는 입장에서는 무시하는 분위기가 강했다(이는 아주 독특한 '시대' 또는 '세대' 엘리트주의처럼 느껴진다). 그는 출신 성분이나 처지를 떠나서 승인 – 존중될 만한 요소를 거의 갖고 있지 않았기 때문이다. 집안이 좋든지, 학력·학벌이 일정하든지, 정치 이력이 충분하든지 해야 하는데, 그는 그 어느 것도 마땅치 않았고, 손가락질을 면하기 어려웠다.

노무현을 지켜주었던 힘은 당시로서는 예측은 물론 기대하기도 어려웠던 인터넷과 휴대폰이었다. 당시는 온라인이 사회 움직임과 변화의 중심 동인으로서 그 위력이 아직 확인되지 않은 때였다. 매스미디어에서는 그를 깎아내리는 분위기가 주조를 이루었으나 인터넷과 휴대폰에서는 그를 지지하는 목소리들이 큰 물결을 이루었다. 인터넷과 휴대폰을 일상적으로 사용하는 사람들은 매스미디어와는 사뭇 다른 분위기 속에 있었다. 그것은, 아직은 정치 세력들이 점령하지 않은 원시림에서 울려 퍼지는 개인적이고 생생한, 말하자면 '은밀한 진실' 같은 것이었다. 따라서 유형으로서는 거대하지 않았지만, 일단 접한 사람들에게는 대단히 위력적인 효과를 드러낼 수 있었다.

이것은 알려져 있지 않았고 보이지도 않았던 매스미디어와 개인 미디어 간의 대결 양상이었으며, 선거 결과만 놓고 본다면 후자의 승리 그러니까 미디어 권력의 정권 교체였다. 그 후로 한국의 정치 및 사회 권력 집단에서는 온라인에 많은 연구와 투자를 집중하게 된다. 나중에 오바마가 온라인의 위력에 힘입어 미국 대통령에 당선(2008년)되었다는 사실이 알려졌는데, 그 원조는 2002년 한국의 대통령 선거였다고 할 수 있을 것이다.

회고해보면 한국은 미디어 개발과 사용에서 매우 진보적인 자취를 남겨왔다. 예컨대 금속활자, 한글, 싸이월드는 당시 세계에서 기술상 가장 진취적인 미디어들이었다. 하지만 그 사용의 실제 양상에서는 아쉬운 점이 많았다. 말하자면 금속활자는 정보·지식의 수평적 확산에는 기여하지 못했으며, 한글은 몇 백 년 동안 문화 창고에서 잠자고 있었고, 싸이월드는 '일촌 맺기'라는 소통 한계적인 장치가 달려 있었다.

2002년에 확인된 개인미디어의 잠재력은 그 후로 꾸준히 탐구되었고, 오늘날에는 그 본래의 역동성을 크게 발휘하지 못하고 있는 형편이다. 이 책에서는 서두에서부터 이 점을 강조해왔으며, 그것을 오히려 더 큰 사회문화적 대립 양상이 심화되는 중심적 원인으로 꼽았다. 그러나 정치적·권력적 입장에서 거리가 있는 곳에서는 인터넷–컴퓨팅이 외형적으로나 실제적으로나 중심이 되고 있다.

그런데 이때의 중심이란 중심이 없는 중심이다. 즉 일시적이고 유동적인 중심이라는 의미다. 물론 의도적으로 중심을 차지하기 위해 공력을 쏟아붓고, 그 결과로 실제 중심을 차지하는 일도 종종 발생한다. 하지만 그런 경우라도 일시적·유동적인 것은 마찬가지이다. 따라서 인터넷–컴퓨팅은 무한정한 시공간의 일임에도 불구하고, 그로써 대단히 큰 꿈을 꾸는 게 가능해졌다. 이는 점조직들이 일시적으로 거대해졌다가 흔적도 없이 사라지기도 하는 현상과 같다.

디즈니 애니메이션 〈빅 히어로〉(2014)에 나오는 '마이크로봇'에는 이러한 테크놀로지와 현 시대의 이치가 잘 반영돼 있다. 이것은 만화이지만 만화 같지 않다. 오늘날의 과학기술 발전상에 비춰볼 때 충분히 생각해낼 수 있는 아이디어이기 때문이다. 다만 이제 십대 초반에 불과한 소년이 만들었다는 설정이 만화 같을 뿐이다. '신경 송신기'를 착용한 사람이 마음먹은 대로 매우 작은 마이크로봇들이 일시에 모이고 흩어지면서 건물을 만들 수도, 이동 수단을 구현할 수도 있다. 발표 마지막에 주인공 시로가 한 말인 "유일한 한계는 상상력입니다"는 말 그대로이다.

오늘날 우리는 인터넷 공간에서 인관관계를 이와 비슷한 원리로 조종할 수 있다. 다만 그럴 만한 콘텐츠(상상력)가 있느냐가 근본적인 문제다. 따라서 박수칠 만한 일이나 광경도 벌어지지만 모두가 손가락질할 만한 일이나 상황도 연출된다. 또한 박수치는 일들 중에는 단순히 감각 자극도를 급상승시키는 방식이 아주 많다. 상대가 안 보여서 걱정 없이 하는 행위일 수도 있겠지만, 수많은 사람들을 손끝(클릭)만으로도 움직인다는 쾌감이 그들에게 그러한 만용과 안면 몰수를 가능케 하는 근본적인 이유라고 생각한다.

인간에게 중심을 차지하고 싶은 욕망은 보편적인 것인지도 모르겠다. 따라서 좀 더 쉬운 방식을 생각할 수 있다고도 하겠는데, 그 전에 늘 점검해봐야 할 사항은 그 행위 또는 일의 의미이다. 목적이 애초에 없었으면 두말할 나위도 없겠지만(우리는 온라인에서 마음껏 올렸다 내렸

　　　　　　　　　　　　마니아마추어의 시대가 온다

디즈니 애니메이션 〈빅 히어로〉에서 십대 초반의 소년인 주인공 시로가 머리에 쓴 신경송신기를 이용해 미세한 마이크로봇을 마음먹은 대로 모으고 흩으면서(❷) 건물도 만들고(❸) 이동 수단도 만들 수 있음(❹)을 시연해 보이고 있다.

다 하던 남녀들이 오프라인에서도 그와 유사한, 아니 그보다 더 자극적인 일을 실행한다는 소문을 보도에서 심심찮게 접하고 산다), 나름 건실한 목적으로 시작하는 경우에도 얼마든지 망가질 수 있기 때문이다. 우리는 오늘날 소위 파워블로거라고 하는 사람들 중에 가짜가 적잖다는 사실을 알고 있다. 그들은 맛집이나 신제품을 소개하고 평가하는 일을 주로 하는데 일정한 정도의 힘(사람들=마이크로봇)이 모아지면, 그것을 이용하려는 유혹이 밀려오며 따라서 그에 쉽게 빠질 수도 있다.

그러므로 이 엄청난 미디어 – 테크놀로지 환경에서 사는 우리들은 새로운 기기와 사용법들을 익히기에 앞서 그보다 훨씬 강도 높은 주체성과 윤리성을 확립해야만 한다. 그리고 나서 성실한 콘텐츠를 올리고 뭇사람들의 호응을 기대해야 하는 것이다. 그렇지 못하면 나는 마이크로봇들을 추종하는 빈껍데기 리더가 될 수밖에 없다. 앞서 우리는 전문가들이 힘들게 공부하여 자격을 취득한 후 성심을 다해 일하다가도, 어느 순간부터 일 자체가 아닌 성과들에 집착하고, 그 결과 망가지던 과정을 분석해보았었다(전문 | 비전문).

온라인상에서 이런 식의 파멸은 좀 더 쉬운 일이다. 그것은 온라인에서의 일이 쉽고 가치가 낮다는 의미가 결코 아니다. 실제로 사람들을 상대하고, 또한 엄정한 집단 체계 속에서의 전문가들의 일도 그럴 수 있을진대, 제어 장치가 거의 달려 있지 않은 온라인이라면 그 위험성이 얼마나 더 커질 것인가를 말하는 것이다. 또한 법조인이나 의사가 상당한 위험에 접어든 상태에서도 자신의 행동을 쉽게 되돌리지 못했던 까닭은, 자신이 제 스스로를 통제하고 결정해야 하는 입장일 때가 많아서였다. 이런 측면에서 생각하면 온라인에서 중심에 올라선 사람들은 마인드컨트롤에 관한 한 더욱 무거운 짐을 지게 되고, 그만큼 위험성은 높아지는 것이다.

따라서 온라인 세계에서 새롭게 중심을 생성하고 그곳에 오르기 위해서는 필히 콘텐츠와 인문·철학의 양 측면에서 철저한 준비가 필요하다. 그렇지 않으면 오르는 중에라도 시한폭탄과도 같은 위협 요인들을 늘 안고 살아야 할지 모른다. 그 상태를 가능성이라고만 할 수는 없다. 그 상태는 인간이 만들어낸 가장 비극적인 위험이 될 수도 있기 때문이다.

권력을 둘러싼 암투들 : 전통미디어의 균열과 지속

매스미디어의 영향력은 개인미디어들과의 경쟁 속에서 약화되기도 하고 오히려 강화되기도 한다. 그것은 마이크로한 개인 – 미디어들이 얼마나 자신의 고개를 치켜드는가에 따라서 결정된다. 다수가 강력하게 치켜들면 매스미디어는 아주 약해지고, 제 등껍데기에 고개를 숨기고 움츠려들면 매스미디어는 과거보다 더 강력해진다. 당연히 문제 상황은 후자이다.

겉으로 봤을 때 오늘날은 개인미디어들이 다양해지고 충분하게 공급돼 매스미디어를 어렵잖게 뛰어넘을 수 있는 정도이다. 우리는 앞 절에서 논의했던 2002년의 대통령 선거 상황에서 거의 속수무책으로 당했고 제 스스로 약자를 자처했던 매스미디어들을 기억해야 한다. 그 후로 매스미디어들은 분골쇄신하며 권토중래를 노렸다. 그리고 필자가 이 책을 쓰는 현 시점에 확실하게 고토 회복에 성공했고 오히려 영토를 크게 확장했다. 우선 2002년 대선의 상황을 몇몇 기사들로 들여다보자.

[A]

인터넷과 네티즌이 '조중동' 이겼다

2002년 12월 19일, 대한민국의 언론권력이 교체됐다. 조중동(조선일보·중앙일보·동아일보)이 길게는 80여 년간 누려왔던 언론권력이 드디어 교체된 것이다. 언론권력은 종이신문 직업기자의 손에서 네티즌, 인터넷 시민기자에게 이양됐다.

네티즌은 본성적으로 인터넷 시민기자들이다. 『오마이뉴스』의 모토처럼 '새 소식을 가지고 있고, 그것을 남에게 전파하는 모든 시민, 네티즌은 기자다.' 이번 대선은 네티즌, 인터넷 시민기자가 이뤄낸 혁명이다.

권력은 표준에서 나온다. 권력은 스스로 표준을 만들어내고, 그 표준을 타인에게 강제할 수 있는 힘에서 나온다. 그동안 언론계의 표준을 만들어내고, 그 표준을 다른 언론들에게 강제해온 것은 보수적 종이신문 조중동이었다. 그러나 네티즌은 그들의 표준을 거부해왔다. 취재의 공식, 기사작성의 공식, 기사평가의 공식을 파괴했다. 아니 그 이전에 기자가 누구이고 기사는 무엇인가에 대한 공식부터 파괴했다. 그들은 독자의 자리를 박차고 나와 뉴스 생산자가 되었다. 그들은 조중동이 만들어 보여주는 거울을 깨뜨리고 스스로의 거울을 만들어냈다. 이번 대선은 그 언론권력 교체과정의 하이라이트였다.[65]

[B]

나는 「鄭夢準, 노무현을 버렸다」는 사설(邪亂)을 고이 간직하련다. 법을 위반한 조선일보의 행태를 고발하기 위해서. 언론을 욕보인 조선일보의 편향을 고발하기 위해서. 강자에게 빌붙어 곡필을 일삼는 조선일보의 처세술을 고발하기 위해서. 카멜레온처럼 상황에 따라 색깔을 달리하는 조선일보의 간교함을 고발하기 위해서. 정몽준 의원의 '지지철회' 선언과 더불어 조선일보가 있던 사설마저 떼어내고 느닷없이 새로운 사설로 교체한 2002년 12월 19일의 소동은 한국 언론사에 욕된 모습으로 길이 기억될 것이다. 이 순간을 기록으로 남기고자 이 글을 쓴다.

〔사설〕 鄭夢準, 노무현을 버렸다(2002.12.19, a.m.01:08)

16대 대통령 선거의 코미디 대상(大賞)은 단연 '노무현·정몽준 후보 단일화'다. 선거 운동 시작 직전, 동서고금을 통해 유래가 없는 여론조사로 후보 단일화에 합의하고, 선거운동 마감 하루 전까지 공동 유세를 펼치다가, 투표를 10시간 앞둔 상황에서 정씨가 후보 단일화를 철회했다. 이로써 대선 정국은 180도 뒤집어졌다.

이런 느닷없는 상황 변화 앞에 유권자들은 의아한 심정이지만, 따지고 보면 '노·정 후보 단일화'는 처음부터 성립되기 어려운 일이었다. 북한 문제와 한·미 관계를 보는 시각부터, 지금의 경제상황과 사회적 문제를 보는 눈이 기본적으로 다른 두 후보가 단지 여론조사에서 우세한 사람을 단일후보로

뽑는다는 것 자체가 어불성설(語不成設)이었기 때문이다. 비록 투표 직전이긴 하지만, 정씨가 노 후보에 대한 지지를 철회한 것은 결국 이런 근본적 차이를 인식했기 때문이라고 해석할 수 있다.

한편으로는 희극적이긴 하지만, 어쩔 수 없이 벌어진 급격한 상황 변화 앞에서 우리 유권자들의 선택은 자명하다. 지금까지의 판단 기준 전체를 처음부터 다시 뒤집는 것이다. 선거운동이 시작된 지난 20일 동안 모든 유세와 TV토론, 숱한 유권자들의 마음을 졸인 판세 및 지지도 변화 등 모든 상황은 노·정 후보 단일화를 전제로 한 것이었는데, 이 같은 기본 구도가 변했기 때문이다. 오늘 하루 전국의 유권자들은 새로운 출발을 기약하며 투표소로 향할 것이다. 지금 시점에서 분명한 것은 후보 단일화에 합의했고 유세를 함께 다니면서 노무현 후보의 손을 들어줬던 정몽준씨마저 '노 후보는 곤란하다'고 판단한 급작스러운 변화의 뜻을 슬기롭게 읽어내야 하는 일이다.[66]

위의 두 기사는 모두 대표적 인터넷 언론인 『오마이뉴스』의 2002년 12월 20일자에 실린 것들이다(이 외에도 당시 선거를 새로운 미디어의 승리로 분석한 글들은 많다. 다만 그 승리를 만끽하며 권력 교체를 당차게 선언한 기사를 주목하려는 것이다). 'A'는 인터넷과 네티즌에 의한 승리, 언론의 권력 교체를 들뜬 분위기로 자축하는 내용이다. 'B'는 언론 권력을

마니아마추어의 시대가 온다

뺏긴 것으로 규정된 매스미디어의 대표 격인『조선일보』에 대한 신랄한 공격이다.

우선 확인할 수 있는 구도는 인터넷과 네티즌 등의 새로운 미디어가 선거 결과를 통해 기존 매스미디어(신문·방송)를 꺾었다는 점, 그리고 수세에 몰린 매스미디어가 사설까지 교체해가면서 사실상의 선거 운동, 아니 선동을 했다는 점이다. 이 기사만 놓고 보면 그때 대한민국 언론의 정권 교체는 이뤄진 것 같다. 그러나 '정말 그러한가, 적어도 오늘날의 시점에서 저 분위기가 동일하게 느껴질 수 있겠는가'라는 질문에는 대체로 부정적일 수밖에 없을 것이다. 과연 그동안 무슨 변화가 일어난 것일까.

먼저 짚어놓을 점은 당시의 이 들뜸은 착시 그러니까 착각이었다. '교체'가 아니라 '이벤트'였고, '전쟁'이 아니라 일시적 '점거'였다. 기존 매스미디어들은 온라인을 적극적으로 활용할 필요성을 크게 못 느끼고 있었고, 그 원시림에 네티즌 – 대중과 인터넷 언론사들이 무혈입성했던 것이기 때문이다. 인터넷 언론이나 신해철·김갑수 등이 담당했던 인터넷 라디오 방송 그리고 휴대폰 문자메시지·배경음악을 반대편에서는 거의 이용해보지도 못한 상황이었다. 그렇다면 그것으로 '교체'를 선언할 수는 없는 것이었다. 기존 매스미디어가 인터넷에 기지와 요새를 갖추고 대결하게 됐을 때가 진짜 전쟁이 성립하는 것이다.

앞에서부터 강조하고 실제 분석도 해왔듯이 대중 – 네티즌은 '시민기자'가 아니다. 필자도 염원하는 바이지만 그렇게 되기가 쉽지 않은 게 사실이다. 왜냐하면 그들은 원 콘텐츠의 생산 그러니까 지속적인 영향력을 발휘할 수 있는 콘텐츠를 충분히 생산할 요건을 갖추고 있지 못해서다. 물론 인터넷상에서는 나름대로 대중의 원 콘텐츠 생산과 소통이 일정하게 이뤄지지만, 이것은 거대 언론이 얼마든지 몰살시킬 만한 미미한 수준에 불과하다. 대부분은 따르고 베끼고 그래서 증폭시키는 역할을 하는 데 머문다.

그렇다고 하여도 이러한 의문은 남을 수 있다. 네티즌들이 스스로 접속하고 댓글 달고 전화하고 청취했던 일련의 자발적·적극적 행동들은 상당히 위력적이지 않았냐는 것이다. 물론 대단히 위력적이었고, 더 중요한 사실은 정말로 '자발적'이었다는 사실이다. 단순한 트래픽이었다고 할지라도 그때는 생산에서 소통에 이르는 모든 과정이 네티즌들의 원 콘텐츠였다. 거대 언론들은 '바보 노무현'을 세세하게 콘텐츠화한 일이 없다. 단지 적진 같은 곳에 자꾸 출마해서 낙선 수만 쌓인다고 언급했던 정도였다. 그런데 네티즌－대중이 그 원 콘텐츠를 태풍으로 증폭시켰던 것이다.

따라서 이 지점에서 선거 승리의 결정적 요인은 그 원 콘텐츠인 노무현의 특별함으로부터 발생했다는 분석이 가능하다. 대중을 자발적으로, 즉 적극적 생산자로 움직인 것은 바로 그 원 콘텐츠인 노무현이었다는 것이다. 현재의 야권, 즉 노무현 전 대통령을 계승하고 있는 정치 세력은 2002년 당시와 비교했을 때 오히려 나은 면모를 갖고 있다고 할 수 있다. 하지만 어떤 (그 반대편 세력에게 영향을 주는) 악재에도 불구하고 기적은커녕 아무런 사건(정권 교체나 선거 승리 등)도 일어나지 않았다.

정확한 분석이 불가능하겠지만, 그 요인은 반대편에서도 이제 충분한 인터넷 전투력을 확보했거니와, 게다가 더이상 노무현 수준의 강력한 원 콘텐츠도 잘 떠오르지 않는다는 사실이다. 만약 지금 시점에 2002년 대통령 선거를 대입하면, 물론 그 결과를 예측하기야 어렵겠지만, 필자가 보기에는 노무현 식의 승리는 어려울 것으로 판단된다.

일찍이 노엄 촘스키(Noam Chomsky)는 자신의 저서[67]를 통하여 거대 언론이 통치 권력의 나팔수 노릇을 하게 되는 정치·경제적 구조를 분석한 바 있다. 그리고 그 시각을 인터넷 미디어(언론 및 개인)가 도입된 이후 오늘날까지 동일하게 유지하고 있다. 그에 관한 인터뷰 기사의 일부를 전재한다. 인터뷰어는 촘스키에게 책을 처음 썼을 때와 현재의 언론 상황이 많이 달라지지 않았느냐는 질문을 했다. 다음은 촘스키의 답변이다.

> "저와 저의 공동저자 에드워드 허먼은 10년 전에 '여론 조작'의 새로운 서문을 썼는데, 바로 이 질문에 대답하려 했습니다. 30년 전과 비교해 언론 환경에 변화가 있었다면 분명 인터넷 배급을 꼽을 수 있겠죠. 하지만 다른 변화들도 있었습니다. 특히 독립언론들의 급격한 약화는 정말 개탄할 만하죠.
> 저희의 근본적인 분석과 모델은 아직도 어느 때보다 더 유효합니다. 인터넷이 전에 없었던 기회를 많이 준 것은 사실입니다. 하지만 근본적으로 언론 환경은 변한 게 별로 없습니다. (궁금한 일이 있다면) 저는 뉴욕타임스와 다른 메이저 미국 언론들의 글들을 읽을 것입니다. 또 AP와 같은 통신사들의 글을 읽고, 영국 언론사들의 글들을 찾아보겠죠. 저는 트위터는 신경을 안 씁니다. 오히려 독립적이고 자유로

운 언론들이 계속 죽어나가고 있습니다. 대중이 뉴스를 접할 수 있는 언론들은 계속 줄어들고, 뉴스 소비를 소수의 거대 언론들에게만 의존해야 하는 상황에 직면하게 됐죠.

오히려 언론은 다양해지는 것이 아니라 독점적인 시장 구조로 변하고 있죠. 현장에서 뛰고 있는 저널리스트들과 신문들이 점점 줄고 있습니다. 그렇다고 해서 지금 현장 취재를 하고 있는 뉴욕타임스와 가디언 정도의 소수의 신문사들과 통신사들 기사를 의심도 안 하고 읽을 수는 없죠. 이 소수의 언론사에서 나오는 기사들을 비판적으로 읽어야 하는데, 그래도 그들은 생존이라도 해서 취재는 하고 있지 않습니까? 전 세계에 중요한 사건들이 항상 터지고 있는데, 그것을 취재하는 언론들과 저널리스트들은 점점 줄고 있습니다. 바로 뉴스의 공급원이 급격하게 감소하고 있다는 것입니다."[68]

촘스키에 따르면 오늘날 전통 저널리즘의 생존 환경은 전반적으로 악화됐다. 그 중에서 가장 애석한 점은 각처에서 촘촘하게 현장 보도를 해오던 독립 언론사들의 소멸이다. 이 와중에 그나마 살아남은 언론들도 거대 언론사 및 통신사의 기사를 받아쓰는 수준으로 질이 급격히 하락했다. 따라서 언론의 다양성은 오히려 감소하고 독점적 시장 구조로 변하고 있다.

촘스키의 분석은 오늘날 한국사회의 실정과도 크게 다르지 않다. 현장성을 지닌 지역의 독립 언론사들의 생존 활로는 막혔으며, 일부 남아 있는 언론사들은 더욱 더 정치·경제 권력과 밀착된, 즉 정권이나 광고주의 선전원 구실을 노골적으로 수행하는 상황에 이르렀다. 우후

죽순으로 생겨나는 인터넷 언론은 영세한 규모로 인터넷 검색과 짜깁기에 의한 탁상 기사를 생산하는 데 주력하고 있다. 거기에다 덕지덕지 붙어 있는 광고물은 그 언론의 주인이 누구인지, 언론사와 그 기사들의 성향은 어떠하다는 것인지를 간접적으로 설명해주고 있다.

따라서 2002년 인터넷-네티즌의 승리는 일시적이었다고 할 수밖에 없으며, 진정한 언론 권력의 교체, 언론의 민주화를 이루기 위해서는 다른 방향과 방법의 모색이 절실하다고 하겠다. 다만 이러한 악조건 하에서도 독립 언론의 역할을 수행하는 소수의 진정한 언론인들이 있으며, 우리는 그들을 새로운 대안으로 주목하게 된다.

우리가 미디어다 : 개인미디어들의 새 약진

미디어-테크놀로지의 발전에서 완성적인 대목은 그것들이 단순한 수용 기기에서 상당한 수준의 생산 기기로 진화하는 시점이다. 오늘날 대중은 역시 마음만 먹으면 대단한 비용을 들이지 않고도 상세한 정보와 지식을 담은 콘텐츠를 직접 생산할 수도 있게 되었다. 물론 근본적인 장애는 여전히 남아 있다. 콘텐츠 생산은 결국 비용의 문제이기 때문이다. 여러 사람이 상당한 시간을 투자해서 취재·편집·수정·교열의 과정을 거쳐야만 양질의 콘텐츠가 탄생할 수 있는 것이다.

이러한 근본 문제를 두고 볼 때 시민들의 펀딩으로 운영되는 독립 언론들의 존재는 그 자체만으로도 무척 고무적이고 고마운 일이다. 하지만 그들은 언론 기관·회사에 몸담고서는 하기 힘든 취재와 기사작성을 통해 근근이 존재해오고 있는 형편이다. 그러므로 회사가 문 닫는 날이 갑자기 닥칠 수도 있다. 양질의 콘텐츠가 지속적으로 생산 되지 못하면 대중은 아무렇게나 안면을 바꾸고 빠져나가기 때문이다. 따라서 그들은 항상 위태로운 상태에 있다.

정신적 격려도 있고 후원금도 답지하기는 하지만 언제까지나 하 루살이 방식으로 생존할 수는 없다. 좀 더 획기적이고 근본적인 대책 이 필요하다. 그 언론들이 말 그대로의 시민 기자단이라면 결국에는 시민의 조직적인 힘에 의해서 존재하는 게 이치에 맞다. 결국에는 재 정 안정성을 갖춘 조직화가 시급하다고 하겠는데, '인터넷+실재'로 네트워킹하는 방식이 광범위하고 심층적인 수준에서 추진될 필요가 있다.

오늘날 네티즌은 탁상공론의 연장선상에 있다. 실천가보다는 이 론가에 가까운 백면서생의 모양새다. 이는 인터넷에 잠재돼 있는 민 의의 결집 가능성을 생각할 때 매우 안타까운 현실이다. 사상이나 사 회·정치적 의식의 전반적 약화라는 요인을 차치해두고라도 이는 본 질적으로 시대적인 한계상이라고 아니할 수 없다. 말하자면 직접적 행동이 요청되는 사안에 대해서도 일람과 댓글 생산 정도의 수준에 서 그치고 만다. 따라서 최근 지나간 중대한 문제와 사태들, 거리로 쏟아져 나와야 할 것만 같은 상황에서도 말만 쏟아져 나올 뿐 행동으 로 가시화된 경우는 사실상 없었다.

과거에는 수용자가 절대다수였다면, 지금은 생산자가 절대다수인 시대이다. 개인미디어의 확산이 텍스트 생산량의 순증가로 이어졌다 고 할 수 있겠으나, 그것들 대부분은 의사(擬似) 텍스트에 불과하다. 따라서 '감동(感動)'이라는 가장 본질적이고 이상적인 수용 반응은 현격하게 감소하고 있는 게 아닐까 싶다. 뭔가 사회적·국가적 운동이 반드시 촉발되어야 할 것만 같은 상황들이 '찻잔 속의 태풍'으로 지나가고 마는 것은 아마도 텍스트 생산이라는 '행위'가 무의식적으로 실제적인 행동력을 잠식하고 잠재우기 때문이 아닌가 생각된다. 이는 '텍스트 속의 태풍'이자 '텍스트 유희'[69]의 일종으로서, 대량 생산이 몰고 오는 역효과, 즉 생태계 교란 내지 파괴 현상의 일환이다.

더욱이 나름의 텍스트를 생산하는 과정에서는 학습과 각인 효과가 발생하는데 이는 행동과 병행되지 않을 경우에는 극단성을 띠게 될 가능성이 높다. 이는 아리스토텔레스에 의해서 다음과 같이 간명하게 설명된 바 있다.

> 어떤 의미에서 그것들(앞에서 언급한 세 가지 심적 상태: 인용자 주)은 저마다 다른 것들과 대립된다. 양 극단은 중간과 대립할뿐더러 저들끼리도 대립하고, 중간은 양 극단과 대립하기 때문이다. 마치 같은 것이 더 작은 것에 견주면 더 크고, 더 큰 것에 견주면 더 작듯이, (감정에서든 행위에서든) 중간 상태는 모자란 것에 견주면 지나치고 지나친 것에 견주면 모자라기 때문이다. 이를테면 용감한 사람은 겁쟁이에 견주면 무모해 보이고, 무모한 사람에 견주면 겁쟁이로 보인다. 마찬가지로 절제 있는 사람은, 무감각한 사람에 견주면 방종해 보이지만, 방종한 사람에 견주면 무감각해 보인다. 후한 사람은, 인색한 사람에 견주면 낭비벽이 있어 보이지만, 낭비벽이 있는 사람에 견주면 인색해 보인다. 그래서 어느 한 극단에 속하는 사람들은 중간에 있는

사람을 다른 극단 쪽으로 밀어낸다.[70]

이상은 아리스토텔레스 식의 중용이라고 할 수 있는 『니코마스 윤리학』의 제2권, 제8장, 「중용은 때로는 양 극단 중 한 극단에 더 가깝거나 더 가까워 보인다」 중의 일부이다. 역시 동양고전 『중용』의 가르침과 마찬가지로 아리스토텔레스도 중간(사물 간의 중간이 아닌 인간 사이에서의 중간)에 위치해야 함을 강조하고 있다.[71] 그러나 체험해보지 않으면서 떠들기만 하면 중간은커녕 점점 더 극단으로 쏠릴 위험성만 증가하게 된다. 사람은 실제로 어울리고 대화를 나누다 보면 그동안 그와 대립했던 이유가 무색해지고 그 근거가 소멸되는 것을 느끼곤 한다. 그런데 어찌 말만으로, 대체로 체험되지 않은 사건과 사안에 대해 떠드는 행위로 서로를 적대시할 수 있겠는가.

결국 실재와 유리된 이 탁상공론적 행위들은 정확히 장자(莊子)가 지적한 문제로 귀결된다.

인간은 누구나 알 수 있는 것은 존중하면서도 알지 못하는 것에 의지해 알려 하지는 않는다.

나무를 보면 나무지, 돌을 보면 돌이지, 이렇게 알면 그만이지 그 이상 알자고 골치를 썩일 것이 있느냐면서 좀 편하자고 한다. 물론 탐구하는 노력을 아끼지 않는 사람들이 여러 갈래에서 사물을 밝히려 들지 않는 것은 아니다. 그러나 탐구자들은 아주 적고 항상 마음을 졸리게 하고 잠자게 하는 사람이 훨씬 많다.[72]

알지 못하는 상태에서 자신이 수긍되는 빤한 것들만 받아들이고 더 이상 탐구를 하지 않는 까닭에, 분별로 시작했다가 비판으로, 다시 비난으로, 나중에는 증오로, 그러다가 철천지원수가 되는 것이다. 오늘날 우리는 얼굴도 모르는 원수들을 두고 있는 네티즌들을 자주 목도하거니와, 그것은 참으로 어처구니없는 사태가 아닐 수 없다. 따라서 위에서 언급한 '인터넷+실재'의 네트워킹은 "말도 안 되는 신념 (Dogma)의 덫에 걸려든"(스티브 잡스의 표현) 가련한 먹잇감들끼리의 편협한 조직을 지향해서는 안 된다. 그 말도 안 되는 도그마보다 훨씬 더 실제적이고 근친한 인간 간의 유대를 실감하는 일이 그 어느 시대보다 더욱 절실하다. 그러한 실재에서 우리는 서로의 진정성을 확인하고 공동의 미래를 기약할 수 있지 않을까.

마주 보기와 기차놀이 : 미디어 순환계에서

위에서 제안했던 '인터넷+실재'의 네트워킹 이전에도 우리는 인터넷 내부에서 가능성을 얘기할 수 있다. 필자는 그것을 '미디어 마주 보기와 기차놀이'로 명명하기로 한다. 결국 우리가 존재하는 오늘날의 커뮤니케이션 환경은 끊임없는 기차놀이와 같다. 그런데 정작 기차놀이에는 전진과 후진 그리고 횡진이 마구 뒤섞여 있다. 일방향으로만 치닫지 않는다. 운신의 공간이 충분치 않은 데다 위험하고 재미없기 때문이다. 팔로워-팔로잉처럼 단조롭거나 재미없거나 하지 않는다. 따라서 인터넷 활동은 일방향적이지 않는 기차놀이로서의 '마주 보기'의

원리가 강조될 필요가 있다.

마주 본다는 것은 상대를 전제로 하고 또한 의식하는 행위이다. 그러고 맞대는(face to face) 행위이다. 미디어의 발달은 우리의 일상을 편리하게, 풍족하게 하는 일면이 있는 것은 분명하지만, 그 작동상의 이면에서는 수많은 노이즈가 삽입되게 마련이다. 그래서 장자가 말한 다음과 같은 결과를 야기하게 될 가능성이 높아진다.

> 말이란 진실에서 시작되어 늘 거짓으로 끝나게 된다. 그 시작은 간략하지만 끝날 무렵에는 반드시 엄청나게 커진다.[73]

따라서 오늘날 인터넷 세계에서의 소통 예법에는 미디어 마주 보기가 반드시 들어갈 필요가 있다. 내 앞의 앞의 앞의 …… 이것들을 일일이 따라간다는 게 아니라, 그 원 콘텐츠 또는 텍스트와의 마주 보기, 본질적으로는 주어진 텍스트의 원 사건 또는 사인과 마주 보기이다. 성경의 창세기나 마태복음 등에서, 여러 장에 걸쳐 계속되는 족보 읽는 일보다 더 지루하고, 게다가 의미까지 없는 일을 하지 말고, 다이렉트·논스톱으로 맨 위 - 근본으로 가자는 것이다. 기실 성경에 나타나 있는 족보는 맨 위와 맨 아래를 위해 중간이 있는 것이며, 핵심 즉, 마지막까지 남겨져야 하는 근본은 맨 위와 맨 아래인 것이다.

중간에서 잘린 족보란 이미 무가치한 것이다. 마찬가지로 우리가 인지하는 사건 또는 사안이 소통의 어디쯤인가에서 단락된 것이라면, 정말 할 말이 없는 짓을 하고 만 게 된다. 그때는 차라리 눈을 감고 있는 게 더 나을 텐데, 오늘날의 많은 사람들은 실재를 앞에 두고도 자기

손바닥 위의 강화유리판만 연신 쳐다보는 기괴한 모습을 연출한다. 시대의 비참을 연기하는 싱크로나이즈(synchronize)가 아닐까 싶다.

스무 편 넘게 재작됐던 〈춘향전〉 영화 중 최고작이라고 할 수도 있는 〈방자전〉(2010)에는, 방자(김주혁 분)를 단기속성으로 상당한 수준의 연애술사로 육성하는 전설적인 '연애계'의 거물 마 노인(오달수 분)이 나온다. 마 노인은 인간심리와 인간관계의 정곡을 찌르는 명언을 다수 남겼는데, 하루는 예쁘장한 신참 하녀에게 이런 말을 던진다. 하녀는 고개도 들지 않고 마 노인의 말에 대꾸만 하고 있었다.

"허, 녀석. 대화할 땐 서로 눈을 봐야지, 이런 법이 어딨어?"[74]

사실 귀만 열어두는 것으로는 커뮤니케이션의 완성도는 20퍼센트를 넘을 수 없다.[75] 귀는 일정한 시공간 내에서 편재성(遍在性)이 있는 감각인 까닭에, 그저 귀를 열어둔 상태에서 다른 일을 하면서 일상의 대화를 하거나 강의를 듣곤 하는데, 그것은 매우 미흡한 커뮤니케이션이 될 수밖에 없다. 눈을 크게 뜨고 다른 감각의 보조도 받으면서 말하는 사람에게 온통 집중해야 진의를 제대로 파악할 수 있기 때문이다. 여러 말들 중에 무엇이 더 중한지, 진짜 하고 싶은 말이었는지 아닌지, 눈빛은 무엇을 말하려 하는지 등등, 커뮤니케이션의 요소는 생각보다 무척 많다. 근대미디어[문자미디어(문자+책+인쇄)+미디어 - 테크놀로지]는 시각을 독점함으로써 왜곡된 커뮤니케이션 체계와 방식을 정착시킨 혐의가 짙다. 디지털 및 개인미디어의 강화와 보급으로 그 문제는 더욱 심각해진 실정이다.

하녀와 말을 나누면서 대화할 때는 눈을 봐야 한다고 다그치는 마 노인(❶~❹). 그러나 하녀가 나
간 뒤 마 노인이 말했듯이 하녀의 눈길은 방자를 향해 있었다(❺). 즉 마 노인은 명목상 대화 상대
였고, 하녀의 실제 커뮤니케이션은 방자에 집중돼 있었다.

반대로 우리는 눈을 미디어에 잔뜩 밀착시킨 채 그것으로 보는 것 뿐 아니라 냄새도 맡고 맛도 보고 촉감도 느끼고 때로는 소리도 듣는다. 통감각의 분리인 것인데 따라서 실제 커뮤니케이션에서는 미숙함을 드러내기 십상이다. 요새 온라인 골에서만 기거하다가 어쩌다 세상에 내려온 친구들(예컨대 일베 골 출신)이 자기 마을에서의 당당함과는 딴판으로 어설프거나 수줍어하는 모습을 노출하곤 했는데, 필자의 관점으로는 아마도 이와 같은 감각 왜곡의 결과가 눈에 띨 정도로 나타난 게 아닐까 싶다.

더욱 온전한 감각의 회복, 커뮤니케이션 능력과 효과의 제고를 위하여서도 '인터넷+실재'의 조직화와 실천은 이 시대에 긴요한 문제가 아닐 수 없다. 그것을 매클루언(Marshall Mcluhan)은 원시인의 '균형 잡힌 감각 비율(the balanced ratio of senses)'과 '가장 소중한 감각(the most precious of sense)'의 회복이라고 상찬하며 전자 미디어 이후의 시대를 기대하였었다.[76] 하지만 오늘날의 실상은 그가 희망 섞인 예측을 한 것처럼 흘러가지는 않는 것 같다. 오히려 후기 문자시대라고 불러야 할 만큼 여전히 인간의 눈은 떨구어진 채, 책같이 생긴 노트북이나 스마트폰을 응시하면서, 정작 바로 앞의 사람은 흘깃하고 있기 때문이다. 하지만 언제나 문제는 사람에서 기원하였고 또한 사람에서 풀렸던 것처럼, 이제 우리는 실재와의 생활에 더욱 정성을 기울임으로써, 미디어 – 테크놀로지 안이 아닌 그 위에서 존재하는 인간 – 인간성 회복의 길로 나아가야 할 때가 아닐까 한다.

순수 | 잡종

양파껍질 벗기기 또는 입히기 : 순수를 위한 인정투쟁

- 순수한 슬픔은 순수한 기쁨과 마찬가지로 있을 수 없는 감정이다.
- 인간의 영혼은 유리그릇과 같다. 인간은 이 그릇을 더럽힐 수도,
  더 깨끗이 빛나게 할 수도 있다.

  -톨스토이-

누구의 순수인가 : 대중 이미지즘의 역치와 환유

2012년 11월 10일 새벽 3시 50분 경, 아이유(여자 아이돌 가수, 1993년 생)는 자신의 공식 트위터와 연동되는 'yfrog'(트위터 사진 업로드 서비스)에 슈퍼주니어(남자 아이돌 가수 그룹)의 은혁(1986년생)과 찍은 셀카 사진을 올렸다. 잠옷 복장의 아이유와 상반신 맨살이 들어난 은혁의 모습이었다. 얘깃거리가 많은 사진이므로 삽시간에 퍼졌고 언론 및 네티즌들 사이에서 논란이 시작되었다. 그러자 아이유는 사진을 삭제했으며, 곧이어 아이유의 소속사인 로엔 엔터테인먼트는 '병문안 갔을 때의 사진이며 아이유는 은혁과 절친한 사이일 뿐'이라는 공식 입장을 발표했다. 그러나 다수의 네티즌들이 병문안 간 사진을 삭제했다는 게 납득되지 않는다는 반응을 보였고, 소속사의 입장 표명도 불난 데 기름을 부은 격이라고 지적하는 등, 논란은 오히려 확대되었다. 이후 아이유의 공식 트위터 활동은 다음 정규 3집이 발매될 때(2013년 10월 8일)까지 잠정적으로 중단되었다.[77]

당시 아이유는 '국민 여동생'이라는 별칭을 얻으면서 순수한 소녀 이미지로 한창 폭넓은 인기를 누리던 중이었다. 그래서 충격을 받은 사람들이 많았던 것 같다. 무척 간소한 복장으로 야릇한 눈빛을 지은 채 밀착해 있는 청춘 남녀의 사진이었으므로 더 이상 아이유는 '순수'하게 비쳐질 수 없었던 것이다. 그렇게 해서 아이유의 순수 이미지는 탈색되었다.

그러나 생각해보자. 순수란 무엇인가. 그 전에 이 사건을 전후로 하여 변한 것은 누구인가, 논란이 됐던 순수는 누구의 것인가. 우리는 보통 공인의 이미지를 수용하고 또한 이미지를 버린다. 그러한 까닭에 노래하고 춤추는 실물이라 할지라도, 손 닿을 듯 가까이에서 느끼고 또한 말을 나눠봤다 할지라도 그(녀)는 신기루일 따름이다. 그것은 텔레비전을 좀 더 실감나게 보는 효과에 불과하다고 하겠는데, 대중은 방송의 연장선상에서, 즉 새로운 프로그램을 보듯이 그(녀)를 대하는 것이기 때문이다.

미디어 – 테크놀로지를 통한 것은 물론이려니와 실제로 만나본 경우가 있다고 하더라도, 대중들이 지녔던 아이유에 대한 이미지는, 그것이 영상 테크놀로지로부터 나왔듯이 철학적으로도 꼭 영상적이다. 영상은 점들(dots)로 실재를 생성했다가 다시 점들로 소멸하는, 색즉시공공즉시색(色卽示空空卽示色)의 세계이기 때문이다.

물론 그런 이미지를 소구함으로써 아이유가 대중의 인기를 차지한 건 사실이겠지만, 결국 그 소비의 주체가 되어야 하는 것은 대중 자신들이다. 따라서 어떤 이미지 예외적인 언행에 대해서 놀라는 반응을 보일 일이 전혀 없다. 그들은 그렇게 살게 된 인생이기 때문이다. 어떤 측면에서 보면 그들은 가련한 인생들이다. 온전히 객체로서만 그 인생이 존재하는 까닭이다.

따라서 요새, 부모들까지 나서서 자녀들을 그런 공인으로 만드는 일에 앞장서는 세태를 이해하기란 쉽지 않다. 상대적으로 유혹의 손길이 많고 권력의 마수가 끊임없이 그들을 탐한다는 게 문제의 본질이 아니다. 그보다는 실존체로서의 의미가 매우 희박해진다는 사실이 더욱 중요한 것이다. 그들은 그렇게 허상으로 존재하게 되는 까닭에, 그럼에도 불구하고 그 허상에 대한 믿음과 자부심이 아니면 존재 근거를 갖지 못하는 까닭에, 허상의 균열, 소멸 사태가 급격하게 발생하면 극단적 선택까지 서슴지 않는다. 대중, 즉 우리 스스로에게 누구의 순수인가라고 물었던 것은 그래서 그 공인들에게 누구를 위한 삶인가라는 질문으로 되돌려질 필요도 있다.

대중에 의해서 존재하는 공인이라고 해서 다 저와 같이 살게 되는 것은 아니다. 자신의 연기, 노래, 춤 등의 공연 행위를 예술로 여기면서 그 실력을 부단히 갈고 닦는 이들은 아주 다르게 존재하게 되는 까닭이다. 그들도 물론 인기에 둔감하지는 않겠지만, 그것 하나에 자신의 존재태를 매몰시키지는 않는다. 따라서 조력자들은 그 연예인을 예술가로 존재하게 하는 데 집중할 필요가 있다.

과거 그들과 비슷한 일을 했던 사람들로 광대와 기생 등이 있었다. 그런데 이들은 오늘날 같은 매스미디어를 타지 않았던 까닭에 그 인기의 시의성, 한계성, 일시성에 대해서 상대적으로 더 잘 느낄 수 있었다고 본다. 더욱이 그들은 오직 현장만을 존재 바탕으로 했기에 허상과의 괴리가 아주 크지는 않았을 것이다. 그러나 오늘날 디지털미디어 – 테크놀로지 상에서 존재하게 되는 연예인들은 그들과는 무척 다른 정신세계를 갖는다.

대중이든 그 대상인 연예인이든 허상을 공유해두고 커뮤니케이션하는 관계다. 그들은 흔적도 없이 나타났다가 흔적도 없이 사라지고 만다. 디즈니 애니메이션에서는 그런 장면들을 심심찮게 볼 수 있다. 최근 인기를 끌었던 작품인 〈겨울 왕국(Frozen)〉(2013)에서 엘사의 손끝에서 홀연히 나타났다가 또한 홀연히 사라지는 눈발은 오늘날 연예인의 존재상 그리고 그들과 연동되는 대중의 존재상과 꼭 닮았다

엘사가 손에서 눈을 만들어내서 천장으로 던져 흩날리게 하고, 눈을 발사해서 안나가 공중에서 뛰어놀게 하는 장면

고 할 수 있다. 순간적으로 나타났다 사라지는 디지털의 무한 미적분처럼, 그 벡터 상에서 존재하고 또한 그와 커뮤니케이션하는 공인과 대중은 실제로도 그렇게만 존재한다.

오늘날 미디어 – 테크놀로지와 함께 우리의 인생은 더욱 홀연한 것이 되고 있다. 여기서 우리는 다음과 같은 러셀의 말을 다시 음미해 볼 필요가 있다.

> 글을 쓰려는 생각을 버려라. 그 대신 글을 쓰지 않으려고 노력해보라.
> 세상으로 나가라, 해적도 되어보고, 보르네오의 왕도 되어보고, 소련의 노동자도 되어보라.
> 기본적인 신체적 욕구를 충족시키기 위해서 모든 에너지를 쏟아야 하는 생활을 해라.[78]

이 문구는 세상의 공허함을 느낀 나머지 삶에 열정을 쏟지 못하는 유능한 청년에게 들려주고 싶다던 충고이다. 본래는 권태와 무력감에 빠져 있는 지식인들에 전하는 권면이었다. 백면서생의 탁상공론을 벗어나서 실제의 노동, 그로부터의 실재감과 정신적 고양을 체험하라는 의미이다.

오늘날 21세기 지식정보화 사회에서는 아주 많은 사람들이 백면서생처럼 생활하는 것만 같다. 그들은 늘 무슨 생각에 골똘하게 잠겨 있다. 적어도 외형상으로는 그렇다. 여기에서 문제 삼으려는 것은 어떤 주제냐 얼마만큼의 깊이냐에 관한 것이 아니다. 실제 직업이 백면서생이더라도 가끔은 실제의 육체 활동을 통해서 자기 자신의 실존을 깊이 느껴볼 필요가 있다는 의미에서다.

오늘날 사람들이 테이블을 사이에 두고 앉은 채로도 상호작용을 위한 강화 유리판이 아닌 각자의 강화 유리판에 머리를 박고 있는 모양새들을 봤다면, 직업도 아니면서 실재와는 괴리된 세상(디지털 은하계)에서 대체 뭐하는 짓이냐고 러셀은 지적했을 게 틀림없다. 러셀의 언급은 또한 저 유명한 교과서적 경구, 그러나 본뜻은 알쏭달쏭하기만 한 "건전한 몸에 건전한 정신이 깃든다"의 실천이라고도 할 수 있겠다.

오늘날 우리는 저 공인의 무게, 대중의 십시일반이 밀어올리고 쥐어준 힘을 감당하지 못하여 비틀대고 고꾸라지는 공인 같지 않은 공인들을 적잖게 보곤 한다. 따라서 무언가를 간절히 원할 때에는 반드시 일정한 시간과 거리를 두고 먼저 그 대상을 관찰해볼 필요가 있다. 무언가를 소유한다는 것은 그 소유라는 행위의 본체인 존재를 근거로 하는 법이다. 오직 소유에만 정신이 빼앗겨 있으면 존재를 잃어버리는 게 당연하다. 또한 소유 역시 표류한다. 이것이 에리히 프롬(Erich Fromm)이 말하는 소유와 존재의 관계다. 그래서 그는 근대인들에게 '소유냐 존재냐?(To Have or to Be?)'라고 잘라 말했던 것이다[79]

무한 자가생식 : '까도까도남'의 순결 지키기 전략

누가 했던 말인지 정확히 기억하지는 못하지만 언젠가 국회의 어느 인사 청문회장에서 어느 의원이 "당신이 까도남입니까?"라고 버럭

소리를 질렀던 적이 있었다. 그 말의 앞뒤를 보지는 못하였기 때문에 처음 들어본 말 '까도남'이 뇌리에 깊이 '잘못' 새겨졌다. 나는 그 후로 오랫동안 까도남 하면 양파처럼 계속 무언가 의혹이 새롭게 나오는 남자 고위공직후보자를 떠올리곤 했다. 현빈, 원빈, 주원 등등 뭇 여성들의 가슴을 쥐고 흔드는 이 시대의 댄디들을 떠올려야 할 대목에서 나는 정반대 이미지를 떠올리고 있었던 것이다.

하지만 지금 생각해보면 보통의 남자 고위공직자나 후보자들을 까도남의 정반대라고만 할 수는 없을 것 같다. 알고 보면 그들은 위의 댄디들을 부릴 수 있을 만큼의 사회적 위세를 자랑하는 자들이 아닌가. 그렇다면 그들을 '정신적 까도남'이라고 불러야 할까. 다음 얘기를 들어보면 어쩌면 그렇게 불러야 할지도 모르겠다. 그들을 본래 '까도남'과 구분하기 위해 까(이)는 행위를 강조하는 인상을 주는(반복법으로서) '까도까도남'으로 지칭하겠다. 그리고 정신적이든 육체적이든 '까도남'과의 모종의 관련성을 추론해보도록 하겠다.

인사 청문회는 공직후보자의 도덕성(청렴성)과 업무 수행 능력 그리고 자질을 검증하는 자리이다. 혹자는 이 중 후자를 강조하기도 하는데 그것은 두 가지 면에서 공박을 받을 만한 생각이다. 첫째 대한민국 정부 및 사회 시스템을 우습게 보는 태도이다. 왜냐하면 한 사람의 능력 여하에 따라 쉽게 조직이 좌우될 만큼 대한민국 정부가 허약하지는 않기 때문이다. 둘째 공직자, 더군다나 인사 청문회를 거치는 각 부처의 수장 이상에 해당하는 이가 청렴하지 않으면 그 조직은 심각한 질병에 걸릴 가능성이 높다. 윗물이 더러우면 아랫물은 더 쉽게 썩기 마련이다.

우리는 고려시대부터 전해져 내려온 '청백리(淸白吏)' 전통에서 청렴성이 공직자의 제일의로 권면돼왔음을 잘 알고 있다. 그리고 한국 고위공직자 청문회에서 주로 문제가 됐던 것은 능력보다는 도덕성 면이다. 이제 필자는 '순수' 또는 '순결'에 입각하여 공직자 청문회를 '까다'의 행위로 분석해보고자 한다.

『표준 국어대사전』(국립국어원)에 '까다'는 세 개의 대분류가 있다. 이 중 '까다¹'과 '까다³'이 인사 청문회에서 벌어지는 행위와 관련된다. 한번 펼쳐보이도록 하겠다.

까다¹ 〔동사〕「…을」

1. 껍질 따위를 벗기다.

2. 알을 품어 새끼가 껍질을 깨고 나오게 하다.

3. (속되게) 옷을 벗거나 내려 속살을 드러내다.

4. (속되게) 치거나 때려서 상처를 내다.

5. (속되게) 남의 결함을 들추어 비난하다.

6. (속되게) 술병 따위의 마개를 따고 마시다.

7. (속되게) 뒤집어 보여 주다.

8. (속되게) 들추어 밝히다.

까다³ 〔동사〕

1.「…에/에게 …을,…에/에게 -고」 (속되게) 행동 없이 말만 앞세워 입을 놀리다.

2. [북한어] 몹시 얄밉게 재잘거리다.

펼쳐놓고 보니 '까다'라는 행위가 기본적으로 점잖지 못한 것임을 대번에 알 수 있다. 까다'의 첫 번째와 두 번째, 즉 사물이나 동물에 쓰일 때를 제외하고는 모두 비속한 표현들이다. 그런데 흥미로운 점은 '까'는 것이 동일한 행위더라도 그 주체가 정당할 수도, 도리어 비난 받을 수도 있다는 것이다. 인사 청문회에 정확히 맞는 뜻은 까다'의 여덟 번째 의미지만, 까다'의 다섯 번째나 까다²의 의미도 될 수 있다. 이때 인사 청문이라는 것이, (전자의 경우) 심문자가 그 행위의 정당성을 보장 받을 수도 있지만, (후자 둘의 경우) 오히려 심문자가 역풍을 맞을 수도 있음을 암시한다.

대한민국의 고위공직자 인사 청문회의 출발은 2000년으로 거슬러 올라간다. 그때 '인사 청문회법'이 제정되고 반포됨으로써 역사상 최초의 인사 청문회가 열렸다. 이후 여러 번(9회, 국가법령정보센터)의 개정을 거쳐서 현재에 이르고 있다. 이제 15년차를 맞이하고 있는 인사 청문회는 여전히 논란이 끊이지 않고 있다. 그 핵심은 도덕성 검증에 집착하는 나머지 능력과 자질 검증은 뒤로 밀리고, 적시에 임명되지 못함으로써 국정 발목 잡기가 된다는 것이다. 이러한 생각은 인사 청문회의 주(主)는 능력과 자질 검증이고 도덕성 검증은 부(副)라는 뉘앙스를 풍긴다. 이것을 양단 간의 문제로 인식하면 해당 법 내지 그 시행에 어떤 문제가 있는 것으로 보인다. 그러나 논란의 내용을 들여다보면 논란을 일으키는 문제 제기 자체에 문제가 있음을 알 수 있다.

청문회에서 문제가 되는 후보자의 도덕성 문제란 대체로 위장 전입, 부동산 투기, 병역 기피, 논문 표절, 탈세, 불법 정치자금 수수 등의 문제가 복합적으로 걸린 경우이다. 그래서 속칭 무슨무슨 비리 몇

종 세트니 하는 블랙코미디가 다양한 버전으로 나와 있는 상태이다. 그런데 가만히 보자. 여기에 거론된 사항들이 과연 도덕성 문제인지. 이것들은 도덕성 시비와는 아무 상관없는 그저 '불법적' 행위들일 뿐이다. 저런 후보자들을 내놓고 청문회 통과를 기대하고, 원활하게 안 되면 국정 발목을 잡는다고 하니 건강부회도 이만저만이 아니다.

취지 자체는 좋다고 하겠는데 그 운용이 영 시원치 않은 셈이다. 구체적으로 안 되는 사항들을 명시해두고 거기에 해당되는 인사들은 처음부터 배제하는 쪽으로 제도를 개선할 필요가 있다.

이 책은 앞서 두 번째 장의 논의에서 가칭 '국가보위법'의 제정 필요성을 주장한 바 있다. 공복이 되겠다는 사람은 일찍부터 목표와 야망을 품고 수단과 방법을 가리지 말고 군대를 가기 위해 노력하라는 의미였다. 왜냐하면 한국사회에서 문제가 되는 건 군대에 안 가기 위해서 수단과 방법을 가리지 않은 경우를 뜻하기 때문이다. 나아가 나머지 주요한 비위 행위들도 관련법이나 시행 지침에 뚜렷하게 새기고 사회적으로 널리 알리고 학습시킴으로써 최소한의 기본 책무를 이행한 사람들이 국가를 위해서 일하는 것이라는 국민적 공감대를 형성시켜야 한다. 위와 같은 기본 사항에 하자가 있는 인사들을 올려놓고는 아까운 인재 운운하는 것은 나머지 국민들을 바보로 만들고 허탈하게 하며 분열시키는 일임을 정치 일선에 있는 자들은 분명히 인식해야 할 것이다.

이상의 논의로 볼 때 '까도까도남'으로 지칭됐던 고위공직 후보는 '정신적 까도남'임이 밝혀졌다. 그들은 까도 까도 껍질이 또 나오는 양파의 특성을 지니고 있으되, 그럼에도 불구하고 자신의 '순결'을 주장하려고 한다는 점에서 정신적인 까도남이라고 할 수 있다. 더구나 정작 순결한 것도 아니면서 자신이 그렇게 밀어붙이고자 하는 식이므로 '착각의 까도남'이라고 하겠다.

우리 깨끗합시다* : 가문 위조의 두 비문성

조상을 아름답게 '바꾸기' 위해 비문을 구사하는 일단의 무리들이 한국 사회에 있다. 이때 비문은 '非文' 즉 어법에 맞지 않는 말을 뜻한다. 그런데 이 비문성(非文性) 때문에 또 다른 비문성이 연동되어 나타난다. 기실 어떤 역사적 사실이나 인생에 대한 결론적 평가는 형용사의 용법을 따른다. 그에 해당하는 말들을 반의어 관계로 정리해 몇 쌍을 나열해본다.

> 깨끗하다/더럽다 씩씩하다/비겁하다 아름답다/밉다
>
> 착하다/나쁘다 멋있다/흉하다 기쁘다/슬프다 힘들다/쉽다
>
> 건강하다/허약하다 겸손하다/건방지다 젊다/늙다

이와 같은 말들(형용사)은 일시적인 동작(행위)을 나타내는가, 아니면 지속적인 상태(성격)를 나타내는가. 물론 후자이다. 이러한 말들은 어떤 동작의 결과에 대한 평가이며, 대상이나 경우에 따라서 매우 많은 동작의 결과들을 필요로 할 수도 있다. 우선 이런 말들이 쉽게 바뀔 수 없는 이유를 형용사와 동사의 어법적 차이에서 파악할 수 있다.

형용사와 동사는 용언(用言), 즉 어미의 변화에 의해 다양하게 활용되는 말들로서, 체언(體言, 명사·대명사·수사)을 서술하는 기능을 한다. 그런데 기본형이 '―다' 형태로 동일하므로 그냥 볼 때는 혼동될 수도 있다. 따라서 다음과 같은 방식으로 구별한다. 명령형[―(아/어)라]과 청유형[―(하)자, ~지 않을래?]을 취해봐서 가하면 동사, 불가하면 형용사로 판정한다(기호 '*'는 그 문장이 비문임을 표시하는 것이다).

① 그녀는 젊고 아름답다   ② 그는 매우 건강하다

①¹ 너, 이 옷 입고 아름다워라*   ②¹ 너, 다음부터는 건강해*

①² 지금부터 우리 아름답자*   ②² 이제부터 아프지 말고 건강합시다*

①³ 지금부터 우리 아름다워지자   ②³ 이제부터 아프지 말고 건강해지자

'①' 계열에서 명령형과 청유형으로 취해진 두 번째, 세 번째 항은 비문이다. 이는 '②' 계열에서도 마찬가지이다. 그런데 이 중에는 꼭 말이 되는 것처럼 느껴지는 문장도 있을 텐데, 아마 '②²'가 가장 그러할 것 같다. 혹시 '①¹'도 말이 된다고 느끼는 사람도 있을 수 있다. 나머지까지 모두 알쏭달쏭하다면 평소 한국어법에서 상당히 벗어나 있다고 할 수 있다.

다른 말들 중에도 혼란스러운 것들이 있을 수 있다. 가령 '씩씩하다'에 대해서 '씩씩해라*'(명령형)와 '씩씩하자*'(청유형)가 말이 된다고 느껴질 수 있다. 또한 '겸손해라*'와 '겸손하자*/겸손합시다*'도 그럴싸하게 느껴질 수 있다.

이러한 혼란스러움은 오용 형태가 사회적으로 상당히 익숙해진

상태라는 점을 말해준다. 그런데 여기에서 필자가 설명하고자 하는 바는 언어 형식과 마찬가지로 언어 내용도 잘못된 것을 반복적으로 접하다보면 그 진위를 구별하기가 무척 어려워진다는 점이다.

그러나 이러한 혼란스러움에도 불구하고 참과 거짓에 대한 구별 노력은 중요하다. 그것은 다시 처음으로 돌아가서 그 본질을 숙고해보는 일로써 가능하다. 명백한 어법적 구별 기준이 있지만, 그것을 적용해도 혼란스러울 때에는 그 말의 뜻을 곰곰이 따져봐야 한다는 의미다. 마찬가지로 객관적 사실로 명백하게 공인돼 있음에도 불구하고 계속 혼란스러움을 조장하는 행위에 대해서는 그 말들을 뒤로 하고 오염되기 이전의 사실을 다시 찬찬히 들여다봐야 한다.

그 본뜻으로 생각해보면, 형용사는 동사적으로 억지로 사용한다 손 치더라도, 일회적인 행동이나 능동적으로는 결코 이룰 수 없는 어떤 상태를 나타내고 있는 것이다. 예컨대 '건강해라*' '건강하자*'가 말이 안 되는 근본적 이유는, 그것이 마치 맨손체조 잠깐 하고 나서 체중계에 올라 보고 전신 거울에 몸을 비춰보는 행위의 부질없음처럼 당장에 가능한 일이 아니기 때문이다. 노력하지 않고 마술을 부리겠다는 태도일 뿐이다. 또한 '씩씩해라*'와 '씩씩하자*'는 본인의 의지가 아무리 가상하다고 하여도 그냥 이뤄질 수 있는 상태가 아니다. 언어유희로 묘사하자면, 그러한 태도는 정말로 '씩씩대는' 행위에 불과한 것이다. 그리고 일부 종교인들의 화법에서 종종 목격되는 오용인 '겸손해라*'와 '겸손하자*'는 그 의도와 정반대 의미를 지닌다. 어찌 겸손이라는 경지를 단순한 행동이나 결심으로 이루려고 할 수 있겠는가. 그 자체가 지극히 '건방진' 발상인 것이다.

어떤 사람에 대해서 그의 행적을 평하여 형용사적으로 판별하는 일은 무척이나 조심스럽고, 인간으로서 분에 넘치는 행위일 수 있다. 그럼에도 불구하고 공동체적 가치와 사회적 정의의 수호를 생각할 때에는 그러한 작업이 요청될 수도 있다. 예컨대 친일 문제에 있어서, 그 기준을 분명하게 정하고 대상자에 관한 판단 근거를 팩트들로 수집하여 적용한 결과 친일 행위자로 판명되었다고 한다면, 적어도 과거 그의 행위가 반민족적이었다는 사실이 객관적으로 성립하는 것이다.

이와 같은 역사적 판별은 뒤집힐 수 있는 게 아니다. 사과를 하고 뒤로 물러서서 참회할 일이지, 호시탐탐 빈틈과 기회를 노리면서 그 결과를 뒤집고자 한다면, 그는 오히려 조상과 자신을 욕보이는 행위를 하는 것이다. 전술했듯이 이러한 평가는 동작, 그것도 여러 번의 동작이 누적된 결과로써 나오는 것이다. 따라서 그 평가를 바꾸는 것은 불가능하다. 과거의 이러저러한 상황에서 여기저기로 퍼뜨려져 있는 행위의 편린들을 다시 모으고 새롭게 바꾸는 일이 불가능하기 때문이다. 그것들 모두를 일일이 다 바꿔주어야만 평가가 바뀔 수 있다. 이는 기술적으로도 불가능할 뿐만 아니라, 그 작업을 한다손 치면 문제가 되는 조상들을 자손이 문중에서 파내는 꼴이 된다. 어찌 자손으로서 제 조상에게 그토록 참람한 일을 저지를 수 있다는 말인가. 명백한 사실(특정한 행위들의 일련)로 구성된 역사적 평가를 뒤집겠다는 발상은 조상과 가문을 그 자손이 스스로 비천하게 만드는 일, 즉 두 번째 '비문성(卑門性)'의 노정으로 귀결되는 것이다.

이렇게 역사에는 물론이고 제 조상에게도 참람한 일에는, 그 평가 요건을 구성했던 행위들의 시간이 짧지 않았듯이, 상당한 시간과 노력이 요구된다. 애초 불가능한 일의 시도인 까닭에 그 과정들에서 수많은 문제를 야기하고 사회적으로 반목과 대립을 증폭시킬 가능성이 다분하다. 이때 준비되지 않은 네티즌 – 대중이 그 고약한 작업에 동원된다. 사이버 일렬종대에서 오로지 앞사람의 뒤통수만 바라보고 가는 대중은 선두 또는 후미에서 들려오는 명령어에 좌우로 산개했다가 밀착했다가 하면서 불가능한 것을 실현시키는 '역군'이 되고 만다. 정말 통탄할 만한 일이요 시대의 비참이 아닐 수 없다. 또한 그것은 곧 2002년의 슬로건 '꿈은 이루어진다'를 희화화하는 일이며, 슬라보예 지젝(Slavoj Žižek)이 말하는 (개인들의 역량을 모아서 시대적 희망을 견인하고자 하는 이상으로서의) '불가능한 것의 가능성'[80]을 조소하는 일이라고 하지 않을 수 없겠다.

정통 | 사이비

'일진 – 왕따' 놀음 : 정통이라는 권력 유지법

어느 한 극단에 속하는 사람들은 중간에 있는 사람들을
다른 극단 쪽으로 밀어낸다.
– 아리스토텔레스 –

라이온 킹의 죽음 : 투명화한 다수 – 대중의 자기상실

지식정보화 사회의 형식논리로 볼 때에 문화의 중간 항들은 매우 다양하고 다대하게 존재해야 한다. 하지만 21세기 한국사회에서 중립 지대를 무화시키는 이른바 '일진 – 왕따' 문화는 더욱 고조되고 있는 것 같다. 이는 철부지 아이들이나 미성숙한 성인들의 일탈적 행위쯤으로 치부되어서는 안 될 것이다. 그렇게 안일하게 인식할 수 없는 까닭은 십대들의 일진 – 왕따 놀음이 한국사회가 앓는 질병의 초기 증상이 아니라 말기 증상으로 파악되기 때문이다. 주로 물질적 위세의 과시로 현현되는 십대들의 놀음은 성인사회의 실상을 꼭 빼닮았다. 이미 한국사회에 만연돼 있던 질병이 청소년층에까지 전이된 양상인 것이다.

이를테면 한국사회에서 아파트는 물질적 위세 경쟁을 통한 계급화의 대표적인 기제(mechanism)가 된다. 그 소재지, 브랜드 그리고 동일한 단지 내에서도 평형이나 경제적 형편(입주와 임대)에 따라 구별된 배치 등을 통해 21세기 식 신분제가 작동한다. 가령, 당국의 시책에 따라 의무적으로 단지 구성에 포함되는 임대 아파트는 대개 한 동 정도의 소수 세대들로서, 다수인 그 외의 세대 및 동들에 둘러싸인 채 고립될 수밖에 없다. 또한 값비싼 아파트일수록 경비나 청소 등의 용역 인력들은 외딴섬에 갇히는 신세가 되기도 한다. 이와 같은 환경과 분위기에서는 위화감을 넘어 명백한 신분제적 위계가 설정되는데, 더욱 문제가 되는 점은 그러한 세계관이 어린아이들, 즉 사회의 모든 구성원들에게까지도 고스란히 전수될 수 있다는 사실이다.

좀 더 싼 아파트의 거주자와 좀 더 비싼 아파트의 거주자 또는 임대 동 거주자와 입주 동 거주자는 서로가 마치 생생한 타산지석의 교훈이라도 되는 양 자녀에게 경제적 – 신분제적 위계를 주입하면서 인생 목표를 잡아준다. "공부 열심히 해서 명문대학 나오고 수입이 많은 직업을 갖게 되면 저렇게 행복하게 사는 거란다. 그러니까 공부 잘하고 돈 많이 벌어서 잘 살아야 한다." "공부를 못하면 후진 대학 나와서 쥐꼬리만 한 봉급 받으면서 저렇게 불행하게 사는 거란다. 그러니까 공부 잘하고 돈 많이 벌어서 잘 살아야 한다." 이렇게 하지 않는 부모의 자녀라 할지라도, 이미 또래 집단에 보편화된 상태이기에, 머지않아 비슷한 세계관과 인생 목표를 갖게 되기 십상이다.

이러한 심각한 상황의 요인이 단순히 물질 만능주의와 개인주의 심화 등 근대 체제와 자본주의의 폐해만으로 돌려질 수는 없을 것 같다. 그 선조 격인 일본의 이지메(いじめ)야 기원과 문화적 현상으로서의 문제 제기가 꽤 오래되었다고 알려져 있지만, 한국의 왕따 문화는 21세기에 두드러졌고 거기에는 지식정보화 사회의 문제점이 주요인으로 개재돼 있다고 여겨지기 때문이다.

이제 지식정보화 사회인 21세기 한국에서 문화적 대립이 오히려 심화되는 경향의 하나로서 '정통' 대 '사이비'의 대립 구조에 관해서 논의해보려고 한다. 그리고 '정통'을 자처하는 무리들이 정통으로서의 구심력을 유지하기 위해 사용하는 핵심 기제로서의 일진 – 왕따 놀음을 분석해보고자 한다.

일진 – 왕따 문화는 극단에 위치한 소수가 절대다수를 몰아가며 통제하는 시스템이다. 일진이 왕따에게 가하는 겁박과 폭력 그렇게

해서 조성되는 공포 분위기가 그 체제를 지탱하는 동력이다. 그런 면에서 일진에게 왕따는 필수 불가결한, 존재의 전제 조건이다.

디즈니의 명작 애니메이션 〈라이온 킹(The Lion King)〉(1994)에는 소수의 비열한 일진이 겁에 질린 절대다수를 몰아가는 방식과 흡사한 상황이 절묘하게 묘사돼 있다. 동물들의 왕인 사자 무파사에게는 그의 왕위를 호시탐탐 노리는 동생 스카가 있다. 어느 날 적당한 기회를 잡은 스카는 하이에나 떼를 시켜서 거대한 누 떼를 어느 지점으로 몰아가게 했는데, 그것들에게 밀려 동물의 왕인 무파사가 무참하게 압사당하고 만 것이다. 누 떼는 자기보다 덩치나 수가 모두 작은(동물의 세계에서 덩치는 힘, 곧 싸움 능력과 대개 비례한다) 하이에나들이 조성한 공포에 질려 혼비백산하며 달아났지만, 그러는 동안에 실은 하이에나보다 더욱 무서워하던 우두머리 수컷사자를 자신도 모르게 압살시켰던 것이다(누는 사자의 주 먹잇감 중 하나이다).

이 얼마나 인간사회의 투명화한 다수에 대한 적절한 유비인가. 일진 – 왕따 시스템에서는 건전한 민주로서 '침묵하는 다수'는 정말로 침묵만 하는 다수, 아니 '방관하는 다수' 심지어는 '방조(幇助)하는 다수'로 변질되기도 한다. '침묵하는 다수'는 평소에는 소란스럽거나 유난스럽지 않지만 결정적인 상황에서만큼은 정중동(靜中動)의 섬광을 발산함으로써 사회의 균형을 잡는 순박하고 아름다운 사람들이다. 하지만 이들의 존재 근거는 공명정대하게 시행되는 제도가 약속하는 안전 보장에 있다. 그러나 이들은 '왕따'에게 가해진 '일진'들의 가혹한 본보기들을 목격하고 나면, 방관자나 방조자로 쉽게 퇴영할 수도 있는 조직화되지 못한 다수 또는 무력한 개인들이기도 하다.

거대한 누 떼를 인지하고 겁에 질려 달아나는 심바. 그러나 그 거대한 이동을 만들어낸 것은 단지 세 마리 하이에나가 조성한 공포였다(❶～❸). 무파사는 누 떼 속에서 심바를 구해내고 절벽을 올라가지만, 스카에게 밀려서 다시 누 떼 속으로 떨어지고 결국엔 죽었다(❹～❻).

게다가 그 일진들은 지식정보화 시스템을 이용하여 끊임없이 중립 지대를 파괴하는 작전을 병행하기도 한다. 이 방식은 더욱 비열하다고 할 수 있겠는데, 실상을 둔갑시킬 뿐만 아니라, 건전하고 정상적인 '침묵하는 다수'의 가치 체계를 양극단의 어느 한 편으로 몰아붙이는 결과를 배태하기 때문이다. 결국 '침묵하는 다수'는 투명화하거나 아예 신조를 바꾸기까지 함으로써 절대 다수가 머물던 중간-중립 지대는 황폐화되고 만다.

저기 이단입니다 : 유일성의 독단적 전유

현대 한국사회에서 정통 대 사이비의 대립 구조를 유지시키는 대표적인 일진-왕따 놀음으로 기독교계(개신교)의 이단 규정과 사회 전반에서 준동하고 있는 빨갱이 낙인과 그 프레임을 들 수 있다. 양자는 모두 집단적 신념 체계에 근거를 두고 나름의 논리를 전개하므로 동조 세력에게는 일정한 지지를 받기도 하지만, 헌법에 보장된 기본권(인간이 태어날 때부터 가지고 있는 기본적인 권리)을 침해할 수도 있다는 점에서 위헌적일 수 있으며, 편견이나 극단론으로 악화될 위험성도 다분히 지니고 있다. 먼저 헌법의 관련 조항을 살펴보고 얘기해보기로 하자. 다음의 헌법 제10조는 기본권 보장에 대한 포괄적 내용이고, 제20조는 종교 자유와 관련된 조항이다.

제10조

모든 국민은 인간으로서의 존엄과 가치를 가지며, 행복을 추구할 권
리를 가진다. 국가는 개인이 가지는 불가침의 기본적 인권을 확인하
고 이를 보장할 의무를 진다.

제20조

① 모든 국민은 종교의 자유를 가진다.

② 국교는 인정되지 아니하며, 종교와 정치는 분리된다.

　　제10조와 제20조를 종합하자면, 국민들은 종교의 자유를 기본권
으로 지니며, 한국은 국교가 따로 없는 정교(政敎) 분리의 국가이다.
즉 한국사회에서는 누군가가 또는 어떤 집단이 무슨 종교를 신앙하
든지간에 그 자유가 보장되며, 이는 불가침의 기본권이다. 따라서 경
전 해석상이나 교리상의 차이에 대하여 다른 종교를 이단으로 규정
하면서 그 신앙을 금지할 권리가 누구에게도 허용되지 않는다. 다만
패륜이나 가정 파괴 또는 성적 문란 등과 같이 일반적 도덕규범이나
법질서를 명백하게 위배하는 문제를 야기하는 종교 단체가 문제인데,
이들은 사회적·법적으로 이미 범죄 집단으로 규정 및 처리되기 때문
에 지금의 논의에 포함될 최소한의 자격도 없다. 이들은 이단 규정에
의한 일진 – 왕따 놀음의 피해자가 될 수 없다. 일반인의 상식선에서
납득될 수 없는 사회적·법적 물의를 일으키지 않음에도 불구하고,
'정통'을 앞세워 권력화한 종교 집단에게 이단이라는 정죄를 받는, 조
용하거나 힘없는 종교(인)들이 진정한 피해자다. 그리고 무엇보다 그

놀음의 이해 당사자가 아닌, 중립 지대에서 자유롭게 머물러 있어야 할 사람들이 가장 큰 피해자다.

무엇이 일부 기독교계 종교(인)들의 참람한 만용을 가능케 하는 것일까. 저들이 신봉하는 유일신 사상, 즉 그밖의 모든 것을 이방(異邦)의 우상 숭배로 배척하는 편협함이 우선 근거가 될 것이다. 이는 자신들이 비판해마지 않는 유대교 문제(선민사상에 입각하여 민족 종교로서의 배타적 편협성에서 벗어나지 못하고 있는 것)의 변주된 반복이기도 하다. 더욱이 저들의 이러한 논리는 앞서 언급했던바, 인간의 눈에도 함량 미달인 가짜(사이비似而非도 안 되는 정말 가짜) 종교들이 범죄를 자행하면서 둘러대는 이유의 원전이 되고 있다. 이 땅에 기독교가 처음 전파되었을 때 그 신앙을 받아들인 이들은 국가에서 제명을 당하거나 집안에서 쫓겨나기도 했다. 신법(神法)이 국법(國法)과 가법(家法)에 우선하였기에 그들은 숭고한 마음으로 기꺼이 고난을, 심지어는 죽음까지 불사하기도 했다.

오늘날 가짜 종교들도 동일한 논리를 내세우면서 부모를 버리라고 가르친다. 이를테면 부모나 가족을 위해서는 돈을 벌어본 적이 거의 없는 청소년들이 전도 사업을 한답시고 흡사 앵벌이처럼 판매용 물품들을 짊어지고 어둠의 전령처럼 도시를 배회하기도 하고, 현대판 면죄부의 판매책으로 나선 이들이 "도를 아십니까?"라는 말을 불쑥 건네면서 상당한 비용을 내고 제사를 드려 조상의 악업을 대신 용서받으라고 강권하기도 한다. 또 어떤 이들은 신 - 교주와의 성교를 통해 구원에 이를 수 있다는 교리에 따라 미모의 여성들을 물색해서 교주에게 바치는 채홍사가 되기도 한다. 하지만 이렇게 일반의 상식을 크게 벗어난 종교 활동에 나서는 사람들은 바로 그 이유 때문에 필시 부모와 가족과 친구를 버린다. 그러면서 종교 자유가 보장되지 않던 시대에 종교 박해를 당했던 순교자들과 자신들을 동일시한다.

전통 종교를 이방의 문화 현상쯤으로 비하하고 배척하는 개신교계의 태도는 격세지감을 넘어 정반대의 모순적 위선까지 느끼게 한다. 처음에 그들은 이방의 신앙을 들여왔던 까닭에 박해를 받았다. 그러나 이제는 제 스스로를 '정통'으로 절대시 – 유일시하면서 전통 종교를 이단시하는 것이다. 이는 부모와 가족을 버리라는 가짜 종교의 태도와 다르지 않다. 사랑과 봉사로 한국의 근대화에 크게 기여했던 개신교(도)들의 덕행은 백년 남짓한 기간이 경과하는 동안 희미해졌다. 대신 그보다 훨씬 더 이 땅에서 오래된 종교, 누천년 간의 민족문화를 부정하는 독선이 독버섯처럼 자라났다.

봉은사(강남구 삼성동)나 동화사(대구) 심지어는 해외(주로 불교 국가들)의 사원에서 일부 개신교도가 벌인 소위 '땅 밟기'(발바닥으로 밟는 곳은 신이 주신다는 것)나, 십자가를 들쳐 메고서는 '예수천국 불신지옥'을 외치며 대도시를 가로지르는 행위는 그 자체가 무척 비상식적이므로 논외에 둔다고 치자. 그러나 예컨대, 어느 KTX역명[울산역(통도사역)]을 두고 해당 지역의 550여 개의 개신교 교회들이 연합하여 '통도사역' 병기를 삭제해 달라며 분쟁을 일으킨 사건은 오늘날 한국 개신교계에 종교적 독선이 심각한 수준으로 만연돼 있음을 드러내는 사례였다고 할 수 있겠다.[81] 통도사는 일개 종교의 사원이기에 앞서, 신라 선덕여왕 시기(646년)에 창건된 소중한 문화유산으로서 한국 3대 사찰(합천 해인사, 순천 송광사와 함께) 중 하나이다. 따라서 그들의 행위는 외래 종교 및 문화를 유일시하는 근본주의의 표출이자 자신의 근본마저도 부정하는 행위라는 점에서 패륜이라고 하지 않을 수 없다.

저들의 일진 – 왕따 놀음은 전혀 종교적이지도 않다는 점에서도 큰 문제이다. 종교(宗敎)는 말 그대로 최고의 가르침, 인간으로서는 결코 도달할 수 없는 영적 차원과 세계에 대한 탐구이다. 평생을 궁구하더라도 인간은 그 오묘한 이치를 제대로 깨달을 수가 없다. 따라서 진실한 종교라면 언제까지나 열린 체계를 견지해야 정상이다. 토론이 봉쇄되었다면 진지한 종교성은 상실된 것이다. 그러나 타 종교를 이단으로 정죄하며 낙인을 찍고 사회적으로 격리시키고자 하는 태도에서는 토론의 가능성이 애초에 봉쇄될 수밖에 없다.

한국 출신으로 북미에서 활동했던 종교학계의 석학 오강남에 따르면 상당히 많은 그리스도인(개신교도)들이 다음과 같은 것을 믿고 있다고 한다.

> 첫째, 성경만이 하느님의 유일한 계시로서, 그것은 일점일획도 틀림이 없다.
> 둘째, 예수만이 유일한 구세주로서 그를 구주로 믿고 받아들여야만 구원을 받을 수 있다.
> 셋째, 기독교만이 유일한 참 종교로서 세상 사람을 모두 그리스도인이 되도록 하기 위해 선교에 전력을 다해야 한다.
> 넷째, 우리 교회에서 가르치는 신학만이 유일한 진리로서 종래까지의 신학을 재검토하고, 그것을 더욱 의미 있게 재구성하려는 노력,

특히 역사비평적으로 성경을 이해하려는 진지한 노력 같은 것은 모두 거들떠볼 것도 없이 '인본주의 신학'이나 '자유주의 신학'이라 규정한다.[82]

위 인용문에서 눈에 띄는 점은 흥미롭게도 모든 항목을 '유일한'이 관통하고 있다는 것이다. 이는 앞서 지적했던바, 유일신 사상 그러니까 자신들이 비판했던 유대교 신조(beliefs)의 변주와 다름없다. 따라서 예수와 신약성서를 수용함으로써 그 신앙인들이 유대인을 넘어 이방인으로 확대된 것이 두드러진 차이일 뿐, 신앙(faith)의 태도 – 신조는 유대인과 흡사하게 근본주의적 편협성과 배타성을 띤다. 하지만 정작 예수가 개신교의 '예수' – 구세주가 되는 까닭은, 그가 당시 유대(교)인들의 근본주의적 신조를 혁파했기 때문이다. 자신들만이 선민으로서, 자신들에게만 복음이 전해졌고, 자신들만 그 유일신을 섬기며, 자신들만이 구원받아 지상 천국을 건설하게 된다는, 그 절대적 편협성과 배타성을 말이다.

예수는 유대교의 핵심인 랍비와 바리새인 등에게 이방인들과 교유했다고 지탄을 받았으며, 율법을 어기고 안식일에 일했다고 비난을 받았고, 종국에는 야훼(하나님)의 아들을 사칭했다며 십자가형에 처해졌다. 그리고 예수는 이러한 개혁적 신앙관을 전파하는 과정에서 당연히 수많은 토론을 하였다. 오늘날 토론을 거부하고 타 종교·종파를 이단으로 단죄하는 일에 몰두하는 한국의 일부 개신교(도)들은 이천여 년 전의 예수의 가르침 — 자신들의 편협한 해석과 견해를 유일시하는 신조로서의 — 을 근본주의적으로 사수하려고 한다는 점에서 역설적이게도 진정한 예수교도들이 아니다.

신앙(faith)과 신조(beliefs)는 엄정하게 구별될 필요가 있다. 신앙은 인간이 자신의 한계를 깨닫고 이를 초극하려는 마음가짐이라면, 신조는 신앙을 개별적 환경과 지성에 따라 나름대로 이해하여 표현한 특수한 설명 내지 신념의 체계인 까닭에서다. 따라서 동일한 신앙에 대해서도 상이한 신조들이 생겨나며, 그러한 특수한 신조들 간에서 어떠한 신조(종교·종파)가 신앙의 정통을 주장하며 다른 신조(종교·종파)를 이단시하는 것은 어불성설이 된다. 문제는 오늘날 한국 개신교에서는 이러한 오류가 마치 참 신앙인 양 일반화돼 있다는 점이다. 그러나 이런 식의 근본주의적 태도는 '미국에서 그리고 미국 선교(사)들의 영향을 받은 가난하고 교육 수준이 낮은 나라'에서만 서식하고 있을 뿐 서유럽 같은 데에서는 거의 찾아볼 수 없는 기현상이라고 한다.[83]

한국사회의 개신교계에는 매우 특수한 신조를 절대 기준으로 삼아 특정 종교 및 종파를 단죄하고 고립시키는 문화가 유난히 발달돼 있다. 게다가 이러한 폐단은 21세기에 들어 오히려 확대 재생산되고 강화되고 있는 형편이다. 전래 초기부터 현재까지 한국 개신교에서는 이러한 식의 잘못된 근본주의가 일관되게 주류를 형성해왔는데, 지식정보화 사회에 들어 그 오류 전파의 속도와 범위 그리고 그 양이 급속히 증가했기 때문이다. 역시 토론은 이뤄질 턱이 없으며, 소통점이 전혀 없는 주장들이 극단에서 서로를 향해 일방적인 언어적 총질을 해대는 상황만 빈번해지고 있다. 이런 과정에서 개신교(도)들의 일방적 자신감은 더욱 상승되고 집단적 우경화도 심화되었던 것 같다. 게다가 당시 대통령(이명박)은 서울시장 때부터 '서울시를 하나님께 봉헌'하겠다는 등(2004년 5월 31일), 종교적 독선을 노골적으로 드러내왔던 위인이기에 개신교(도)들의 기세는 더욱 등등해졌던 것으로 보인다. 아닌 게 아니라 앞에서 언급했던, 독선적이다 못해 지극히 비상식적이기까지 한 사건들은 모두 21세기 이명박의 대통령 재임 기간에 처음 나타났거나 두드러졌던 일들이다.

그 결과 21세기 한국사회에서 개신교(기독교)는 '개독교'라는 차마 웃지 못할 별칭을 얻고 말았다. 지식정보화 사회에서 맘만 먹는다면 얼마든지 쟁론 이전에도 다른 종교 및 종파에 대한 정보를 얻을 수 있으며, 배워야 할 장점도 알 수 있다. 그럼에도 불구하고 결코 그 맘을 먹지 않는 까닭에, 상대를 진지하게 알려는 노력을 거의 하지 않는 까닭에, 그 막대한 인터넷 – 컴퓨팅의 정보·지식의 바다는 편견과 오류 투성이의 쓰레기더미로 뒤덮이게 된다. 제대로 알아보려는 노력은 하지도 않으면서 떠드는 일, 나아가 상대를 비방하거나 희화화하여 모욕감을 주는 일을 즐기기 때문이다. 반면에 쓰레기더미에 밀려난 성실한 정보와 지식은 심해로 계속 침몰하여 모래 속의 진주가 된다.

대립은 더욱 더 심화되고 있지만, 사태의 심각성을 인식하고는 있더라도, 극단에 처해 있는 입장들을 매개해야 할 중립 지대는 심각하게 훼손돼 있는 상태다. 그러므로 화해와 공존의 하모니를 생성해내기는 점점 더 곤란해진다. 21세기 문화적 혼종성(cultural hybridity)의 시대답게 지도자급의 회합은 늘어가는 추세 같은데, 정작 삶과 실천의 세계에서 대립은 점점 더 고조되고 있는 듯하다. 전체적으로는 기독교(개신교) 대 반 기독교 구조이지만, 비종교인들까지 극단의 한편에 서도록 강요당하는 형국이다.

개신교(도)들은 한국사회의 제 영역에서 집단적 위세를 더욱 강화하고 있다. 이것은 바꿔 말하면 개신교(기독교)와 대립해서 좋을 게 없다거나 저들과 대립하는 사람들은 이단으로 내몰린 종교(인)들처럼 다칠 수 있다는 대(對) 사회적 신호이다. 예전에는 교리가 빽빽이 적혀 있는 '전도지'를 들고 찾아왔던 저들이지만, 요새는 교회의 인프라와 문화 프로그램을 앞세운 '전단지'를 뿌리는 저들이다. 한번 신앙을 가져보라는 진지한 투가 아니다. 저들에 껴서 이득을 볼 수 있다는 식인 것이다.

자본주의 사회, 신자유주의 경제 체제의 흐름과 아주 똑같다. 하나의 대형마트가 입점할 때 수백에서 수천 개의 소매점 및 영세업자들이 문을 닫는다고 한다. 교인들의 각종 헌금들과 과도한 부채를 끌어 모아서 사업에 투자하듯이 번듯한 대형 건물을 세움으로써, 군소 교회나 타 종교 시설들을 흡수하는 것이다. 그러면서도 결코 면세 혜택은 포기하지 않는다. 실은 종교 사업을 하면서 비영리 조직 및 성직자 행세를 하는 것이다. 따라서 그 대형 교회의 당회장(대표 목사)들은 권력 지향적 제스처에 상당히 능한 편이다. 국가를 위한 이런저런 기도회는 그렇다고 치자. 왜 저들은 안보를 위협하는 빨갱이, 우상 숭배하는 일본의 침몰, 애국을 강조하는 대기업 세일즈 같은 얘기들을 스스럼없이 그것도 빈번히 꺼내곤 하는가. 필자의 생각으로 그것은 정권과 금권에 보내는 '당신들과 우리 - 교회는 한편'이라는 시그널이다. 그리고 여기에 반(反)하는 자들은 가차 없이 이단 - '왕따'로 내몰리게 되는 것이다.

철마는 달려야 한다 : 대공 시점 이동의 필요성

그러므로 이들의 편협성과 배타성이 '빨갱이' 낙인과 프레임으로 마치 손바닥을 뒤집듯 쉽고 자연스럽게 전환되기도 하는 것은 차라리 필연일지도 모른다. 한국 개신교가 평안도 그러니까 북한 지역으로 먼저 들어왔으므로, 분단 이후 개신교(도)들이 강력한 반공 이데올로기를 지니게 되는 정황은 이해 못할 바가 아니다. 하지만 약 두 세대가 지난 지금도 일부에서 여전히 극단적인 국가관을 고수하면서, 북한에 상대적으로 개방적·전향적인 사회 구성원들을 빨갱이, 즉 한국사회의 왕따로 몰고 가려는 태도에는 잘못된 근본주의적 종교관이 그대로 투영돼 있다. 빨갱이 프레임과 결탁함으로써 일부 근본주의적·보수적 개신교(도)들은 더 탄력을 받았으며, 극우 세력들과 공생적 양태를 띠기도 했다.

이 일진 – 왕따 놀음은 이단 놀음에 비해 더 쉽고 사회적 파장과 영향력이 크다. 어쨌든 한국 국민 모두가 참여자가 되는 놀음이기 때문이다. 따라서 왕따에 처해지는 빨갱이들을 생생한 본보기로 끊임없이 제시하는 게 핵심적인 놀음의 원리가 된다. 일일신우일신(日日新又日新)해도 충분하다고 할 수 없는 신앙 태도 – 신조를 화석처럼 굳힘으로써 이단 놀음이 가능했듯이, 이 빨갱이 놀음에서도 근본주의적 태도는 동일하게 나타난다. 6.25 동란 후, 남북 휴전과 상호 대치 후에 정세와 환경은 끊임없이 변해왔지만, 그 절대적 관념은 마치 멈춰서버린 경의선 철마(鐵馬)처럼 바로 그 1950년대의 시점(時點 그리고 視點)에 그대로 머물러 있는 형편이다. 따라서 '철마는 달리고 싶다'가

위_ 신탄리역에 세워졌던 푯말(1971년)
아래_ 백마고지역이 연장되면서 푯말도 좀 더 북상했다(2012년)

통일을 향한 절실한 신념과 민족적 소망이 담긴 표현인지, 아니면 분단 상황을 정략적으로 이용하는 이들에게 유용한 낭만적 구호인지 헷갈리기도 한다.

최근 헌법재판소에 의해 선고된 통합진보당 해산 결정(2014년 12월 19일)은 21세기 한국사회에 여전히 빨갱이 프레임을 씌워 벌이는 일진 – 왕따 놀음이 건재하고 있음을 보여준 사건이었다. 이는 호불호의 문제가 아니라 자유민주주의 체제의 근간, 다소 속되게 표현하면 게임의 규칙을 위배한 사건이었다. 대한민국은 우리가 익히 알고 믿어 의심치 않듯이 자유민주주의 국가이다. 따라서 국민은 자신의 의사와 양심에 따라 특정한 사상이나 생각을 따를 수 있고 표현할 수 있다. 우선 관련 헌법 조항을 살펴보도록 하자.

제19조

모든 국민은 양심의 자유를 가진다.

제21조

① 모든 국민은 언론 · 출판의 자유와 집회 · 결사의 자유를 가진다.

② 언론 · 출판에 대한 허가나 검열과 집회 · 결사에 대한 허가는 인정되지 아니한다.

③ 통신 · 방송의 시설기준과 신문의 기능을 보장하기 위하여 필요한 사항은 법률로 정한다.

④ 언론 · 출판은 타인의 명예나 권리 또는 공중도덕이나 사회윤리를 침해하여서는 아니 된다. 언론 · 출판이 타인의 명예나 권리를 침해

여기에서 '양심의 자유'란 자신의 양심을 그대로 드러낼지의 여부가 개인의 자유의사에 맡겨져 있다는 의미이다. 그리고 제21조의 각 항들은 개인과 조직에게 표현의 자유를 분명히 '보장'하고 있다. 단 타인이나 공중도덕 또는 사회윤리를 침해하지 않아야 한다는 상식 수준의 단서가 달려 있다. 즉 물증이나 저간의 언행에 비춰봤을 때 분명 마음에 안 드는 사람, 적대시하고픈 집단이라고 할지라도 그(들)에게 특정한 정체성의 고백이나 인정을 강요할 수 없는 것이다.

그러나 바로 지금 한국사회에서는 이상의 헌법을 깡그리 무시했다고 할 수밖에 없는 판결과 선고가 나왔다. 소위 '종북 빨갱이'로 단죄되어 이적(利敵) 단체의 혐의를 받은 한 정당이 해산되고 소속 국회의원들의 직이 박탈되는 중대한 사건이 발생한 것이다. 빨갱이 대 노(No) - 빨갱이 프레임 내부에서는 어떻게 인식될지 모르겠지만 이 상황은 필자의 눈에는 한편의 부조리극과 같다. 왜냐하면 이 사건은, 특정 정당이나 그 구성원들의 안위가 달린 문제이기도 했겠지만, 그와는 상관없이 아니 그보다 훨씬 더 근본적인 민주의 근간을 헤집어놓은 것이었기 때문이다.

이제 우리는 정권이 싫어하는 말이 생각날 때에는 '대나무 숲'으로 올라가야 할지도 모르는 형편에 처했다고 할 수 있다. 이와 같은 법 해석 및 적용의 유연성(?)을 보이는 '국가보안법'이라면 얼마든지 창조적 탄압의 도구로 이용될 수도 있다는 우려가 강하게 들기 때문이다. 아닌 게 아니라 과연 이번 심판에 강한 영향을 미친 것으로 의

심되는 일은 지난 대통령 선거 토론회에서 통합진보당 후보로 나섰던 이정희의 태도이다(이에 대한 더 이상의 추론은 하지 않겠다).

그런데 이 시점에서 진지하게 회의되어야 하는 문제는 정략적 이용의 가능성에 취약한 국가보안법의 개정 또는 폐지에 관한 것이다. 구체적 법 조항의 세세한 판단에 관해서는 차치하고 그 법이 오늘날 대한민국의 안위에 얼마만큼 필수적인지에 관한 진지한 토의가 이뤄질 필요가 있다고 생각한다. 적어도 남북의 대치 및 체제 경쟁은 남한의 일방적인 우세로 끝난 상태이다. 또한 과거처럼 북한 동조 세력이 사회를 위협할 만한 수준으로 암약하지도 못하는 형편이다. 아무리 불안감과 공포를 조성하고 사회적 혼란을 야기한다손 치더라도 이 정보와 지식의 대명천지에서 북한 체제의 손을 들어줄, 그 세력의 선동에 놀아날 사람들이 오늘날 대한민국 사회에 과연 있겠느냐는 것이다.

대통령은 최근에 북한이 언제 붕괴될지 모르니 통일을 준비할 필요가 있다는 얘기를 관련 부처에 했던 것으로 알려져 있다. 그 인식이 허위가 아니라면 국가보안법은 시급히 현재의 햇빛을 보고 시대에 맞는 모양으로 존속 또는 소멸할 수 있도록 논의되어야 하지 않을까 싶다.

이상의 논의를 통하여 우리는 '정통 | 사이비'라는 문화 도식 및 그로 인한 대립 양상이 실은 시대와 동떨어진, 좀 더 본원적으로 얘기하자면 인간의 기본 성정과 맞지 않는 일이라는 사실을 깨닫게 된다. 더군다나 한국사회는 남과 북이 대치하는 상황이 지속되고 있는 까닭

에 오늘날까지 여전히, 그리고 지구상에서 거의 유일하게 냉전 시대의 옷을 입고 있다. 그러나 그 입장이 내부를 결속하여 외부로 향하는 힘이 되는 게 아니라, 오히려 내부의 틀 짓기와 구별 짓기의 용도로 작동하는 현실은 심각한 문제가 아닐 수 없다. 그래서인지 그때그때 요청되는 시대 문제에 깊숙이 개입하여 극단으로 내몰리고 탄압을 받아가면서도, 국민들의 주체적 씨알(민중)로의 거듭남과 개성적인 멋을 지닌 한국(사)상 구현의 길을 초지일관하였던 함석헌(咸錫憲, 1901~1989)의 다음과 같은 메시지는 오늘 이 시점에서 더 의미심장하게 다가오는 것 같다.

역사의 모든 일, 그 일을 하는 모든 사람은 다 서로 떨어진 것이지만, 또 떨어진 것이 아니다.
서로 다르면서도 하나를 이루는 무엇이 있다. 그 무엇 때문에 한 역사를 이룬 것이다.[84]

V형 사회,
극한 대립 구조의
사회물리학적 모형과 분석

너희 섬길 자를 오늘날 택하라
오직 나와 내 집은 여호와를 섬기겠노라.
― 『여호수아서』 ―

가리어진 길,
근본주의적 강경론이 득세하는 까닭

세 번째 장에서의 실제적인 분석들을 거쳐 오는 동안 우리는 21세기 한국사회에서 문화적 대립이 그 어느 때보다 극한적 양상으로 구조화되고 있음을 확인하였다. 그것은 3절(중심 | 주변)을 기준으로 하여 1~2절(전문 | 비전문, 고급 | 대중)은 견고했던 대립이 약화되는 흐름 가운데 건재하는 양상이고, 4~5절(순수 | 잡종, 정통 | 사이비)은 더 고질화되는 양상이다. 그리고 3절은 두 양상에 걸쳐져 있었다. 다섯 개의 대립 항들은 그 방향이나 강도에서 스펙트럼상의 위치가 상이한 것이다. 그럼에도 불구하고 전체적으로는 극한 대립의 양상을 띠게 되는 까닭은 인간의 정체성과 밀접한 4~5절의 양상, 특히 5절의 '정통 | 사이비' 대립이 전체적인 분위기와 대립 양상들의 구조화를 견인하고 있기 때문이다.

기존의 견고한 체계가 섞이고 와해되는 상황에서 앞날에 대한 전망이 불투명할 때, 무엇보다 먼저 그리고 반드시 고개를 쳐드는 것이 근본주의적인 강경론이다. 합리적인 생각들은 당연히 특정한 색을 선명하게 띠지 못하며 뚜렷한 입장을 드러내지 못한다. 이러한 상황을 틈타 강경론은 점차 세를 불리고 사회문화적 담론의 지도적인 위치를 점해 나간다.

현재 한국사회의 문화적 대립 양상들이 극한적으로 구조화되고 있다는 것은 바로 이 근본주의적 강경론이 득세하고 있다는 의미다. 이 상황은 분명한 모순이다. 또한 그 견해 자체 및 그것의 처리 과정에는 수많은 문제들이 내포돼 있기 때문에, 이성적 판단이 작동하면 쉽게 되돌려질 것으로 생각되겠지만 실제로는 그렇지 않다.

이는 앞서 논의했듯이 어떤 근본주의적 강경론에 의하여 형성된 강력한 사회적 자기장에서 개인들이 이성적으로 판단하여 자신의 입장을 결정하거나 변경하는 게 아니라, 집단의 영향을 받아서 생물학적(무의식적·본능적·자동적)으로 이끌려가기 때문이다. 그 현상을 이 책은 '모방의 나비효과'로 개념화한 바 있다. 또한 끌려가지 않는 경우에도 이성이 정상적으로 작동된 것은 아니었다. 그들에게서 나타난 두뇌 활동은 주로 감정의 영역에서 이뤄졌던 것이기 때문이다.

이처럼 이성적 판단이 제대로 작동되지 못하는 상황은 그 사회에 극한 대립의 구조를 형성시킨다. 그 구조는 다음과 같은 'V형 사회'의 모형으로 도해될 수 있다.

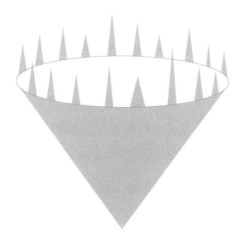

① V형 사회의 모형

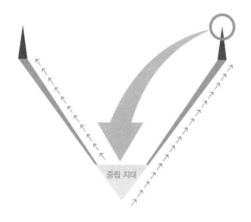

중립 지대

② 사회적 원자들의 운동

'①'은 사회 구조를 전체적으로 추상화한 것이며, ②는 특정한 대립 구조에서 일어나는 강경론의 작동에 의한 사회적 원자들(개인 또는 소집단)의 운동을 단순하게 나타낸 것이다.

V형 사회는 중립 지대가 극소화된 사회로서 뒤집힌 원뿔의 형상으로 그 구조가 표현될 수 있다. 상단의 원형은 사회를 추상화한 것인데, 그 위에 불규칙하게 솟아 있는 삼각형들은 대립의 구조들을 형성하는 여러 입장들을 나타낸 것이다. 상단의 꼭짓점이 날카로울수록, 즉 그 내각이 작을수록 사회적 접점이 좁은 강경론이 된다. 또한 원뿔 꼭짓점의 각은 극한 대립의 강도를 나타낸다. 상대적으로 더 좁으면 더 극한적인 대립 구조를 나타내는 것이다.

'②'는 '①'의 한 단면, 즉 한 대립 구조와 그 안에서 발생하는 사회적 원자들의 운동 양상을 나타낸 것이다.[85] 양극단의 강경론 중 우측이 작동했다고 가정하여, 그것을 중립 지대를 공격하는 굵은 화살표로 나타냈다. 이는 앞선 절의 제사로 제시했던 아리스토텔레스, 『니코마스 윤리학』의 가르침인 "어느 한 극단에 속하는 사람들은 중간에 있는 사람들을 다른 극단 쪽으로 밀어낸다"(제2권, 제8장)를 적용하고 확대 해석해본 것이다.[86]

극단에 있는 강경론의 공격 방식은 다음과 같다. 그들은 물론 다른 극단을 공격하지만, 중립 지대 혹은 그와 가까운 스펙트럼 상에 위치한 입장들을 공격한다. 각각의 공격 방식과 효과는 상이하다. 다른 극단에 대한 공격은, 그 사회가 완벽한 파쇼 독재 사회가 아닌 한, 오히려 가열하지 않다. 역설적이게도 두 극단은 상호 공존의 파트너 역할을 할 때가 적잖기 때문이다(잠시 후 도해해 보이겠지만 이는 북한 내부에서의 대립 구조와 남한 대 북한의 대립 구조가 완전히 다른 양상으로 나타나는 것과 사정이 같다). 그보다 매파들은 자기편으로 확신되지 않는 중간 및 그 이하의 자기 쪽에 치우쳐 있는 이들을 다른 극단이라는 혐의를 씌워서 계속 몰아붙인다. 쉽게 말하면, 맘에 안 들거나 자기와 다른 입장을 표명하는 사람을, 이유 불문하고 '빨갱이'로 몰아붙이는 식이다.

그 효과는 '②'의 화살표들로 설명될 수 있다. 반대편(좌측 사면)으로 올라가는 화살표는 퇴로가 차단됐을 때(역시 이성적 판단의 결과로 오해되어서는 안 되겠다. 감정이 상했거나 마땅한 선거구 또는 자리 또는 친구가 없을 때 등과 같은 문제들이다) 나타나는 운동으로서 그대로 밀려서 다른 편으로 가는 것이다. 자기편으로 올라오는 운동은 우측 사면의 바깥쪽에 그려진 화살표들로 표시되었다. 그들은 채찍과 함께 당근을 받았기 때문에, 즉 출구가 마련되었으므로 중립 지대를 빠져나와서 더 강경해진 입장을 갖게 된다. 따라서 이 경우에 받은 공격과 '재무장'은 일종의 위장이요 기만이라고 할 수 있으며, 우리는 이러한 변신 아닌 변신들을 많이 목격한다.

V형 사회는 정말 재미없고 비열한 사회이다. 이 사회에서 국민들은 우민 취급을 받게 될 때가 많은데, 그것은 당시의 정치 리더가 훌륭하다는 의미가 전혀 아니다. 마찬가지로 그때의 국민들 또한 어리석다는 의미로 확대되어서도 안 될 것이다. 그 정치꾼이 혹시라도 유능하다면, 그것은 바로 이 사회적 원자들의 운동을 자신의 의도대로 끌어가는 직관과 힘, 무엇보다도 운이 좀 더 있다는 정도이다.

좀 더 양심적이고 순수한 정치가에 조금 의지할 수 있으며, 결국 믿을 수 있는 것은 진정한 주권자로서의 국민, 그 주체적 자아들의 자생적 운동뿐이다. 앞서 논의해왔던바 이 고착화돼가는 양상은 가능한 한 빨리 방향 전환되어야 할 필요가 있다. 우선 논의를 위한 모형들을 도식화해보도록 하겠다.

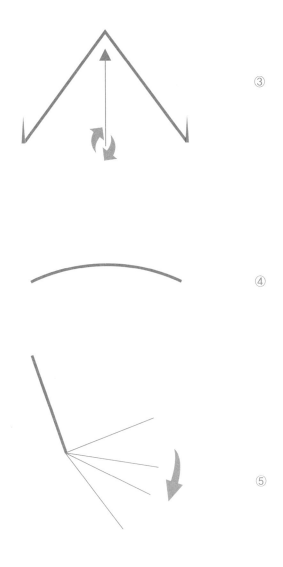

③

④

⑤

③은 갑자기 중립 지대가 상승한 경우를 나타낸 모형이다. 한국 현대사에서 이렇게 설명될 수 있는 사례는 김영삼 정부의 초기 상황이다. 김영삼은 자신과 그 정부를 32년 만에 탄생한 문민 대통령, 문민정부로 규정하면서 군사 문화 청산과 사회 제 분야에서 개혁 조치를 단행하였다. 취임 당일 그동안 통행금지 구역으로 묶여 있던 청와대 앞과 인왕산 길을 개방하였고, 하나회 청산, 공직자 재산 공개, 금융실명제 실시 등의 조치를 취하였다. 그 과정에서 비리가 드러난 이들이 구속되거나 자리를 잃기도 하였다.

또한 역사 바로 세우기에 힘썼으니, 정권의 정통성을 임시정부와 광주민주화운동에서 찾고자 했고, 4.19는 의거에서 혁명으로 5.16은 혁명에서 군사쿠데타로, 12.12는 하극상에 의한 군사쿠데타로 재규정되었다. 그리고 전두환·노태우 두 전임 대통령의 비리 혐의가 고발되자 그들을 구속·수감시켰으며, 5.18 특별법을 제정하여 광주민주화운동의 명예를 회복시키고자 하였다. 이와 같은 일련의 군사 문화 청산과 개혁 조치로 인해 그에 대한 국민 지지도는 한때 90퍼센트를 상회하기도 했다.

이와 같은 급속한 개혁 조치들은 중립 지대에 대한 열망을 그대로 반영한 것이었으므로, 양 극단의 존재 여부와는 상관없이 V형의 반대 구조를 나타낼 수 있었다. 그러나 그 상태가 계속될 수만은 없는 것이었다. 중립 지대에 직접적으로 소구되면서 그들의 동조를 이끌어낼 수 있는 정책은 한정돼 있게 마련이다. 그러나 김영삼 정부는 초기의 달콤한 추억을 잊지 못하였으므로 국가 운영의 기조와 전략을 재수립하고 수행하는 일을 제대로 하지 못하였다. 따라서 시간과 계기들을 기

마니아마추어의 시대가 온다

다리면서 진지하게 토의되고 설득해야 할 일들이 일관성 없이 추진되고 번복되고 또한 즉흥적으로 추가되고 빠지는 경우가 빈번해졌다.

일종의 개인기였다고 할 수 있었던 개혁 조치들은 중간 중간에 과거 군사 정권 관련자 및 그 소수 지지층의 반발을 사기도 하였으며, 일부 조치와 정책들은 후퇴하기도 했다. 결정적으로는 세계 경제 환경에 대응하는 과정에서, 적절한 전략을 구사하지 못했고 중립 지대의 입장에 반하는 정책을 독단적으로 시행하기도 했다. 그 결과 천정부지로 치솟았던 대통령의 지지도는 곤두박질쳤으며, 강력해 보이기만 했던 중립 지대의 한목소리는 위축되고 분열되었다. 이를 틈타 잠재돼 있던 극단 세력들은 다시 소생할 수 있었다. 말하자면 이승만·박정희에 대한 인정을 요구하였으며, 전두환·노태우는 감형과 사면을 통해 사형과 무기징역에서 시작되었던 운명이 아무 일도 없는 것처럼 되돌려졌다. '③'에 달린 방향 전환 표시는 개인기에 의해 본래 속성과는 다르게 한껏 고무되었던 중립 지대가 금세 붕괴될 수 있는 허약한 구조물이라는 점을 나타낸다.

'④'는 매우 이상적인 사회의 모형으로서 바람 빠진(flat) 타이어의 형상이다. 전체적으로 아주 완만하며, 입장의 극단적이거나 강경한 표명이 없으므로 자유로운 횡단과 승강(乘降)이 정해진 게임의 규칙 아래에서 보장되는 사회이다. 그러나 이는 지극히 공정하고 정의로운 사회, 그 결과로서 주어지는 자유이다. 모든 사회는 그 구성원들이 품고 있는 욕망의 총합에 상응하는 갈등과 대립이 생성되기 마련이다. 중요한 것은 갈등과 대립이 없는 게 아니라, 그것들을 수월하게 풀어주는 공정과 정의 그리고 그 체계에 대한 신뢰이다. 따라서 '100

퍼센트 대한민국' 같은 표현은 사람살이와는 전혀 상관없는 '99.9퍼센트의 항균 효과'와 흡사한 산업용 구호이다. 그런데 공산품보다 더한 100퍼센트라니, 전체주의적 발상이라는 지적을 받는 것도 일리가 있다(실제로 산업 표준에서 99.9퍼센트와 99퍼센트는 그 기능과 효과 면에서 10배가량의 큰 차이가 날 수 있는 수치이다).[87]

'⑤'는 전제적인 독재 정권 하에서 생성되는 전체주의 사회의 모형이다. 이것은 V자 모형의 한 축이 지속적인 공격을 받은 나머지 회복 불능한 수준으로 꺾여버린 사회이다. 대립의 양상이 발생조차 불가능한 정말 100퍼센트 사회이다. 단 하나의 입장이 모든 선함과 정대함, 그 밖의 온갖 사람살이의 알파와 오메가, 즉 유일신이 되는 것이다.

근대사에서 이러한 구조가 거의 완벽하게 구현된 사회는 아마도 북한이 유일하지 않을까 싶다. 그래서인지 한국사회에는 과거 저들과 체제, 문화, 군사력, 선무방송, 국기게양대 경쟁 등을 줄기차게 벌여왔던 것처럼, 오늘날까지 저들에 대한 반대 자체를 제 영역의 초월적 가치(meta dogma)로 내세우면서 절대시하려는 사고방식과 풍조가 상당하게 잔존하고 있는지도 모르겠다. 이를테면 마치 과거 '국민학교(초등학교)'에 마치 교훈처럼(차라리 '국훈'인 양) 건물 외벽에 큼지막하게 새겨져 있던 '반공'과 '방첩'은 오늘날 사라졌지만, 암약하는 간첩을 색출하는 듯한 눈초리와 기세로 자신에게 반대하는 사람(물론 북한과는 전혀 상관없는)에게 '빨갱이' 딱지를 붙이는 관습은 아직도 사회의 고질병처럼 남아 있는 것이다.

현재의 한국사회가 V형 구조를 나타내고 있다는 게 지금까지의 논의를 통해 얻은 중간 결론이다. 따라서 그에 적합한 개선과 조정 작업이 필히 요청된다고 하겠는데, 이 책은 그 길을 두터운 중립 지대(21세기의 '침묵하는 다수')의 자생적 회복에서 찾으려고 한다. 왜냐하면 이미 설명했듯이 V형 사회는 집단에 대한 추종 아니면 그에 대한 감정적 반발의 두 가지로 태도가 수렴되는, 그러니까 합리적 이성이 제대로 작동될 수 없는 사회이기 때문이다.

따라서 어떻게 싸우는가가 문제가 아니라 이 무의미한 싸움에서 어떻게 벗어나는가가 중요하다. 현대 한국사회의 주요한 갈등과 대립은 제 스스로를 정통으로 설정하고 그 여집합을 필요에 따라 빨갱이로 몰아가는 전선 없는 전쟁, 적어도 작은 꼬투리를 무한대로 증폭시키는 작위적 소모전의 양상을 띠고 있기 때문이다.

우리는 지금까지의 논의에서 이 기만적인 전선이 '정통 | 사이비'에서뿐 아니라(이 자체도 물론 충분히 엉터리이지만), 그와 거리가 멀어 보이는 '전문 | 비전문'이나 '고급 | 대중'의 대립 항에서도 준동할 수 있음을 확인하였다. 이러한 대립 구조는 혁파되어야 하는데, 그 일차적 책무 집단인 현재의 야당 정치 세력은 무기력하기만 하다. 그들 역시 이 말도 안 되는 전선에서 벗어나지 못하고, 성립되어서는 안 되는 싸움에 끌려가고 있기 때문이다. 그들이 최우선적으로 해야 할 일은 애초에 잘못 정위된 전선을 무화시키는 것이다.

하지만 그들은 무엇에 겁을 먹고 있는지, 아니면 정말 '빨갱이'라는 것인지 당당하고 준엄한 전선 해체 작업을 감행하지 못하고 있다. 오히려 자신들 역시 도덕적 문제를 적잖게 노출하면서 우왕좌왕 갈팡질팡하는 모양새이다. 물론 자신들 위주로 사법 처리가 가해지므로 대단히 불공정한 상황인 것은 사실이지만, 전선의 전체 구조를 하감하지 못하는 까닭에 '정치 탄압'이라는 틀리지는 않지만 작은 파문도 일으키지 못하는 물 제비 뜨기만 하고 있는 것이다.

굵직한 국가적 위기와 사회적 문제가 적잖았음에도 불구하고 현재의 야당이 무기력하기만 한 상황 자체가 이 잘못된 전선의 또 다른 증거이다. 그들은 진보나 좌파라는 개념 부여가 무색하리만큼 지극히 보수화돼 있다. 알량한 권력의 맛에 취한 것인지, 잘못된 전선을 그대로 둔 채 오히려 그것을 기반으로 자신들의 위치를 설정하고 앞날을 조망하는 꼴이다. 제1야당은 말할 것도 없고 대중과 더욱 밀착된 위치설정이 돼 있어야 할, 진보 색채를 표방하는 정당들에서도 불공정한 이권과 권위주의적 행태가 노출되고 있다.

따라서 현재 한국의 진보 세력은 잘못 정위돼 있는 한국 정치사의 스펙트럼에서 극좌 빨갱이로 내몰리는 데에다 도덕적 타격까지 입게 됨으로써, 본래는 대부분 그들과 한배를 타야 했던 절대다수 대중들의 다른 편으로 인식되고, 사회적 왕따와 분노의 대상으로 전락하고 말았다. 그 결과 오늘날의 한국사회는 전반적으로 저 캔자스(Kansas)의 양태를 띠게 되었다.[88] 빈자가 부자(재벌 대기업)를 걱정하고, 그것을 국가의 존망에 연동시켜 사고하며, 신자유주의와 무한경쟁의 보루를 자처하는 것이다. 물론 자신들이 무슨 일을 하는지 잘 알지도 못하는 채로. 왜냐하면 그에 반대하면 나라를 망치는 빨갱이가 된다는 위장된 정통의 논리를 모방하면서 부지불식간에 사회적으로 학습돼버렸기 때문이다.

이와 같은 상황에서 우리를 책임질 사람은 우리밖에 없게 되었다. 이 책은 우리 대중 각자가 잘못된 대립 구조를 무화시키는 주도 세력이 되어야 한다고 주장한다. 그것은 대단한 능력이나 이론으로 무장하는 게 아니라, '마음만 먹으면' 가능할 수도 있는 지식정보화 사회의 지성인으로 변모하는 것을 의미한다. 인터넷 – 컴퓨팅 시스템 상의 표층에서 물 제비 뜨기 놀이만 할 게 아니라, '마니아마추어'가 되어 주체적으로 정보·지식의 바다를 자유롭게 유영해보자. 대립의 이쪽 저쪽도 다녀보고 때로는 그것들을 탐구해보기도 하면서 21세기 식의 침묵하는 다수가 되어 문화적 중립 지대를 구축해보자는 것이다.

이제 이어지는 장의 논의를 통하여 마니아마추어의 탄생 배경과 특성 그리고 그들의 시대적 의미와 사회적 역할에 관하여 얘기해보도록 하겠다.

마니아마추어,
문화의 대립 구조들을
횡단하며

❖❖❖

예로부터 공부에는 다섯 가지가 있었다(박학博學: 널리 배움, 심문審問: 자세히 물음, 신사愼思: 신중히 생각함, 명변明辯: 밝게 변별함, 독행篤行: 독실하게 행함). 오늘날 공부는 단 한 가지 박학뿐이다. 심문 이하는 마음에 두지 않는다. 오직 박문강기(博聞強記: 널리 듣고 잘 기억함)와 굉사호변(宏詞豪辨: 글 잘 짓고 말 잘함)을 자랑하며 세상을 고루하다 깔볼 뿐이다.

— 다산 정약용 —

마니아마추어의
탄생 배경과 특성

진리는 잔재주에 가려지고 말은 꾸며서 가려진다.
상대가 나쁘다는 것을 좋다 하고 상대가 좋다는 것을 나쁘다고 할 테면
그러한 시비를 넘어선 밝은 지혜에 서는 것만 못하다.
-장자-

한우충동(汗牛充棟), 책이 아주 많음을 나타내는 한자성어이다. 그런데 그 뜻이 오늘날의 기준으로 생각하면 무척 소박하다. 소가 땀을 흘릴 정도의 무게이고 쌓으면 들보에 닿는 정도라고 하니, 그것을 따르면 오늘날 웬만한 집은 책이 아주 많은 셈이다. 이는 당나라 유종원(柳宗元)의 기록에서 나온 것이라고 한다. 매우 오래된 말로서 당시는 책의 총량이 오늘날과는 비교할 수 없을 만큼 적었음을 알 수 있다. 콘텐츠가 적었다기보다는 제지술, 제책술, 인쇄술이 전반적으로 덜 발달된 시대였다고 하는 편이 더 적절할 것이다.

활자 인쇄술은 동아시아 지역에서 먼저 개발됐다. 그러나 정작 그 것이 제대로 사용된 곳은 서구였다. 동아시아 지역의 활판 인쇄술은 꽤 오랫동안, 즉 근대의 충격과 영향을 받기 전까지는 단순히 저장 기능으로만 머물러 있었다. 똑같은 것을 계속 찍어낼 수 있는 기술은 그 복제물을 널리 공급함으로써 제대로 사용하는 것이 된다. 서구 사회는 인쇄술을 바탕으로 급격한 발전을 이룩하였으며 이후 인류 문명사를 주도하게 된다.

이 과정에서 미의회도서관(Library of Congress)을 위시하여 거대한 도서관들이 탄생하였다. 현존하는 세계 최대의 도서관인 미의회도서관은 1800년에 개관했다. 여러 번 화재도 있었지만 다시 회복하고 규모를 점증함으로써 현재와 같은 세 개의 건물로 구성된 형태를 지니게 되었다.

"세계가 어느 날 갑자기 붕괴되더라도 의회도서관만 건재하다면 복구는 시간 문제다."

이 말은 미의회도서관의 자부심을 담고 있는 표현인데 통계치를 보면 결코 허풍이 아니며, 그렇게 믿을 만한 근거도 충분해 보인다. 현재 물리적 자료의 총계는 160,775,469건에 이르며, 서가의 총연장 길이는 장장 1000킬로미터를 상회한다.[89] 서울에서 부산까지의 거리가 약 400킬로미터라는 점을 감안하면 1000킬로미터 이상의 서가는 거의 상상하기 힘든 수준이라고 할 수 있다.

그런데 그러한 물리적 기록과 자부심을 아주 부드럽게 지르밟는 사이버 도서관들이 탄생하고 있다. 세계의 모든 도서관들을 네트워킹하고, 그 총합에 접근하는 플랫폼이 개발된 것이다. 이때 스마트폰과 피시(PC)는 그 우주를 드나드는 인터페이스가 된다. 손끝에서 모든 도서관이 나타나고 들어가고 하는 환경이 더욱 더 분명하게 가시화되고 있는 중이다.[90]

이제 거의 모든 지식은 활용이 용이한 정보로 속속 변신되고 있다. 그래서 이 환경이 누구에게는 쓰레기더미가 될 수 있고 또 누구에게는 하늘·노을공원이 될 수 있다는 점을, 서두에서 난지도 개발의 전후를 통해 은유했었다. 사용하지 않는다면 저 많은 질 높은 정보-지식이 다 무슨 소용이 있겠는가. 그저 쓰레기에 불과할 뿐이다.

누군가는 그 더미에 파묻힐 수도 있고, 지속적인 상호작용을 통하여 그 위에 설 수도 있으며, 꽃을 피우며 어느 한 부분을 뚫고 나올 수도 있다. 이렇게 피어나는 꽃을 이 책은 '마니아마추어'라고 일컫고자

한다. 이제 그들이 어떻게 탄생될 수 있는지, 또한 그들은 어떠한 특성을 지니고 있는지에 관해 얘기해보도록 하겠다.

걷힌 지식의 장막

20세기를 전후로 하여 지구상의 각처에서는 극소수 엘리트층에 한정돼 있던 문자의 사용이 '국민(Nation)'이라는 미명과 함께 일반인들에게도 개방되었다. 여기에는 백성(People)들을 국민으로 육성하여 침략의 주력 부대와 식민지의 거주민들로 활용하려는 제국주의자들의 속셈이 있었던 게 분명하지만, 어쨌든 정보와 지식의 교통망이 막대해진 것은 사실이었다. 하지만 그들이 당장 고밀도의 정보와 전문지식을 습득할 수 있었던 것은 아니다. 여전히 정치와 전문 영역은 특권층이 전유하고 있었으며, 표기 너머의 의미를 획득하는 데에는 상당한 적응 기간과 학습 시간이 요구되었다.

인쇄술은 그동안의 모든 정보와 지식을 거의 완벽하게 쓸어 모았다. 물론 그 정도에서 나라마다 적잖은 차이가 있었다. 책에 대한 인간의 믿음과 근대국가들의 신념은 다음의 경구에서 잘 읽힌다. 이를 보면 책을 보유하고 다루는 수준은 국력에 비례하는 것처럼 여겨지기도 한다.

어느 국가의 과거를 보려거든 박물관에 가보고 미래를 보려거든 도서관에 가보라.

컴퓨터, 인터넷, 디지털 등등의 새로운 미디어–테크놀로지에 대하여 이 정도의 자부심과 믿음이 표현된 경우를 우리는 일찌기 보지 못했던 것 같다. 이제 생각해보면 그것은 당연한 이치(책은 민족적 경계를 언어로도, 그 장소로서도 갖게 되지만, 디지털 정보·지식은 그렇지 않다)인데, 저 경구 형식의 신념과 태도에는 대단히 진지하고 절실한 무언가가 녹아 있는 듯하다.

마땅히 모두가 읽을 줄 알아야 하며 그것을 전제로 하여 국민국가의 이상과 미래의 희망은 구체화된다, 뭐 이런 식이 아니었을까 싶다. 그러한 강력한 의지는 아마도 스스로 뒤처져 있다고 여기던 콤플렉스에 빠진 일본 그리고 그를 통해 근대를 접한 조선에서 더욱 증폭될 수밖에 없었다. 그래서 우리는 '국민으로서' 국어를 익혔고 국가를 불렀으며 국기를 향하여 경례를 표했다. 그리고 이와 같은 숭고한 의식(意識)과 엄숙한 의식(儀式)은 모두 '국민학교'에서 반드시 학습돼야만 했다. 그래서 국가를 형성하고 국민을 육성하는 데 앞장서온 문자들에서는 여전히 어떤 강고함과 권위의식의 심리가 느껴지는 것인지도 모르겠다.

하지만 이렇게 무거운 미디어로서의 문자는 인간 감각을 매개하는 미디어–테크놀로지들의 출현으로 인해, 그 어깨 힘과 긴장감의 수치가 다소 낮아질 수 있었다. 유성기, 영화, 라디오는 근대 문자미디어[문자+책+인쇄술]와 동시대에 태어나고 자란 전통 있는 미디어들이다. 하지만 이들 미디어에서 문자에 필적하는 무거움은 느껴지지 않았다. 그리고 당시에는 의식되지 않았던, 폄훼됐었기에 별로 생각될 수 없었던 일들이 일어나고 있었다.

현대의 시각에서는 영화나 방송을 교육 등의 측면에서 가치 있는 텍스트로 여기고 진지하게 분석하는 것에 토를 달 사람은 많지 않을 것이다. 하지만 20세기 초에는 그렇지 않았다. 모든 지식적·지성적 과정과 결과물은 문자라는 미디어로만 표현되고 소통될 수 있다고 생각했기 때문이다. 그러한 생각에서 라디오나 영화는 여일(旅逸) 거리였을 뿐이다. 하지만 그러한 편향적 인식과는 상관없이 대중은 미디어-테크놀로지와 그 텍스트들에 의해 교육되고 성장할 수 있었다. 문자뿐만이 아니라 그것보다 많이 쉬워진 테크놀로지 기반의 감각적 미디어들은 대중의 까막눈을 부드럽게 닦아주는 하나의 중요한 수단이자 방법이었다.

맛있는 지식 사과

영화 〈포레스트 검프〉(1994)에서 검프는 애플사를 마지막까지 사과 판매 회사로만 알고 있었다. 아닌 게 아니라 과연 애플사는 컴퓨터의 역사에서, 이전까지는 알려진 바 없었던 혁신을 여러 번 선보인 바 있었다. 말하자면, 문자의 디자인(타이포그래피), 인터페이스로서의 아이콘, 마우스 그리고 스마트폰에서의 일명 홈키(home key)에 이르기까지, 애플사의 혁신은 빤히 아는 것으로부터 전혀 새로운 것을 끌어내는 방식이었다. 그래서 지능의 높고 낮음과 상관없이 검프처럼 애플사를 오인할 수도 있었다.

축음기의 역사가 처음에는 소리를 문자적으로 기록하기 위한 노력으로 나타났던 것과 꼭 마찬가지로, 컴퓨터 역시 문자의 입력과 소통의 형식으로서 개발되었다. 따라서 그것들이 지니고 있는 본질적 잠재력은 가려질 가능성이 높았다.

소리를 직접 넣을 수 있으면 최상일 터인데 그것을 굳이 문자적 표현으로 기록해내야만 한다는 생각은 아주 뿌리 깊은 서구 근대의 문자중심주의에 기인한 것으로 보인다. 현재의 관점에서는 문자 형식에서 아이콘(圖象, 그림)으로 넘어가는 것이 지당한 수순이라고 생각되기 쉽다. 하지만 고질적인 서구 문자중심주의는 문자가 최적합한 형식이 아닌 것까지 문자화하려고 많이 애썼다. 말하자면 오늘날은 그림이나 음악이 디지털 미디어 – 테크놀로지에 주로 동반되지만, 예전에는 그 노력을 문자에 대해 전개했던 것이다.

이러한 문화적 배경에서 보면 애플사의 혁신은 정말 '맛있는 지식 사과'의 생산이었던 셈이다. 우리는 액션 영화에서 검은 옷에 기관단총을 착용한 첩보원이 노트북으로 뭔가 대단히 중요한 일을 하는 모습을 종종 보곤 한다. 그런데 그때의 노트북 화면에서 아이콘은 결코 나타나지 않는다. 대신 나타나는 것은 그 이면, 그 원본인 난수표의 일종처럼 보이는 문자열, 즉 컴퓨터 언어들이다. 따라서 그 외형이 아이콘이 되지 않았다면 우리는 아직도 그 어려운, 동등한 비교는 아닐 수 있으나, 한문이나 라틴어를 익히는 것과 같은 고역을 수행하고 있을지도 모를 일이다.

마우스 역시 문자 일변도의 사고방식과 그에 준하는 인터페이스만 생각하던 기존 컴퓨터 개발자들에 대한 혁신적 반발이었다. 지금도 우리는 자판을 두들기면서 일을 하지만, 그것은 마치 공책(특히 줄이 그어져 있는)에다 무언가를 쓰는 행위와 동일한 것이(었)다. 이로써 컴퓨터의 가능성은 한층 더 증대될 수 있었다.

이상에서처럼 문자를 그림화하는 미디어 – 테크놀로지는 지식을 더욱 상세하게, 생생하게 표현하고 소통하는 일을 가능케 했다. 오늘날 유튜브 등에는 대단히 친절하고 자상한 지식들이 무척이나 많다. 다른 자극들에 신경을 많이 분산시키지 않는다면, 그 일부만으로도 우리는 상당한 학습적 성취를 얻을 수 있다. 바야흐로 지식이 탐스럽게 무르익은 환경, 그것들을 따먹어야 하는 시대가 온 것이다.

열린 정보·지식의 텔레포트

그뿐만이 아니었다. 미디어 – 테크놀로지의 발전은 중단 없이 계속되었다. 정보와 지식이 초고속으로 교통하는 시대가 열린 것이다. 우리는 그것을 '지식의 텔레포트(Teleport)'라고 불러도 좋을 것 같다. 오늘날 우리는 매우 성마른 사람들로 진화하고 있다. 우리의 주된 생활 터전인 인터넷 – 컴퓨팅 세계가 순간 이동하는 수준으로 그 속도를 눈부시게 배가시켜 나가고 있기 때문이다.

아주 잠깐 느긋한 생각에 잠겨 있다보면 그 사이 작업이 완료돼 있는 것을 보게 될 때가 많다. 마치 기계처럼, 또한 생각 없는 붕어처럼 일방향적인 가속도상에서 인간이 존재해야 할 필요는 전혀 없어 보이기까지 한다. 하지만 사실 거기에서 발을 살짝 빼면 무척이나 편하고 즐거울 수도 있다.

심리적으로 적응할 수 있고, 내처 인문학적으로 의미를 되새길 수 있다고만 한다면, 컴퓨팅 연산 속도의 증가는 늘 참된 것이라고 할 수 있다. 하지만 그 조건으로 제시되고 있는 인문학적 고민과 행동이 그 사용의 어딘가는 물론이고, 사용 밖에서 상념의 수준으로도 결코 다뤄지는 법이 없는 까닭에, 속도의 증가가 마냥 반가운 건 아니다.

그럼에도 불구하고 온라인은 넓고 할 일은 많기 때문에 속도의 증가는 여전히 충분치 않다고 할 수 있다. 테크놀로지 세계에서는 '이대로 좋다' 또는 '더 이상 좋을 수는 없다'가 존재할 수 없다. 다만 인간의 세계에서 그것에는 정적 속도가 필요하기도 하고, 때로는 시동이 꺼져야 할 때도 있는 것이다.

그것이 기기 자체의 성능이든 네트워크의 성능이든 결국 모든 것은 사람의 문제일 뿐이다. 따라서 이 지점에서 우리가 곰곰이 되새겨 볼 문제는 과학·기술의 개발 과정에서 인간의 필요성이다. 거기에서 만약 인간을 놓친다면, 그 사용상의 속도나 인간 입장에서의 효율성 같은 문제를 도저히 생각해볼 엄두가 나지 않기 때문이다.

오늘, 지식의 뜨락에서

이상에서 요약해 제시한 배경은 마니아마추어 탄생의 필요충분한 조건이 된다. 온라인상에 마련된 정보와 지식의 망망대해는 마니아마추어에게는 즐거운 놀이터가 된다. 그는 자신의 세계를 스스로 구축해가기 때문이다. 필자는 그곳을 '지식의 뜨락'이라 부른다.

망망대해가 망망하지 않다는 것은, 거기에 무언가 지향점과 푯대가 세워져 있음을 의미한다. 그것은 유치환이 노래한 '깃발'의 의미를 공유한다.

이것은 소리 없는 아우성.
저 푸른 해원을 향하여 흔드는
영원한 노스탤지어의 손수건.
순정은 물결 같이 바람에 나부끼고
오로지 맑고 곧은 이념의 푯대 끝에
애수는 백로처럼 날개를 펴다.
아! 누구인가?
이렇게 슬프고도 애닲은 마음을
맨 처음 공중에 달 줄을 안 그는.[91]

긍정이든 부정이든 기쁨이든 슬픔이든, 특별한 의미 생산 과정에는 반드시 그 근거지가 요청된다. 그것을 시인은 "맑고 곧은 이념의 푯대 끝"이라고 규정한 것뿐이다. 그 푯대가 있어야만 그것의 구심력으로 인해 더욱 풍성한 삶이 생성될 수 있는 까닭에서다.

마니아마추어는 대개의 '퍼블릭아마추어' – 대중 일반과 동일한 삶의 조건을 갖고 있다. 하지만 차이는 마니아마추어가 제 나름의 공간을 생성하고 그곳을 부단히 살찌운다는 데에 있다. '지식의 뜨락'이 있는 사람, 마니아마추어는 번다한 일상 틈틈이 자신만의 그 공간을 찾는다. 그것이 사이버상일지라도 유물론적 공간으로 규정될 수 있는 이유는 그의 생산 활동이 더 확장된 관계의 울림을 도모하기 때문이다. 그래서 그는 집으로 간다. 바로 그곳, 자신의 '지식의 뜨락'으로 나아가기 위하여.

왜 집인가? 유비쿼터스 환경이 구축돼 있음에도 불구하고 굳이 집으로 가야 하는 이유는 무엇인가? 만약 그가 온전히 사이버에서 출생하고 거기에서 의식주를 해결하며, 그래서 그 바깥에 관한 관계와 기억이 일절 없다고 한다면, 그는 집으로 갈 필요가 없다. 그러나 그는 실제 – 오프라인에서 태어났고, 거기에서도 살았으며, 거기에도 그만의 무언가들이 적잖게 있다. 그것들을 한꺼번에 모으고 때로는 정렬하고 다시 분류하고 하는 등등의 일들은 바로 내 집 – 내 아지트에서 이뤄질 수밖에 없다. 그것은 종합예술이기 때문이다.

그는 주로 온라인을 통하여 세계를 만나고 또한 지식을 쌓아가지만, 자기 나름의 생산 활동을 하는 까닭에 반드시 그 외부의 무언가들과 상호작동을 하게 된다. 그것이 평소 대화를 나누던 강아지일 수도 있고 산책길에 마중 나온 종달새일 수도 있다. 읽다가 막 꽂아둔 만화책일 수도 있으며 몇 년 전에 다운로드해두고 다 보지 않은 영화일 수도 있다. 물론 그 또는 그녀일 수도 있다.

이러한 복잡하고 파편적인 요소들을 요리조리 모으고 재배치하여 특별하게 요리하는 작업을 하기에는 내 집 – 내 아지트만한 곳이 없다. 따라서 마니아마추어에 대한 관찰자적 묘사는 발명가나 학자 · 과학자 · 예술가의 그것과 흡사해진다. 들여다보기도 하고 먼 산을 응시하기도 하며 이쪽 서가로 달려갔다가 후면 베란다 창을 열고 춤을 추며 노래를 부를 수도 있다. 그러다가 긴급하게 뭔가를 메모할 수도 있고 자판을 두드릴 수도 있고 붓을 휘저을 수도 있다. 그래서 그는 종종 마니아－광인(狂人)의 모습일 때가 있다.

그것이 어떤 외형을 띠게 되든지 간에 마니아마추어들은 늘 뭔가에 쫓기기도 한다. 그러나 그것은 의욕을 더욱 부채질하는 기분 좋은 분주함이다. 그는 자신이 찾아 쟁여놓은 소재들을 틈틈이 다듬을 뿐만 아니라 무르익음이 고개를 내밀 때, 속된 말로 필(feel)을 받은 그 순간에는 반드시 생산적인 작업을 해야 한다.

그래서 그는 자기 시간에만 사는 것처럼, 지극히 이기적인 것처럼 오인될 수도 있다. 하지만 무엇이 문제가 되겠는가. 실재 없는 관계의 과잉 때문에 빚어지는 온라인 참극에서 스스로 발을 빼는 모양새인 것을. 역설적으로 들리겠지만, 오늘날에는 들어오는 사람보다는 나가는 사람이 필요하고 모이기를 힘쓰는 사람보다는 자기 골방에 들어가기를 우선시하는 사람이 절실한 시대이다. 적어도 온라인 세계에서는 '뭉치면 죽고 흩어지면 산다!', 이것이 진리다.

'마니아마추어'는 신생 개념이지만, 마니아마추어가 과거에 없었던 것은 아니다. 단지 '마니아마추어의 시대'라고 할 때 그 의미는, 마니아마추어로서 사는 게 이 시대에 적합한 삶의 방식이며 따라서 더 행복할 수 있다는 것이다. 과거 특정한 한 길을 올곧게 따르는 것이 시대의 미덕이요 인재상이었다면, 오늘날에는 자신의 관심과 성정에 따라 가능한 꿈을 많이 실천하는 게 미덕이 되고 있다.

회상해보라. 어릴 적에 하고 싶은 일이 얼마나 많았고 또한 얼마나 자주 그 일들이 바뀌었는가를. 자주 바뀌어야만(사회학자들은 지금 이십대를 기준으로 그들이 미래에 갖게 될 직업 수를 대체로 두 자릿수로 예측

마니아마추어의 시대가 온다

한다) 사는 시대라고 한다면, 그것을 적극적으로 긍정하는 게 낫지 않겠는가. 마치 어린아이의 그때처럼 말이다. 그때는 애니메이션도 변신이 주제인 것들을 즐겨보지 않았는가. 그래서 이 책은 이 시대의 젊음들에게 외치려고 한다. 간절히 호소한다.

제발, 부디 '트랜스포메이션!'

그럼에도 불구하고 현재 한국의 대학생들 다수(조사마다 편차가 있지만 대략 수도권 소재 재학생들을 기준으로 70퍼센트 이상)가 마치 '이 밤의 끝을 잡는' 모양으로, 한 직업 한 꿈의 마지막 주자를 열렬히 다짐하기라도 하듯이 노량진을 서성이는 모습은 우울한 시대상이 아닐 수 없다. 그럴 바에는, 그러니까 별 꿈과 목표가 없어서 하이에나에게 쫓겨 가는 누 떼의 한 일원처럼 의미 없이 마구 달리지 말고, 고독한 시간을 맞으면서 홀로 제 발끝으로 직접 세계를 디뎌보기를 충심으로 권한다. 결코 '아프지' 않을 것이다.

퍼블릭아마추어
마니아마추어
스페셜아마추어

사람 속에 들어 있다 사람에서 시작된다

다시 사람만이 희망이다

－박노해－

*

21세기 지식정보화 사회에서 평범한 대중이 지향해야 할 이상적 인간형을 표상하는 **마니아마추어**는 **퍼블릭아마추어**Public Amateur와 스**페셜아마추어**Special Amateur의 중간 지대에 위치한다. 퍼블릭아마추어는 문화의 단순한 소비자인 절대다수의 사람들 즉 대중을, 스페셜아마추어는 전문가로서의 능력을 공익이나 사회적 나눔을 위해 사용하는 매우 희소한 사람들을 지칭하기 위해 이 책의 서술 과정에서 고안한 개념이다. 이 절에서는 이들과의 대비적 고찰을 통해서 마니아마추어의 특성을 더욱 분명하게 부각시키고자 한다.

때로는 다른 길로

퍼블릭아마추어에게 문화는 가치 지향이나 진중한 몰입의 대상이 되지 않는다. 그들에게 문화는 대체로 선택적 구매가 가능한 상품의 유형으로 주어지기 때문이다. 그들은 빈번하게 노출된 것들 중에서 형편이 되는 **문화 상품**들을 여건에 따라 소비한다. 따라서 퍼블릭아마추어에게 문화의 향유는 환경 결정론적 양상으로 나타난다. 그들은 잘 알려지고 접근성이 높은 문화 상품들을 주로 소비한다.

그러한 까닭에 문화 상품의 생산자들은 퍼블릭아마추어의 구매 욕구를 충동하기 위해 다양한 수단과 방법을 동원한다. 오늘날의 대중은 멀티미디어(텔레비전, 신문, 잡지 등)와 인터넷 기반의 디지털 미디어(피시, 스마트폰 등) 그리고 노상, 옥외, 교통수단 내외부 등등에서 광고 형태로 자행되는 문화 상품의 충동질에 연중무휴 24시간 내내 노출돼 있다. 더욱이 문화 상품들은 그 소비자들에게 나름의 자부심과 고양감을 선사하기도 한다. 그러므로 퍼블릭아마추어에게 문화는 의식적 소비와 선망의 구매 대상이 되기 쉽다. 그들은 문화를 향유, 실은 소비한다는 사실 자체에서 주로 만족감을 얻는다.

문제는 정작 의식이 관여되어야 할 곳은 문화의 참된 향유여야 한다는 데에 있다. 문화 자체에 대한 관심과 몰입을 통해서 인간성의 고양과 행복감의 충만함 그러니까 문화 향유의 바람직한 기대효과가 나타날 수 있다. 하지만 이들에게는 의식이 소비 자체에 맞춰져 있으므로 알려고 하거나 몰입하며 감상하거나 하는 노력은 뒷전으로 물러날 수밖에 없다. 그보다는 문화 소비의 평균율처럼 주지되는 효과, 이를테면 작가, 출판사, 제작자 등의 홍보용 문구나 언론에서의 리뷰와 평가 그리고 다른 사람들의 소략한 감상평과 평점 등에 의식적으로 부합하고자 애쓴다.

따라서 퍼블릭아마추어의 문화 향유 과정에서는 주객의 전도가 일어날 가능성이 높다. 내가 문화의 구매자라는 사실은 분명하지만 지배하는 쪽은 내가 아니라 그 문화가 되기 때문이다. 일정한 금전적 대가를 지불한 대상에게 거꾸로 소유당하는 구조가 되는 것이다. 그러나 이러한 문화적 전도는 평범한 일상의 도처에서 발생한다.

오늘날 한국 시민들은 소위 복합상영관이라는 다양한 규모의 시설로 구성된 영화관에서 영화 관람을 한다. 이러한 시설은 대도시와 거점 도시를 중심으로 전국적으로 퍼져 있다.

그러나 과거 영화가 상영됐던 장소는 극장이라는 단일한 상영 시설로 된 곳이었다. 그런데 이곳은 다른 의미에서 복합적이었다. 우리나라에서 영화 상영 문화는 1920년대 중반부터 경성(서울)에서 퍼져나가기 시작했다. 그 중심은 우미관, 단성사와 같은 극장이었는데, 말하자면 복합문화관 같은 곳이었다. 영화만 상영하는 게 아니라 국악, 대중가요, 촌극, 서커스와 같은 공연들도 이곳에서 이뤄졌다. 더욱이 무성영화는 영사기가 단독으로 행하는 문화 형식이 아니었던 까닭에 변사와 노래하는 기생 등의 향토적 문화 요소들이 함께 어우러진 복합적 문화 형식의 양상으로 공연–관람되었다.

그러다가 영화 관람객 수요가 증가하면서 영화 전용관이 나타나기 시작했다. 하지만 1970년대까지의 지방 도시에는 여전히 초기 형식과 같은 복합적 문화 공간으로서의 극장이 남아 있었다. 해방 이후 1960~70년대 대중문화 산업의 형성 과정과 시대상을 그려낸 문화방송(MBC)의 미니시리즈 〈빛과 그림자〉(64부작, 2011~2012)에는 이러한 극장의 형식과 문화가 잘 묘사돼 있다.

영화 전용관이 정착되고 난 뒤에 영화 관람 문화는, 대도시와 지방 거점 도시들에 소재한 극장은 개봉관으로, 그 밖에 외곽 지역이나 중소 도시 및 읍 단위에 소재한 극장은 재개봉관으로 그 역할이 분담되었다. 이러한 위계는 줄곧 일류극장과 삼류극장의 구별 짓기를 가능케 하였으나, 삼류극장은 일류극장과 같은 엄격한 관람상의 제약이 없었다는 점에서 더 자유로운 문화 공간이기도 했다. 하지만 오늘날의 복합상영관에 비한다면 과거의 일류극장도 더 자유로운 공간이었다고 할 수 있다.

대학생 시절에 필자가 단성사에서 〈거짓말〉(1999)이라는 영화를 여자친구와 함께 볼 때의 일이었다. 복합상영관이 일반화되기 전까지만 해도 서울의 개봉관은 충무로(대한~스카라~명보) 및 명동(중앙)에서 을지로(아세아)를 거쳐 종로통(서울~단성사~피카디리~허리우드)에 이르는 선에 집중돼 있었다. 문제작이어서 일부러 찾았던 그곳엔 조영남·엄용수 같은 유명 연예인들도 간간히 눈에 띄었고 중년 남녀들도 많았다.

그런데 영화 상영 중반에 정말 거짓말 같은 광경들이 여기저기에서 나타났다. 곳곳에서 뿌연 담배 연기들이 올라오는 것이었는데 그런 광경은 적어도 일류 개봉관에서는 처음이었다. 전무후무했던 일인지라 아직도 그런 광경이 발생한 연유에 대해서 잘 이해되지는 않는다. 분명하게 말할 수 있는 점은, 그 광경에는 문화 공급자들에게 절대적으로 통제되지는 않았던 문화 소비자들의 자유로움이 반영돼 있었다는 사실이다. 왜냐하면 그러한 광경은 당시 삼류극장에서는 종종 목격되는, 즉 암묵적으로 허용되는 것이기도 했기 때문이다.

한국에서 복합상영관의 시초는 강변역 테크노마트에서 1998년에 개관한 시지브이(CGV) 1호점과 2000년에 강남구 한복판에서 개관한 메가박스 코엑스몰점이다. 특히 메가박스는 새로운 문화 중심으로 부상한 강남, 그것도 코엑스라는 한국 초유의 국제적 위상을 갖춘 초대형 복합 문화 공간에 들어섰으므로 새로운 영화 관람 문화를 상징하고 선도하기에 충분하였다. 이제 도시 남녀들은 종로를 벗어나 코엑스에서 좀 더 세련된 영화 관람과 데이트를 원하게 됐다.

그런데 새로운 영화관일 뿐 아니라 국제적으로도 한국을 대표하는 영화관으로 자리매김한 메가박스를 이용하기 위해서는 새로운 방식의 관람 문화가 요구되었다. 과거에 비해 훨씬 더 강화된 영화관의 입장과 정책에 관람객들은 따라야 했다. 본격적인 온라인 예매가 시작되면서 암표상들의 자리는 붕괴되었으며, 영화관이 관련 상업 시설을 일종의 패키지로 운영하는 관행이 성립되었다. 말하자면 그동안 분산적으로 존재했던 영화관 주위의 부대시설들은 영화관으로 확실하게 흡수된 셈이었다. 물론 그에 앞서 종로에는 서울극장 등이 여러 상영관을 갖추고서 나름대로 새로운 영화 문화를 조성해둔 상태였다. 예컨대 입장 시에 외부 음식을 갖고 있는가의 여부를 직원들이 확인하고 반입을 제지하였던 것이다.

하지만 복합상영관은 몇몇 개인 사업자들이 손을 맞잡고 일으킨 서울극장 등과는 근본적으로 다른 문화 형식이었다. 대기업이 본격적으로 영화 상영 사업에 뛰어들기 시작하면서 탄생한 게 한국의 복합상영관이었기 때문이다. 장사하기로 치면 누가 그들을 따를 수 있겠는가. 뭔가 더 세련되고 고급스러운 분위기로 치장한 복합상영관은 명시적인 제약 외에도 암시적인 제약을 가할 수 있었다. 말하자면 관람객들이 명시되지 않은 사항들까지 알아서 조심하고 따르는 것이다.

필자는 〈친구〉(2001)를 절친과 함께 메가박스(코엑스)에서 봤었다. 그런데 직장 초년생으로서 시간에 쫓긴 필자는 식사를 못한 채 햄버거 세트를 사들고 영화관에 들어갔다. 서울극장 시절부터 가해졌던 제약을 잘 알고 있었기 때문에 가방에 얌전히 넣어 갖고 들어가서 편안하게 먹긴 하였지만, 내심 불쾌한 기분이 들기도 했다(데이트가 아닌 영화 관람이 주목적일 때 필자의 경우에는 영화를 보면서 취식하는 일이 거의 없다). 영화관 안에서 취식하는 것이 서로의 관람을 방해하는 일이라면 영화관이 솔선하여 음식 판매를 금지해야 할 노릇이지만, 오히려 앞장서서 판매하면서 외부 음식 반입을 금지하는 것은 영화관이 곧 음식점이라는 뜻밖에 되지 않기 때문이었다.

이러한 비상식적 제약은 결국 2008년 공정거래위원회에서 시정 조치를 받았지만 여전히 영화 관람 현장에서는 불문율처럼 유지되는 것 같다. 그러한 실상은 아마도 두 가지 이유에서 비롯되는 것으로 추측된다. 첫째, 사람은 생각보다 단순하고 순응적일 때가 많다. 일상생활에서 비판적 회의(懷疑)를 거의 하지 않기 때문에 평소에 해오던 대로 계속하는 것이다. 이는 평일과 주간이 아닌 시간(토·일요일과 공휴일 21시부터 익일 7시까지)에도 승용차들이 파란선 안쪽에서 길게 줄지어 바둥거리던 광경을 상기하면 잘 알 수 있는 사실이다. 요새는 중앙차로가 일반화되어서 그런 장관을 볼 수 있는 기회가 많이 줄어들었지만 과거 도로의 바깥 차선에만 설치돼 있던 버스 전용차로에서는 주말마다 볼 수 있는 진풍경이었다. 되짚어보면 이런 식의 일상의 무감각함을 꽤 많이 발견할 수 있다.

둘째, 일상의 무감각을 넘어 강제된 양식에 문화적 등식을 부여하는 태도이다. 즉 영화를 볼 때는 영화관에서 판매하는 팝콘을 먹으면서 콜라를 마시는 법이라는 생각이 문화적 등식으로 깊이 박혀 있어서 다른 음식을 먹으면 이상하거나 심지어는 촌스럽다는 생각까지 드는 경우다. 그러나 무엇이 정말 촌스러운 생각과 행위인지, 그것이 사유의 빈곤함에서 나오는 언행은 아닌지 되새겨볼 일이다.

마니아마추어의 시대가 온다

현대 한국사회는 외래문화가 위세 경쟁을 떨치는 시장으로 유명하다. 예컨대 요즘 한국 대도시의 성인들은 점심값 이상으로 커피 값을 지출한다. 이는 한국 자체에 조성돼 있었던 인스턴트커피 문화를 외래의 원두커피 문화, 그것도 상업적 브랜드들이 주도하여 몰아내면서 만들어낸 문화상이다. 한국은 여전히 세계에서 인스턴트커피의 생산과 소비에서 최고의 질과 양을 자랑한다. 한국에 주재하던 외국인들이 귀국할 때 한국산 믹스 커피나 가정용 자판기를 들여가는 일도 심심찮게 볼 수 있는 풍경이었거니와 원두커피 확산과 시장 잠식은 한국사회에서 단기간 내에 급격하게 이뤄진 문화 변동 사례였다.

그런데 흥미로운 점은 그 쓸쓸한 에스프레소나 아메리카노의 맛에 적응해가는 데에 들이는 개인들의 노력이 썩 가상했다는 사실이다. 2000년대 중반 서울에서 새로운 문화의 여파로 인해 원두커피의 맛에 공적·의무적으로 길을 들여야 했던 성인 남성들은 봉지 또는 자판기 커피에 대한 향수를 사적으로 표출하곤 했다. 식사 후 쓸쓸한 원두커피를 손에 쥐어야 했던 그들은 자리로 돌아와서는 탕비실에 구비돼 있는 달달한 믹스 커피를 들이키곤 했다. 하지만 약 십여 년이 지난 현재 이들은 그 누구보다 강력한 원두커피 애호가로 변모해 있다. 직접 원두를 고르고 볶고 분쇄하는 일까지 하는 이들이 있고, 그러한 절차를 귀찮아하는 사람들도 그 맛에는 이미 길들어 있는 까닭에, 과거 믹스커피 시대에는 자판기를 들이지 않았던 사람들이 이제는 원두커피용 자동기계를 가정에까지 들여놓기도 한다.

1990년대 중반에서 2000년대 초반까지만 해도 한국 대도시의 숙녀들은 믹스 커피의 개화형으로 스트로로 빨아 마시는 천 원가량의 커피를 들고 돌아다녔다. 그러나 그들은 새로운 원두커피 문화가 한국사회에 정착되자 곧 네 배 이상 되는 가격의 원두커피로 옮겨 갔다. 그런데 문제는 원두커피 자체로는 부드럽고 달콤한 맛이 잘 나지 않는다는 데에 있었다. 물론 카페비엔나, 카페라테 등 달콤한 맛이 첨가된 원두커피의 전통이 있긴 하지만 그 맛들이 과거 한국형 믹스 커피의 맛을 상쇄할 만큼 달달하지는 않았던 것이다. 하지만 상업적 문화는 늘 기민하게 대안을 내놓는다. 캐러멜 마키아토(caramel macchiato)가 그 대표적 사례라고 할 수 있겠는데, 이 메뉴는 이탈리아 식 마키아토에 단맛을 더 강화하기 위해 캐러멜 시럽까지 얹어놓은 형식이다. 물론 가격은 더욱 비싸졌고 이러한 메뉴는 숙녀들의 위세 과시에 일조하기도 한다.

예전에 다방이 그러했던 것처럼 특정한 지역에서 자릿값에 상응하는 소비로서 비싼 차를 마신다는 것은 현대 도시 문화에서 수긍될 수 있는 논리이다. 하지만 테이크아웃까지 하거나 집 근처까지 와서도 카페에서 값비싼 커피를 구매한다는 것은 경제적이지도 문화 주체적이지도 않은 행위이다. 이러한 문화의 생산과 소비 구조는 문화의 향유라는 관점에서 볼 때 완벽한 주객전도 사태이다.

그럼에도 불구하고 어쨌든 체험하였기 때문에, 더욱이 개인적 표현 수단인 미디어 – 테크놀로지를 늘 끼고 사는 까닭에, 퍼블릭아마추어들은 문화의 전파자 역할을 하게 된다. 본래 향유의 의미가 소비 자체에 있는 까닭에 그 전파도 주로 양적인 방식으로 이뤄진다. 그들의 전형적인 방식은 다음과 같다. 일단 사진으로 기록한다. 다음으로 그 사진들을 에스엔에스(SNS)상에 올려놓는다. 그러고서 장소, 일시, 동행인, 흥미 여부 따위의 간단한 메모를 부기한다.

이러한 에스엔에스상의 흔해 빠진 문화 후기는 학창 시절 과제로 제출했던 감상 없는 독서감상문을 쏙 빼닮아 있다. 학생들은 선생님에게 어떤 책을 읽고 독서감상문을 써오라는 과제를 받는다. 이때 학생들이 반드시 확인하는 사항이 있다. 바로 분량이다. 이는 과제를 완료하는 데 매우 중요한 틀이기 때문이다. 그러고서 온라인상에서 해당 책의 줄거리나 감상문을 각자의 학습 수준(실은 목표로 하는 점수)에 따라 적거나 많게 수집한다. 다음으로 컴퓨터 앞에 앉아 수집한 자료들을 토대로 폭풍 같은 속도로 짜깁기를 해나간다. 그러다가 정해진 분량을 다 채우기 몇 줄 전에서 갑자기 멈춘다. 한국 학생들에게 공유돼 있는 감상문에 사용하는 관용구를 쓰기 위해서이다. '나도 …처럼 ~해야겠다.' 이때 거의 모든 독서감상문의 제목은 '…를 읽고'로 통일된다.

하지만 그것이 독서감상문일진대 그 글이 시작되어야 하는 곳은 바로 '나도 …처럼 ~해야겠다'이다. 그나마 자신의 감상이 나타난 문장이기 때문이다. 하지만 절대다수의 독서감상문 과제는 거기에서 끝난다. 거짓말처럼 똑같이 거짓 제목을 붙인 채로 말이다. 그래서 필자는 독서 후 활동으로서의 글쓰기 과제를 내줄 때, 책의 줄거리나 책에 관한 전반적인 평가(겉표지의 날개나 언론사 리뷰 등에 흔히 들어 있는)를 쓰지 못하게 한다. 감상의 결과 즉 자신의 생각을 쓰도록 하려는 조치인데 다소 파격적인 조건까지 붙여서 사고의 자유로운 전개와 발달을 돕고 고무한다. 읽는 것을 포함하여, 제목을 상상하다가, 책의 모양을 바라보다가, 어떤 어구에 꽂히거나 등등 그 내용이 무엇이든 책을 다루는 과정에서 어떤 생각이 시작되면 그 꼬리를 끝까지 물고 늘어져본 후 그에 관한 글을 써오라는 조건이다. 물론 책의 내용과 무관하더라도 상관없다는 조건도 붙는다. 또한 자신이 책에 대해 한 행위와 생각에 관한 글이므로 그에 어울리는 독특한 제목을 반드시 붙여오도록 한다.

처음에는 어안이 벙벙해 하던 친구들이 몇 번 그 작업을 반복하고 나서 자기 나름의 사유를 글에 담아올 때 선생으로서 보람을 느낀다. 독서 활동 그러니까 이 책에서 얘기하고 있는 문화의 향유는 개성적 사유를 통해 진정한 의미와 효용을 생산할 수 있다고 믿는 까닭에서다. 다만 생각이 망상으로 빠져들지 않게 하려면 또 다른 조건이 필요하다. 전문적이고 과학적인 사유가 시작되었을 때에는 관련 문헌을 폭넓게 참조해보라는 주문이다. 그러한 과정은 글을 쓰는 본인에게 사실에 근거한 사유를 지속하게 할 뿐만 아니라 다각적인 시사점과 전기를 마련해줄 수도 있다.

첫째, 일찍이 화이트헤드가 서양 철학사란 플라톤에 대한 각주에 불과하다고 일갈했듯이, 우리가 하는 생각들의 대부분은 이미 누군가 앞서 걸어갔던 고민의 전철(前轍)을 되밟는 경우일 때가 많다. 그렇다면 선행하는 생각과 만난 사람은 앞선 큰 사상의 위력 앞에서 주눅이 들거나 자신의 사유를 포기하게 될까. 반드시 그렇지만은 않으리라. 겸허해지는 한편으로 성현의 지혜에 대해 더 깊이 사유하고 토론해가다 보면, 그의 정신적 지평은 어느 순간 확대돼 있을 것이기 때문이다.

마니아마추어의 시대가 온다

둘째, 창조적 혁신의 근원 즉 원천적 아이디어 발상의 모태를 새롭게 갖거나 강화하게 된다. 하늘 아래 새로운 것은 없다. 신이 아닌 이상 완벽히 새로운 창조란 불가능한 게 인간이다. 다만 인간은 창조적 재생산을 통해 현실의 모순들을 혁신해가면서 진보하는 것이다. 그래서 스티브 잡스는 창의가 곧 편집에서 나온다고 했고, 김정운은 그 생각의 연장선상에서 『에디톨로지』라는 책을 썼던 것이다.

어떤 방향이나 대상의 근저에 육박하는 사유는 계열 간의 상보적 융합을 가능케 하는 편집적 창의의 안목과 시야를 제공해주는 법이다. 'Consilience'의 번역어로서 최재천이 제안한 '통섭(統攝)'에는 이러한 창의의 원리가 잘 표현돼 있다. 통섭이란 '큰 줄기를 휘어잡는 일'인데, 이는 계열들에 관한 근원적 파악으로부터 제3의 창의와 혁신이 배태될 수 있다는 뜻이기 때문이다.

＊

퍼블릭아마추어의 문화 전파는 생산성을 지니기가 어렵다. 그보다는 자기 파괴적일 가능성이 높다. 외양만 훑는 식이어서 여러 경로를 다양하게 거치더라도 새로운 것이 솟아나지 않는다. 최초의 전파자가 기초 정보 수준의 간단한 메모만 남겼듯이, 이후의 중계자들 역시 그에 준하는 감각적 수준의 댓글만 덧붙이기 때문이다.

이러한 실상은 대단히 역설적이다. 에스엔에스로 소통되므로 교통량은 무척 많지만 문화적 가치는 오히려 감소하기 때문이다. 그런데 더욱 문제가 되는 것은 창조적 생명력을 지니지 못하는 콘텐츠의 과다한 소통은 그 대상에 대한 관심과 본질로의 접근을 너무도 빨리 차단해버린다는 사실이다. 처음에는 신선했던 콘텐츠더라도 새로움 없는 소통이 거듭되다보면 급속히 진부해지는 것은 물론이고, 나중에 새로운 단계의 정보가 제공되더라도 과도한 기시감(déjà-vu)이나 선입견이 연동되어 그것에의 관심과 접근을 애초에 차단할 것이기 때문이다.

퍼블릭아마추어 문화의 소통 메커니즘은 개인과 사회의 노화를 재촉한다. 회의(懷疑)되지 않는 그래서 창조적 진화가 멈춘 정보와 지식은 그 자체로 생명력을 잃은 것이다. 그런데 더 큰 문제는 진즉 사멸됐어야 할 그 알량한 지식들의 운동이, 퍼블릭아마추어의 소통 메커니즘상에서 지속됨으로써 새로운 개척과 생산을 방해하는 요인으로 작동할 수 있다는 데에 있다.

이처럼 비판적 수용에 의한 개선 작용이 미미한 퍼블릭아마추어의 허약한 소통 메커니즘은 기득권 세력에게 악용될 가능성도 매우 높다. 그들은 자신들의 권력 유지에 장애가 될 만한 정보들은 선제적으로 은폐시키려고 노력한다. 하지만 노출되었을 경우에는 그 정보를 둘러싸고 있는 합리적인 비판을 진흙탕 싸움판에 끌어들이고 그 상태로 퍼블릭아마추어의 소통 메커니즘에 대량 유통시킴으로써, 뚱딴지같은 전선을 만들고 결국에는 대중 일반의 기피와 무관심을 조장한다.

한국의 국가정보원(이하 국정원)은 국내 정치에 개입해왔던 어두운 역사를 갖고 있다. 특히 1960~80년대에 이르는 군사 정부 시절에 그 정도가 매우 심각한 수준이었다. 따라서 그러한 의혹을 걷어내기

마니아마추어의 시대가 온다

위해서는 상당한 노력과 시간 그리고 사회적 합의와 인정의 과정이 필요하다. 그러나 국정원은 21세기에 들어서도 그러한 오점을 불식시키지 못하고 있다.

국정원은 현 박근혜 정권의 탄생 과정에서 모종의 불법적인 역할을 담당했던 것으로 강한 의혹을 받았다. 소위 2012년 대선 정국에서의 국정원 댓글 사건으로 회자되고 있는 그 문제는 아직까지 사법부의 명확한 판단이 내려지지 않은 상황이지만, 의혹에 준하는 증거들은 일정 수준 드러나 있는 상태이다. 처음에 국정원은 의혹 일체를 부인했다. 그러나 증거가 제시되자 엉뚱한 사안을 들이밀면서 진흙탕 싸움으로 발전시켰다. 2007년 남북정상회담에서 당시 대통령이던 노무현이 서해 북방한계선(NLL)을 포기하는 발언을 했다는 의혹으로 맞불을 놓은 것이다.

여기에서 그 진위를 왈가왈부할 필요는 없다. 이 논의에서 우리가 주목해야 할 점은 새롭게 추가된 사안이 퍼블릭아마추어의 소통 메커니즘을 이용하여 뚱딴지같은 전선의 한 축을 성공적으로 구축했다는 사실이다. 국정원 및 권력의 핵심부에서는 새로운 사안을 끊임없이 노출시키고 언론들은 그 내용을 받아쓰거나 첨언하거나 비판하면서 확대시켰다. 그리고 퍼블릭아마추어들은 에스엔에스를 통해 그 효과를 더욱 증폭시켰다.

현행 사건으로서 대통령 선거 과정에 국정원이 개입했는가의 여부와, 과거 언행으로서 5년 전 대통령의 발언이 도대체 무슨 상관관계가 있어야 한다는 말인가. 비판적 개선이 충실하게 이뤄지는 메커니즘에서라면 그러한 공작은 발 붙이기조차 힘들다. 압도적 여론이 엉뚱한 사안의 개입을 애초에 차단할 것이기 때문이다. 2년 전 문제 제기 시점에서도 그랬으며, 그 후로도 노무현의 서해 북방한계선 관련 발언은 한국사회에 현실적 사건으로서 어떠한 영향도 미치지 않고 있다. 하지만 여과 없이 말 그대로의 따르기(following)만 주로 하는 퍼블릭아마추어의 소통 방식은 국정원 및 권력의 의도에 여지없이 이용되었던 것이다.

어쨌든 내 길을 간다

마니아마추어의 문화적 행태는 퍼블릭아마추어와는 판이하게 나타난다. 우선 마니아마추어는 항간의 모든 사건이나 아이템에 대해서 범박한 수준에서의 입장 표명은 하지 않는다. 특정한 대상에 마니아적으로 몰입하는 그들은 한번 꽂히면 바닥까지 파고들기 때문이다. 그들은 넓은 리서치로부터 대상에 접근하기 시작한다. 검색 같은 기본적인 조사도 물론 하겠지만, 그들이 특별할 수 있는 이유는 관련 정보나 지식을 전문가 수준으로 섭렵한다는 데에 있다. 따라서 그들에 의해 대단한 성과가 나타나기도 한다. 의사 안철수가 한국의 대표적인 컴퓨터 백신 전문가로 변신했던 과정이 마니아마추어의 전형적 모델이라고 할 수 있다. 여기에서는 안철수의 성공이 초점이 아니다. 성공 여부와는 무관하게 어떤 대상이나 사안에 접근하는 방식이 포인트이다.

안철수는 생소한 분야에 접근할 때에는 먼저 관련 서적을 방대하게 탐독한다고 한다.[92] 1980년대 후반 의대 대학원생이던 그는 세운상가를 지나다가 우연히 영문 컴퓨터 관련 잡지에서 '컴퓨터 바이러스'라는 개념을 처음 접하게 된다(그가 컴퓨터를 처음 접한 것은 1982년 친구의 애플 컴퓨터였는데 그때부터 컴퓨터에 흥미를 갖고 독학해왔다고 한다). 의대생으로서 생물학적 바이러스를 연구하던 그는 컴퓨터 바이러스라는 개념에 눈이 번쩍 뜨였고, 관련 서적들을 탐독해가면서 안티 바이러스 프로그램을 직접 개발하기 시작했다. 당시만 해도 인터넷이 활성화돼 있지 않아서 컴퓨터 바이러스의 전파 수단은 제한적이었고 속도도 완만했다. 물론 안티 바이러스 소프트웨어도 없던 시절이었다. 하지만 『마이크로스프트웨어』라는 컴퓨터 월간지에 관련 내용을 기고한 후로는 경향 각지에서 밀려드는 문의 전화와 편지(컴퓨터통신과 손편지)로 인해 매우 바쁘고 고단한 시간을 보내게 되었다.

그 후로 약 7년간 안철수는 단신으로 컴퓨터 바이러스 백신을 개발하고 개선 및 공급하는 일을 수행하다가 1990년대 중반에 가서야 오늘날의 안철수연구소(AhnLab)를 설립했다. 순수했던 마니아적 열정과 몰입이 새로운 부가가치로 진화되는 순간이었다. 이후 안철수연구소는 컴퓨터 백신 산업을 선도하는 한국의 대표 기업으로 가파르게 성장했다.[93]

*

2002년은 한국사에서 월드컵의 해로 길이길이 남을 것이다. 당시 필자는 광고회사에 근무하고 있었다. 한국의 모든 기업은 홍보와 광고의 초점을 월드컵 – 축구에 맞추고 있었다. 4년마다 열리는 가장 영향력 높은 세계적 스포츠 행사이기 때문에 본 경기 못지않게 장외에서 펼쳐지는 마케팅 전쟁도 몹시 뜨거웠다.

보통 월드컵 공인구는 아디다스(Adidas)사가 개발한다. 많은 독자들께서 아실 테지만 2002년 때는 피버노바(Fevernova)였다. 하지만 스포츠 업계 최강자인 나이키(Nike)사의 전략과 대응은 월드컵에서도 늘 만만치 않았다. 물론 푸마(Puma)나 카파(Kappa) 등 다른 스포츠사들의 마케팅도 무시할 수 없겠지만, 적어도 월드컵에서만큼은 아디다스와 나이키의 대결이 눈길을 끄는 것 같다. 예컨대 2002년만 하더라도 한국대표팀의 유니폼과 용품은 나이키, 일본은 아디다스, 브라질은 나이키, 아르헨티나는 아디다스 하는 식이었다. 또한 경기장 반경 몇 킬로미터 내에서는 공식 협찬사의 마케팅만 허용되는 규정이 있는데 나이키는 상암경기장과 인접한 여의도 중소기업전시장을 통째로 임대해 축구와 나이키를 테마로 한 홍보관을 운영했다. 그때 필자의 회사가 광고를 대행하던 대기업(이동통신사)은 공식협찬사였지만 나이키와의 공동 마케팅에도 큰 공을 들였다.

한일 월드컵이라는 세기적 특수(特需)를 두고서 한국의 모든 기업들은 홍보와 마케팅에 사활을 걸다시피 했다. 그런데 경쟁 관계를 떠나서 모든 광고대행사들이 동일하게 부딪히는 문제가 있었다. 명색이 한국에서 개최되는 월드컵이라면 한국축구의 역사 자체가 중요한 광고홍보의 테마요 툴일진대, 정작 한국축구에 관한 자료는 잘 찾아지지 않기 때문이다.

많은 회사들이 겪던 문제는 한 점에서 실마리를 만나게 되었다. 바로 축구 수집광 이재형 소장(축구역사문화연구소)이었다. 축구협회,

대한체육회 등 공식적인 루트에서 잘 해결되지 않았던 답(소장품들)을 그는 꼼꼼히 갖고 있었기 때문이다. 사연을 들어보면 그는 청소년 시절 축구선수를 꿈꾸었지만 집안 형편상 축구를 계속하지 못했다. 그래도 축구에 대한 미련과 애정이 늘 있었던지라 직장에 들어간 1980년대 말부터 축구 관련 자료들을 수집하기 시작했다고 한다. 그러다가 1990년대 초반 스페인 바르셀로나에 갔다가 축구박물관을 견학한 후 축구에 대한 확실한 인생 목표를 설정하게 되었다고 했다. 아무리 생각해봐도 한국에는 그만한 축구 관련 박물관이 없을 뿐더러 그곳과 같은 세밀한 사료들이 수집돼 있지도 않은 까닭이었다.[94]

개인적으로 미쳐서(癖, mania) 한 일이었기에 변변한 전시 공간은 물론이고 보관 장소도 마련하지 못한 채 상당한 돈을 쏟아 부으면서 한국축구 관련 자료들을 가리지 않고 모았다. 그렇게 한 사람의 순수한 마니아적 열정과 헌신에 의해 한국축구의 역사는 그의 아파트(서울시 성북구 보문동)의 한편에서 살아 숨 쉬고 있었던 것이다.

이재형 소장이 모아온 한국축구 사료들은 명동의 서울은행(훗날 하나은행에 합병됨) 본점에서 성황리에 전시되었고 이후에도 월드컵이 열리는 해마다 기획 전시되고 있다. 자신이 사랑하는 일을 함으로써 생계가 유지되는 사람, 그 일 자체가 생의 수단인 사람은 얼마나 행복하겠는가. 그러나 마니아마추어는 하나의 생계 수단을 선택했다고 해서 그동안 꿈꿔오던 일이나 계획을 함부로 포기하지 않는 사람이다. 2002년 월드컵이 우리 한국인들에게 '꿈은 이루어진다'라는 메시지를 선명하게 남겼듯이 마니아마추어들은 꿈을 향해 묵묵히 그러나 뜨겁게 매진하는 사람들이다.

30년간 4만8천여 점의 축구 관련 아이템들을 수집한 이재형 소장이
자신의 보물들과 함께 포즈를 취했다(이재형 소장 제공).

충청북도 제천시 봉양읍 노목마을은 깊은 산중에 위치한 아름다운 시골이다. 그런데 이 벽촌에 전국적으로 꽤 유명한 과학관이 들어서 있다. 공식 명칭은 '별새꽃돌 자연탐사 과학관'이다. 이름에서 나타나듯이 별과 새와 꽃과 돌을 배우고 체험하는 곳이다. 필자도 소문으로 들어서 알고 있는 곳이긴 했지만, 뭐 별난 게 있을까 싶어서 갈 생각은 하지 않고 있었는데, 아내의 설득으로 아이들을 데리고 재작년 (2014년 9월)에 처음 가보았다. 그저 전원의 아늑함을 느껴보겠다고 생각하면서 처음에는 안내하고 지도하는 교사의 설명을 설렁설렁 들으며 따라다녔다.

특히 꽃과 돌은 도시의 일상에서도 흔히 접하는 것이라 여긴 나머지 무심코 지나쳤다. 다만 망원경을 통해서 멀리 있는 새를 선명하게 보는 게 신선했던 정도였다. 그러다가 밤이 되어서 별을 탐사하는 프로그램에 참가하게 되었다. 탐사관의 맨 위층으로 올라간 우리들은 다양한 크기와 모양을 지닌 망원경들을 우선 신기하게 바라보았다. 그런데 교사가 버튼을 누르자 반원형으로 된 천정이 열리면서 천체가 나타났다. 금방 로봇이 출격할 것 같은 흥미로운 광경이었다. 교사는 레이저 포인터로 별자리들을 가리키면서 설명을 해주다가 망원경을 맞춰주면서 직접 보게 하였다. 상식으로 조금 알고 있는 별들에 관해서는 알아들을 수 있었지만 이름부터 어려운 다른 별들은 설명을 뒤로 한 채 보기만 하였다.

워낙 멀리 떨어져 있는 시공간인지라 별 자체에 대해서 아름다움을 운운할 수는 없었다. 그러나 기술적으로 특히 시간상으로도(일생을 몽땅 투자하더라도) 갈 수 없는 곳을 보고 있다는 사실 자체가 묘한 감흥을 불러일으켰다. 이것은 인간이 만든 조형물의 꼭대기(1980년대 후반 63빌딩)에서 평소 생활하는 지상을 내려다볼 때와도 전혀 차원이 다른 기분이었다. 당시 필자의 일기장은 그 기분을 다음과 같이 묘사하고 있었다. "200여 미터의 상공에서 내려다본 인간의 세계란 큰 사람이나 작은 사람, 못난 사람이나 잘난 사람, 비싼 차와 싼 차 등등이 구별되지 않는 곳이다. 이 작고 좁은 세계에서 인간끼리 서로 잘 낫다면서 아웅다웅하는 것은 얼마나 부질없는 일인가." 나름 멋에 취해서는 겸양을 애써 가장하며 유치한 호연지기를 발산했던 것 같다.

그러나 약 25년이 지나 제법 어른이 되어서 저 무한한 우주의 어느 지점을 접하고는 할 말을 잃었던 것이다. 이 무한대의 시공간에 대입하면 '나'는 말할 것도 없고 지구까지도 제로로 수렴된다. 그럼에도 불구하고 저 무한을 바라보고 사유하는 인간은 대체 무엇이란 말인가. 필설하기 힘든 철학적 질문을 뒤로 하고 아주 가까이에 있는 달을 바라보았다. 그때가 추석 연휴였기 때문에 육안으로도 달은 휘영청 밝고 커보였다. 그런데 망원경을 통해 보니 우주에 관한 책들에서 볼 수 있었던 달의 매우 구체적인 모습이 선명하게 들어왔다. 게다가 교사가 망원경을 통해 스마트폰으로 사진 촬영하는 법까지 알려주어서 한참 동안 달 사진을 찍었다.

별 탐사의 격한 여운을 간직한 채 숙소로 내려왔다. 그리고 인터넷으로 탐사관의 설립과 연혁에 관한 정보를 찾아보고 교사에게도 문의해보았다. 역시나 그들은 마니아마추어였다. 1990년대 말에 이

별새꽃돌자연탐사과학관의 48인치 망원경
구경 48인치(1220mm), 높이 504cm, 무게 2,300kg. 사람과 대비되는 망원경의 크기를
한눈에 알아볼 수 있다(최준태 운영본부장 제공).

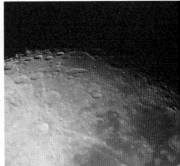

교사의 지도를 받고난 후 필자가 망원경의 접안렌즈에 스마트폰을 대고 직접 촬영해본 달의 모습

곳에 터를 조성하고 과학관을 처음 시작한·이는 인근 원주에서 치과 개업의로 있는 손경상 원장이었다. 그는 대학생 시절부터 키워왔던 천체 탐사에 대한 마니아적 관심과 열정을 정신적으로나 물질적으로나 그곳에 모두 쏟아 부었다고 한다.[95] 예컨대 이곳에 있는 망원경 중 가장 크고 성능이 높은 것(구경 48인치, 망원경 크기와 고성능은 구경이 큰 것을 의미함)은 국내에서 두 번째, 그러니까 민간이 보유한 것으로는 최고 성능을 지닌 망원경이라고 한다. 그 후로 계속 시설을 확충해가면서 현재는 법인체로 운영되고 있지만, 마니아마추어로서 손경상 원장의 역할과 헌신이 없었다면 오늘날의 별새꽃돌 과학관은 탄생하지 못했을 것이다.

이 책을 쓰고 있는 때로부터 몇 주 전에도 필자는 이곳에 다녀왔다. 아내와 자녀들이 좋아해서이기도 했지만 필자의 의지가 강했기 때문이다. 이번에는 돌의 신비함에 대해서도 새롭게 알게 되었다. 현미경을 통해 들여다본 돌은 또 다른 우주처럼 보였다. 그 안에 바다와 육지와 하늘이 광활하게 때로는 여러 층으로 겹쳐져서 펼쳐 있었기 때문이다. 이 집필이 어느 정도 마무리되면 다시 탐사관을 좀 더 여유로운 일정을 잡고 찾을 계획이다. 천천히 배우고 반복적으로 관찰하면서 느끼고 깨달을 것이 무궁무진하다는 생각 때문이다. 이처럼 마니아마추어가 만들어 놓은 길을 따라가다 보면 또 다른 마니아마추어가 되어가는 것은 아닐까.

스페셜아마추어는 '전문가'와 '아마추어'를 합쳐 만든 말이기 때문에 모순적인 개념이기도 하다. 그런데 정말로 저 모순을 실천하는 극소수의 사람들이 존재한다. 자신의 전문성을 경제적 이익이나 사회적 지위를 달성하는 데 사용하지 않고 순수한 목적에 사용하는 이들 말이다. 극소수라고 하였지만 뉴스에 회자되는 유명인들이 꽤 되어서인지 여기에 해당하는 인물들이 여럿 떠오르기도 한다. 그런데 여기에서는 좀 더 특별하다고 생각되는 한 인물에 대해서 얘기해보려고 한다.

필자는 어느 학회의 논문 발표자로 선정되어 2015년 5월에 제주도에 갔었다. 오랜만에 제주도의 아름다운 풍광을 만끽하고 심신을 낭만적 상상에 풀어놓은 채 마침 제주대학교에 재직 중인 동창과도 회포를 풀었다. 하지만 뭔가 아쉬움이 남아 있던 필자는 다음날의 학회 장소와는 좀 떨어진 제주도청 부근(신제주로터리)에 따로 숙소를 잡았다. 모처럼만에 주어진 짧은 기회를 알차게 보내보겠다는 일념으로 필자 스스로를 출동 대기 상태에 두었던 것이다.

그런데 여장을 풀기 위해 잠깐 들어갔던 숙소에서 텔레비전 채널을 돌려보던 필자는 되나오기는커녕 씻지도 못한 채 그 자리에 눌러앉고 말았다. 어느 다큐멘터리 채널에서 지금 소개하려는 인물을 방송 강연으로 처음 만났기 때문이다. 집에 텔레비전도 없는 데다 평소 텔레비전을 볼 기회가 거의 없는 필자로서는 정말 해외(海外)에서 소중한 인연을 맺은 셈이었다.[96]

디자인 '나눔 프로젝트'를 수 년간 진행해오고 있는 한국과학기술원(KAIST)의 배상민 교수는 스페셜아마추어의 바람직한 모델이다. 1990년대 초반 미국 유학길에 오른 그는 뉴욕시 소재 디자인 명문 파슨스 디자인스쿨을 졸업하고 세계 최고의 디자인 회사인 스마트디자인에 취업하는 한편, 파슨스 스쿨의 동양인 최초이자 최연소 교수의 명예와 지위를 획득한다. 그러나 디자인 산업에 대한 열정을 이기지 못하여 자기 회사를 설립한다. 고객의 필요에 적중하는 프로젝트를 연달아 성공시킨 그는 오래지 않아 뉴욕에서 가장 유명한 디자이너로 부상한다. 코닥, 피앤지(P&G), 코카콜라, 존슨앤존슨, 쓰리엠(3M), 골드만삭스 등 세계에서 가장 유명한 기업들이 그의 고객이었다.

그러나 성공가도를 한창 달리고 있던 어느 날 그는 심각한 회의에 봉착했다. 누가 보더라도 그의 14년여 뉴욕 생활은 대단히 성공적인 게 분명했지만, '나는 정말 행복한가, 지금 하고 있는 것들이 내가 간절히 원하던 일인가, 디자이너로서 내 정체성은 무엇인가'와 같은 근본적인 질문에 제대로 대답할 수 없음을 깨달았던 것이다.

곰곰이 생각해보니 자신이 하는 일이란 결국 '아름다운 쓰레기'를 양산하는 것에 불과했다. 청춘의 아이디어와 열정을 불사르고 밤을 지새워가며 만들어낸 그의 제품들이 사실은 소비자가 필요 이상으로 자주 지갑을 열게 하는 데 최선의 역할, 불쏘시개 노릇을 하고 있었던 것이다! 여전히 최고의 성능을 갖고 있으며 최신 유행에 손색없는 물건이라고 할지라도 길어야 3개월이 지나면 강제로 헌것이 되어야만 했다. 실제(제품의 성능)는 그대로인 채로 새것이 되어야 하기 때문에 가능한 한 겉(디자인)을 매혹적으로 바꾸고 꾸미는 수밖에 ….

그는 그때까지 이뤄온 모든 것을 포기하는 한이 있더라도 맨 처음으로 돌아가서 다시 시작하기로 마음먹었다. 그것은 오랫동안 익혀온 디자인의 근본 자세이기도 했다. 그는 회사를 정리하고 14년간의 뉴욕 생활을 뒤로 한 채 2005년, 한국과학기술원 산업디자인학과 교수로 삶의 방향을 틀었다. 공익을 위한, 특히 절대다수를 차지하는 가난한 사람들(90퍼센트)의 삶에 실질적으로 유용한 디자인을 만들기 위해서였다.

그는 현재 두 가지의 트랙에서 그들의 삶을 돕고 있다. 하나는 디자인을 판매한 수익금 전액을 구호를 위해 기부하는 '나눔 프로젝트', 다른 하나는 아프리카 등지에 방학 때마다 찾아가서 그들이 일상에서 구할 수 있는 소재를 이용하여 생활에 필수적인 물건을 만드는 방법을 전수해주는 '시드(Seed) 프로젝트'이다.

첫 번째 방식은 나눔 문화를 확산시키기 위한 일종의 캠페인이다. 자신이 괜찮은 제품 하나를 구입함으로써 어려운 사람들을 도울 수 있다는 데 뿌듯함을 느낀 구매자가 주위에 그 제품들을 권함으로써 더 많은 사람이 동참하게 되고, 그를 계기로 직접 자선 활동에 나서는 사람들도 나오게 되는 방식이다. 즉 쉬운 자선 방법을 알려줌으로써 많은 사람들이 자선을 실천하게 하고 나아가 그들 중 일부는 자신의 새로운 자선 방식을 계발하도록 고무하는 선순환 구조를 만드는 것이다.[97]

두 번째 방식도 아주 특별하다. '시드 프로젝트'와 관련하여 그는 다음과 같은 이야기를 들려주었다. 한국과 같은 나라에서 태어나 살면서 당연시하는 삶의 기본적 조건들이 매우 소수에게만 주어진 혜택이라고 하면서 이해하기 쉬운 수치로 그 실상을 비교해주었다. 말하자면 전 세계 인구를 컴퓨터 보급(사용), 음식(끼니) 공급, 대학 진학(교육), 문해자(literacy), 하루 만 원 정도(약 10달러)의 소비 여력 등으로 비율을 매기면 각각 가능 대 불가능의 비율이 7:93, 30:70, 1:99, 14:86, 10:90이라는 것이다.

컴퓨터 보급(사용)	7 : 93
음식(끼니) 공급	30 : 70
대학 진학(교육)	1 : 99
문해자(literacy)	14 : 86
하루 만 원 소비 가능	10 : 90

전 세계 인구 중, 가능 : 불가능의 비율(퍼센트)

이상은 한국사회에서는 정말 기본적으로 제공되는 조건들이다. 그런데 전 세계 인구에서 그 분포 비율을 따져볼 때 이 조건들은 사실 극소수에게만 주어진 혜택이다. 따라서 그 혜택을 받지 못하는 절대다수를 도와야한다고 배상민 교수는 역설한다.

그는 이렇게 묻는다. 한국사회에서 당연시되는 이 혜택들을 받기 위해 우리가 한 노력은 무엇인가. 단지 한국에서 태어났고 또한 아프리카에서 태어났기 때문에 발생하는 차이가 아니냐고. 그러므로 이 혜택은 결코 당연한 게 아니며, 따라서 '당연히' 그들을 도와야 한다는 얘기다.

이와 같은 깨달음의 결론으로부터 그는 '시드 프로젝트'를 시작했고, 그 첫 '작품'으로 '사운드 스프레이(Sound spray)'를 내놓았다. 이 방

마니아마추어의 시대가 온다

식이 특별한 까닭은 그런 제품을 개발한 이유 그리고 아프리카 현지인들에게 제공하는 방식이 지극히 현실적이고 실천적이기 때문이다.

'사운드 스프레이'는 모기 퇴치 그러니까 수많은 아프리카 사람들의 생명을 앗아가는 말라리아의 감염 경로를 차단하기 위해 개발된 것이다. 또한 여러모로 불비한 현지 조건을 감안하여, 스프레이 용기를 위아래로 몇 번 흔들어주기만 하면 충전되는 방식(2분간 흔들어주면 8시간 사용 가능)을 적용함으로써, 반영구적으로 사용할 수 있는 제품이 되었다. 그리고 다른 지역의 소비자가 하나를 구매하면 아프리카 사람에게 하나가 기부되는 1대 1 기부 방식을 채택하였다. 역시 첫 번째 방식과 같은 선순환 자선 문화를 생성시키는 방식이다.

그런데 배상민 교수는 여기에서 한발 더 깊이 들어간 아프리카 자선 활동을 펼치고 있다. 요컨대 현지에서 조달할 수 있는 재료들로 만든 생활용품을 디자인해줌으로써 현지인들이 자립할 수 있는 길을 열어주자는 취지이다. 한 번 가서 식량이나 의복 등 약간의 구호품을 나눠주면서 함께 놀아주는 건 진정한 자선이 아니라는 것이다. 그러한 활동들이 오히려 그들을 '거지'로 만드는 계기가 될 수 있고, 자선 활동을 다녀온 사람들만의 치유를 위한 활동일 뿐이라고 덧붙이면서 말이다. 그래서 그는 진정한 자선, 진짜 나눔을 위해 더욱 많이 공부하고 준비해나갈 것임을 다짐하고 있다.

이와 같은 활동들은 상상치 못한 놀라운 결과로 이어지기도 했다. 자신이 그 누구보다 성공적인 디자이너로 사업을 하고 있을 때에는 세계적 권위를 지닌 디자인 분야의 상을 단 두 차례 수상하였는데, 한국과학기술원으로 옮기고 나서 '나눔 프로젝트'와 '시드 프로젝트'를 진행해온 몇 년 동안 무려 47회의 수상 실적을 기록하였다고 한다.

무엇이 이와 같은 기적을 가능케 하였을까. 그는 '나눔'을 통한 가치 창조를 지향하였거니와, 그 가치는 무한한 에너지를 추동하는 강력한 힘이 있기 때문이라고 생각한다. 과거에 그는 고객과 자신의 영리를 목적으로 '아름다운 쓰레기', 즉 공허하고 유한한 가치를 양산하는 데 몰두함으로써 에너지의 소진을 경험했다. 그러나 지금은 절대다수의 삶과 실제를 위한 디자인, 누군가를 살게 하고 꿈꾸게 하는 디자인을 목적으로 하는 까닭에 그의 모든 공력이 만물과 호흡하며 지치지 않는 에너지를 선사해주고 있는 것이다. 이러한 상태는 영속적인 꿈 – 가치를 찾아 떠난 순례길에서 얻은 산티아고(파울로 코엘료, 최정수 옮김, 『연금술사』, 2001)의 깨달음들을 상기시킨다.

인간은 무언가를 간절히 희구한다. 그런데 그 희구가 유한한 가치에 대한 것이라면 꿈을 향한 에너지도 유한할 수밖에 없을 것이다. 하지만 영속적인 꿈과 가치의 지향에는 결코 마지막이 없다. 실현하면 할수록 해야 할 일이 많아지고 또한 그 일들을 향한 염원이 끊임없이 추동된다. 온 우주가 나서서 '만물의 언어'로 소통하면서 그를 도와주는 까닭이다. 이것이 바로 파울로 코엘료가 말하는 '자아의 신화'를 찾아가는 길이 아닐까 싶다.

스페셜아마추어는 매우 희귀한 존재이다. 거기에는 일반적으로 말하는 지능과 능력뿐 아니라 제9의 지능이라고 불리는 에스큐(SQ, Spiritual Intelligence, '실존 지능' 또는 '영성 지능'이라고 하며 삶의 목적과 의미 등 가치 지향적인 삶을 추구하는 능력)도 요청되기 때문이다. 예컨대 유사한 능력을 지녔던 괴테와 괴벨스가 한 사람은 세계인들을 감동시킨 작가로, 한 사람은 히틀러의 선전원으로 살게 되었던 것은 바로 에스큐의 있고 없음의 차이였다고 한다.[98] 하지만 배상민 교수가 대학에서 '나눔 프로젝트'와 '시드 프로젝트'를 제자들과 함께 진행하고 있듯이, 한 명의 스페셜아마추어를 통해 똑같을 수는 없겠지만 그러한 꿈과 가치를 지향하는 사람들(또 다른 스페셜아마추어 혹은 준 스페셜아마추어)이 기대될 수 있다는 사실은 무척 고무적이라고 하겠다.

이상에서 마니아마추어의 상대 항으로서 퍼블릭아마추어와 스페셜아마추어를 함께 고찰해보았다. 스페셜아마추어는 이상형임이 분명하다. 하지만 마니아마추어는 범인이 지향해야 하는, 지향할 수 있는 인간형이다. 이는 오늘날 정보와 지식이 개인의 인생과 그 사회의 매질을 구성하는 21세기 삶의 조건이기 때문이다.

마니아마추어의
시대적 의미와 사회적 역할

- 나아가 신명에 감통感通하고 말 없음에
  그때는 아무도 다투는 이 없었나니
  -『중용』-
- 인간이란 놀이를 하는 곳에서만 인간이다
  - 실러 -

과잉된 입장들 : 무입장, 마니아마추어를 부른다

오늘날은 적어도 형식상으로는 입장이 다양화된 사회이다. 개인미디어 사용이 보편화되었으므로 입장 표명의 단위가 미세해졌기 때문이다. 매스미디어뿐만이 아니라 그보다 종류가 더 많고 사용이 간편한 개인미디어들을 통하여 공인(公人)들은 물론이고 사인(私人)들도 쉴 새 없이 자기 입장을 쏟아 내놓는다. 순수한 민주주의의 관점에서 본다면 이러한 현상은 고무적이라고 할 수 있지만, 이 책에서 지속적으로 고찰해왔듯이 내용상으로는 위험한 실상이기도 하다.

어떤 대상이나 사안에 관한 입장 표명은 기본적 사실들과 판별을 위한 지식과 경험을 필요로 한다. 사람은 알지 못하는 것에 대해서는 어떠한 입장도 갖지 못하기 때문이다. 또한 안다고 하더라도 관련 지식과 경험이 부족하면 적정한 입장을 갖기 어려운 법이다. 그런데 현대인들은 아는 게 무척 많다. 오프라인에서도 많은 정보가 제공되지만, 온라인의 포털이나 촘촘하게 연동되는 개인미디어들은 마치 입장 표명이라는 결재를 기다리듯이 개인들의 일상에 무한한 정보를 쌓아 놓는다.

따라서 오늘날에는 보통사람들도 입장 표명이라는 격무에 시달리곤 한다. 잘 알지 못하는 대상이나 사안에 대한 입장 표명은 곤혹스러운 일이다. 하지만 역시 온라인상 정보들의 조력을 받으면 문외한이더라도 간편하게 입장을 정리할 수 있다. 이렇게 해서 사회에는 입장들이 과잉되며 잦아드는 날 없는 대립이 지속된다. 민주주의 사회에서 대립은 자연스런 현상이라고 할 수 있다. 다만 그 양상들이 건강하게 흘러가는지가 관건이다.

그런데 양적인 과잉은 곧 질적인 과잉으로 전환-귀결되며 문제의 심각성은 바로 거기에 있다. 미세해 보이던 입장들이 아주 간단하게 정리되고 마는 셈이다. 이 책은 그러한 양상을 세 번째 장에서 고찰했으며, 그 결과를 네 번째 장에서 'V형 사회'로 규정한 바 있다. 개인미디어로 인해 다대한 입장들의 표출이 가능해졌으나, 그 무수한 입장들은 훨씬 더 극단적인 입장이 작동하면 그곳으로 급속히 빨려드는 구조임이 드러난 것이었다.

극단적 입장들이 그 협소한 접점에도 불구하고 강력한 영향력을 발휘하는 이유는 궁극과 이상의 형이상학을 자기 것으로 전유하며 타자들을 공박하기 때문이다. 이를테면 오늘날 보수 정파의 위기 돌파구에서 곧잘 출현하는 근본주의적 극단론은 애국·바름·긍정 등의 가치를 배타적으로 내세우며 상대를 압박한다. 2015년 현재 선진국을 지향하는 한국에서 벌어지는 사태라고는 믿기 힘든, 역사교과서의 국정화 추진은 그 전형적 사례이다.

그런데 이러한 태도는 바로 북한정권 및 과거 운동권 조직의 논리와 흡사하다는 점에서 분석될 필요가 있다. 북한정권이나 운동권은 개인이나 일상의 곳곳에까지 이념을 과도하게 접목시킴으로써 그 이상을 무색케 하고 오히려 인간성을 피폐하게 만들었다. 이는 근본적 자기모순인바 주객이 전도되는 현상이다. 인민의 복리 또는 민족민중의 해방·통일을 '위'한다는 이들이 더욱 분열적-계급적 모습을 드러냄으로써 초기의 목적과는 동떨어진 독재적 체재로 귀결되었기 때문이다.

역사교과서 서술은 국정화 추진의 주체인 박근혜 대통령이 과거

마니아마추어의 시대가 온다

말했던 대로 역사학자들의 소관이며(2005년 1월 19일, 한나라당 대표 신년 기자회견), 그러기에 앞서 다수의 입장들이 공존하는 담론의 장이다. 애국·바름·긍정 및 그 반대편을 몰아가는 매국·틀림·부정 등의 근본주의적 가치가 절대적 기준인 양 틈입할 수 없는 영역인 것이다. 하지만 그러한 이상을 끌어들임으로써 애초에 성립 불가능한 전선을 구축하는 한편, 미세한 입장들을 지극히 단순하게 몰아가버렸다. 그 결과 지금-여기 한국사회에서는 상식에서 크게 미달하는 '전쟁'이 벌어지고 있다.

이상에서 분석한 바대로 오늘날 한국사회는 입장들이 과잉된 상태이다. 그것은 처음에는 양적 과잉으로 나타난다. 하지만 질적 과잉, 즉 강경한 극단론으로 단순화되며 다양한 입장들은 양단간의 선택을 강요받는다. 이는 건강한 입장들의 공존 조건을 파괴한다는 점에서 매우 위험한 현실이다. 그러나 21세기 한국이 삶의 매순간마다에서 궁극의 입장이 표명되어야만 하는 사회인가.

최인훈의 소설 『광장』에서 주인공 이명준은 중립국으로 향하던 배에서 자살한다. 남과 북, 그 어느 쪽에서도 발견할 수 없었던 '광장'을 찾기 위하여 제3의 국가로 향하였으나 결국 아무런 선택도 할 수 없었던 것이다. 이는 1945년대 말에서 1950년대 초까지 격동기의 남과 북, 그러니까 양단의 정치체제 하에서 개인들에게도 그 선택이 강요되었던 비극적 현실에 대한 한 양심의 대응이었다. 그러나 안정된 체제, 한국의 우월성이 명백하게 입증돼 있는 오늘날에도 이명준의 비극이 재현되어야 하는 것일까.

주어진 선택지 자체가 오류라면 무입장의 중립이 옳은 것이다. 하지만 지금과 같은 V형 사회구조는 '무입장'이라는 입장을 잘 허용하지 않는다. 양단 중 하나를 반드시 선택하라는 것인데, 이는 동양사상의 지혜, 그 심오한 진리를 상기하면 아주 어리석기 짝이 없는 사정이다. 유위(有爲)보다 훨씬 더 효율적인 무위(無爲)가 있을 수 있다는 사실과, 빈 것의 가득함(空卽是色)과 가득함의 빈(色卽是空) 이치를 깨달은 사람이라면 무입장의 중요성과 그것이 견지되어야 할 때도 안다.

따라서 이때의 무입장이란 무념(無念)에서가 아닌 유념(留念)에서, 눈치 보는 머뭇거림이 아닌 당당한 소신의 결과이다. 이것이 바로 마니아마추어의 자세이다. 앞서 필자는 그러한 태도와 방법을 '마주 보기와 기차놀이'에서 설명한 바 있다. 현대인은 다양한 미디어 계열 각각에 직렬적으로 연결돼 있기 때문에 아는 게 많으며, 특히 어떤 입장을 갖게 된다. 그런데 우리가 알고 있는 것이란, 확인되지 않은 원천 정보에 대한 무한 파편들 중 하나이다. 따라서 그 정보들은 때로는 특정한 의도에 따라 때로는 의도와는 무관하게, 각색되고 변환되며 심지어 왜곡되기까지 한다. 이러한 정보들은 많이 접할수록 판별을 어둡게 하며 입장을 더욱 고착시킨다. 그러므로 원천 정보에 직접 접근할 필요가 있다. 그것은 간명한 육하원칙에 따라 건조하게 사실관계를 확인함으로써 가능하다.

그리고 나서 경험과 이론을 도구 삼아 원천 정보를 분석하고 입장을 추론해야 한다. 검색은 바로 이 과정에서 이뤄져야 하는 작업이다. 사고에 필요한 도구들이 미흡함을 느낄 때 관련 개념과 이론을 찾아봐야 하는 것인데, 오늘날 인터넷은 그와 같은 지식과 정보를 체계적으로 풍부하게 제공하고 있다. 이와 같은 공정을 통해 생성된 입장들은 고유한 개성을 지니게 된다. 설령 동일한 결론이 도출되었다고 하더라도 그 추론 과정들이 달랐기 때문이다.

과정이 허약한 입장들은 쉽게 허물어질 수 있다. 그러한 약점 때문에 완고해지기도 쉽다. 하지만 그 산출 과정을 중시하는 입장들은 유연성을 지닐 수 있다. 나아가 다른 입장들과도 상호공존의 길을 모색할 여지가 크다. 특정한 의도가 전제된 게 아니라면, 입장을 도출하기 위해 고민한 지점들과 그에 적용된 논거들은 대동소이하며, 이러한 공유점들이 대립되는 입장들 간에 상호 이해와 존중의 여지를 제공할 것이기 때문이다.

이와 같이 특정 입장에 관심을 두지 않으며 본질과 과정에 충실한 사람들이 지식정보화 사회 환경에서는 자생할 가능성이 높다. 적어도 형식적·외적 조건에서는 그러하다. 다만 그 가능성이 실현되기 위해서 필수적인 조건은 개인들의 결심과 실천이다. 이 책은 이들을 마니아마추어, 인터넷 – 컴퓨팅 기반의 지식정보화 사회의 이상적 대중으로 개념화하는 것이다. 마니아마추어의 태도로 문제가 파악되고, 그 입장이 주류를 형성하게 된다면 현재 한국사회에서 발생하는 극단적 대립의 상당수는 자연 폐기될 것으로 예측된다. 한번 마음먹고 실천해봄직한 모습이 아니겠는가.

사람을 섞다 : 마니아마추어의 놀이

마니아마추어는 이중간첩 또는 속칭 사쿠라일 수도 있다. 만약 오늘날의 한국사회가 이질적인 민족·종교 간의 적대적 대립이 끊이지 않는 중동이나 동유럽의 일부 국가들과 유사한 형편이라면 말이다. 하지만 한국에서 치러지는 국제적 행사에서 줄곧 나타나는 일치단결된 국민들의 모습은, 한국사회가 공동 운명을 지향하는 민족국가임을 분명하게 예증해준다. 따라서 갈등과 대립의 국면들에 아랑곳없이 이편저편으로 섞일 수 있는 사람들이 있다면 그들은 마땅히 칭송받아야 하리라 생각된다.

마니아마추어, 그들은 인터넷 – 컴퓨팅의 망망대해를 유영하는 사람들이다. 호기심과 상상력이 충분하다면 그 망망대해는 진정한 자유세계, 즐거움이 사라지지 않는 평생의 놀이터이자 일터이자 꿈터일 수 있다. 마니아마추어는 그곳에서 논다. 여기에서 오해되어서 안 되는 점은 논다는 것의 의미이다.[99] 그것은 지극한 자유로움, 곧 에리히 프롬이 말한 '적극적 자유'(Freedom To)의 표출로서, 주체적 자아가 성립돼 있지 않은 개인은 제대로 놀 수 없는 법이다.

호이징하(Johan Huizinga)에 따르면 인류가 놀이에서 멀어지기 시작한 것은 19세기였다. 이때부터 일과 생산이 시대의 이상이자 우상으로 자리 잡았고 전 유럽에 노동복이 걸쳐졌다.[100] 이러한 분석은 타당해 보인다. 그 후로 20세기를 거쳐 오늘날에 이르기까지 노는 법은 점차 잊혀 갔으며 논다는 것의 의미 또한 그 본질에서 더욱 멀어져 갔다. 그것은 '소극적 자유'(Freedom From)와 흡사하게 여겨지기도 한다. 일과 의무에서의 탈피, 그러니까 시간 때우기(killing time)에 가깝기 때문이다. 이러한 견지에서 필자는 첫 번째 장에서 오늘날 한국인들은 설령 저녁이 주어진다 하여도 잘 놀지 못할 것이라고 주장했던 것이다.

논다는 것을 시간 때우기나 소극적 자유 정도로 간주하는 사람에게 놀이란 일종의 감각 자극, 적나라하게 말하자면 말초신경의 흥분으로 착각되기 쉽다. 주체적 지향이 미약하므로 외부 요소에 수동적으로 반응하는 것인데, 오늘날 인터넷 – 컴퓨팅 기반의 미디어는 그러한 놀이에 안성맞춤이다. 별다른 지향이 없는 경우라도 놀이를 이어갈 수 있도록 자극 – 흥분의 요소와 기제가 잘 발달돼 있기 때문이다.

어떠한 놀이가 진정한 것인가의 여부는 그것이 끝난 후의 느낌으로 대략적인 판단이 가능하다고 생각된다. 친구들과 밤샘하며 피시방에서 게임을 했던 사람이 흡족한 기지개를 켜면서 그날 밤에 다시 똑같은 놀이를 위해 만나자고 약속할 가능성은 별로 없어 보인다. 이는 그 게임 자체 또는 게임하는 행위의 문제였다고 오해되어서는 안 될 것이다. 의미가 있었다면, 그래서 그 의미를 지속하기 원한다면, 그 놀이는 지속될 수 있기 때문이다. 문제는 무의미함에서 오는 허탈함이다. 호이징하가 놀이의 본질과 의미를 '정신'과 연계시켰던 까닭은 이러한 관점으로 이해될 수 있을 것 같다.[101]

어떻게 하면 과연 제대로 놀 수 있을까. 아쉽게도 필자는 이에 대하여 구체적인 답을 제공할 수 없다. 자유가 개인의 소관이듯 진정한 놀이 또한 개인적 영역에 속하기 때문이다. 다만 잘 놀 수 있는 두 가지 자질에 대하여 말해볼까 한다.

첫째, 왕성한 호기심에서 비롯된 자기 특유의 시각과 문제의식이 필요하다. 여기까지는 교과서적이다. 따라서 그 실천 방략으로 필자는 다음과 같은 일을 권유한다. 마치 다이어리를 쓰듯이 이를테면 '사유의 노트'를 작성하라는 것이다.

사유라고 하여 거창한 의미는 아니다. 그저 일상 가운데서 인지하게 되는 특이한 정보나 그럴싸한 지식 그리고 이러저런 생각들을 기록해두는 일이다. 이는 다섯 번째 장의 1절에서 마니아마추어의 '지식의 뜨락'을 구성하는 기본 소품이다. 지식의 뜨락은 사유의 노트를 지시서로 삼아 일을 수행하는 시공간이다. 창의적 생산 활동에서 가장 중요한 요소는 원천 아이디어이다. 글쓰기에서 그것은 주제이고 일반 업무에서는 콘셉트이다. 선명하고 탄탄한 주제 또는 콘셉트가 수립되고 나서야 글이나 성과에 속도가 붙는 법이다.

이와 같은 필자 나름의 노하우와 거의 동일한 방법을 전파하는 유명인사가 있다. 이 책을 집필하는 과정에서 알게 된 사실인데, 바로 앞에서 소개했던 배상민 교수이다. 그는 방송 강연에서 '저널'을 쓰라고 권유하였던바, 그것은 필자가 말하는 '사유의 노트'와 흡사하다. 나아가 그는 어떤 우화에 나오는 사수의 '천발천중' 원리로 그 효용성을 설명하기도 하였다.

어느 마을의 백발백중 명사수가 다른 마을에 천발천중의 명사수가 있다는 소문을 듣고 찾아갔다. 그런데 천발천중의 명사수는 화살을 먼저 쏘더니 그 구멍 난 자리들에 과녁을 그려 넣는 게 아닌가. 그러니까 배상민 교수 역시 저널 쓰기를 통하여 구멍들을 미리 뚫어두고 있다가 문제를 들고 찾아온 고객에게 해결 방안을 제시했던 것이다. 오랫동안 고민한 끝에 찾아온 고객 앞에서 즉석에서 나온 것 같은 해결책을 술술 풀어놓는 그에게 고객들이 큰 신뢰감을 품고 일을 의뢰하였음은 물론이다.

마니아마추어는 이곳저곳을 헤집으면서 놀 줄 아는 사람이다. 그러므로 기본적으로 자기 일에 대해서 뛰어난 성과를 낸다. 이들의 사회적 효과는 더 크게 확장된다. 특정한 입장에서 시작하는 관계 맺음이 아니기 때문에 그들은 다양한 입장을 가진 사람들과 폭넓게 교유하게 되며, 바로 그러한 까닭에 입장들을 초월하는 위치에 서기 때문이다. 마니아마추어는 그 교유가 오프라인으로 이어지지 않는 경우라 할지라도 특정한 입장과는 무관한 공감과 친밀감을 먼저 맺는다.

둘째, 제대로 놀기 위해서는 자기 자신에 대한 존중과 믿음, 한마디로 배짱이 필요하다. 사회적 표준시보다는 주관적 시공간에 더 투철한 마니아마추어는 개미 말고도 베짱이로 비칠 가능성이 적잖다. 더욱이 그 시공간('지식의 뜨락')은 잠재력에 대한 믿음과 기대에서만 유지될 수 있는 까닭에 간혹 그에게는 불안감이 엄습해올 수도 있다. 그럼에도 불구하고 제대로 놀고자 한다면 주위의 시선과 자타의 우려에서 스스로 자유로워져야 한다. 이러한 측면에서 마니아마추어는 '배짱이'이자 '개짱이'(개미와 베짱이의 특성을 두루 지닌 인간형, 이어령)이다. 두둑한 배짱으로 자신의 눈에 따라 열심히 일하는 한편, 제대로 노는 사람이기 때문이다.

놀이는 인간의 본질로서 즐거운 의미를 추구하는 일체의 행위들이다. 인터넷-컴퓨팅 기반의 미디어-테크놀로지는 현대인들에게 풍부한 놀이터를 제공해준다. 다만 유념해야 할 점은 그 놀이가 감각의 자극과 흥분에 그치는 소극적 자유의 시간 죽이기인지, 부단한 의미 생산으로 이어지는 적극적 자유의 참된 놀이인지를 구분하는 것이다. 참된 놀이는 개인의 삶과 일을 풍족케 한다. 더불어 사회적으로는 편협한 입장들을 무화시킴으로써 건강한 연대감을 고취하고 공존의 길을 열어준다. 제대로 노는 사람, 마니아마추어가 절실한 시대이다.

엉덩이의 이중성 : 이론가로 실천가로

'무거운 엉덩이'는 열심히 성실하게 사는 사람을 긍정하는 의미이다. '가벼운 엉덩이'는 지구력 없이 여기저기 옮겨 다니는 불성실한 사람에 대한 부정적 지칭이다. 그런데 이와 같은 이분법적 인식에는 허점이 있다.

삶의 실재에서 사람의 엉덩이는 가벼워야 할 때가 무척 많다. 특히 사회적 문제와 인간관계에서 엉덩이는 가벼울 필요가 있다. 그러니까 무거운 엉덩이와 가벼운 엉덩이란 개인적 차원의 추상적 의미로 사용되는 개념이라고 할 수 있다. 그리고 실제 삶, 즉 사회적 의미에서는 그 긍정과 부정이 역치된다고 하겠다.

그렇다면 개인적 차원에서는 무거운 엉덩이가, 사회적 차원에서는 가벼운 엉덩이가 이상적 자세로 요청되는 셈인데, 마니아마추어는 바로 그 이중성을 특징으로 갖는다. 물론 물리적·운동적 시각에서 마니아마추어의 엉덩이는 대체로 무겁다고 할 수 있다. 그러나 사회적 문제에 대한 반응으로서의 엉덩이 무게는 물리적·운동적으로 결정되는 게 아니다. 개인적 차원에서의 무거운 엉덩이가 사회적 차원에서는 가벼운 엉덩이로 변환될 가능성이 높은 것이다.

과거 타자기의 출현으로 식자(植字)라는 전문성이 소멸됐던 것과 마찬가지로, 오늘날은 인터넷-컴퓨팅의 보편적 사용으로 문필(文筆)

이라는 전문성이 와해된 시대이다. 오늘날에는 누구라도 얼마든지 써낼 수 있다. 더욱이 고된 창작 과정을 거치지 않고서도 아주 간단하게, 가위와 풀을 사용할 일도 없이, 마음대로 자르고 붙이기(Ctrl+C와 Ctrl+V)를 할 수 있다. 이로써 오늘날의 대중은 나름대로 문필가의 모양도 갖추게 되었다.

그런데 문필가란 무엇이었는가. 물리적으로는 후방에 위치하지만 정신적으로는 최전방을 지휘하는 역할을 수행하던 이들이 아니었는가. 오늘날의 대중이 저마다 문필가의 모양을 갖게 되었다는 것은 실제로 전투를 벌일 사람들이 모두 후방으로 은신하게 됐다는 사실을 의미한다. 회고해보건대 21세기 들어서도 한국사회에서는 사회적 봉기가 일어날 만한 문제가 여러 번 있었다. 그리고 일부 지식인은 예의 과거 문필가의 태도로 대중의 행동을 고무하고자 열변을 토하기도 했다. 하지만 아무런 일도 일어나지 않았다. 모든 사태는 찻잔 속의 태풍으로 그치고 말았다. 좋게 말하자면 대중은 나름의 쓰기를 통하여 순화되었던 것이고, 실제로는 그 쓰기로 행동을 갈음했던 셈이다.

만약 그러한 쓰기가 불가능했다면, 울분의 표출이 봉쇄돼 있었다면, 조용히 지나간 문제들 중에는 찻잔 속의 태풍으로 그치지 않았을 일들이 적지 않았으리라 생각된다. 자유민주주의 체제 이후에 오늘날처럼 사회적 행동이 아쉬운 시대는 일찍이 없었던 것 같다. 그러나 지금 우리는 과거의 그 물리적 행동을 아쉬워 할 수가 없다. 시대가, 사회적 의견의 표출과 집합의 방식이 아주 달라졌기 때문이다. 현재의 시대와 조건에 적합한 사회적 운동은 그래서 요청된다.

온라인상에 민의의 '광장'이 설립되어야 한다. 글들은 지금까지의 경과에서 충분히 입증되었다시피 광장에 적합한 미디어가 아니다. 온라인 광장에서는 끊임없는 민의가 현장성을 지닌 다양한 콘텐츠로 생산되어야 한다. 이때 글도 현장성을 지닌 연설·토론 등의 퍼포먼스로 재매개(Remediation)[102] – 미디어 변환되어야 하는 것이다. 글쓰기보다는 말하기가, 말하기보다는 실제적 언행이 인간을 더욱 고무시킬 수 있기 때문이다.

오늘날의 동영상 미디어 – 테크놀로지는 온라인 광장 설립의 충분조건이다. 우리는 앞에서 개인미디어들의 새로운 약진과 가능성을 확인한 바 있다. 하지만 그것들은 언제 소멸될지도 모르는 불안한 생존조건에 놓여 있다. 온라인 광장은 민의의 생산과 결집 및 확장에 있어서 규모의 경제를 추구하는 개념·조직체이다. 그동안 각계 각처에 작은 단위로 산재돼 있던 사람과 콘텐츠를 매스미디어화하는 일이다.

이곳은 통찰력 높은 수준의 민의가 교통하는 시공간이 될 것인바, 퍼블릭아마추어의 팔로워 – 팔로잉 같은 소통이 통하지 않는 곳이다. 다양한 콘텐츠로 공급되는 마니아마추어와 스페셜아마추어의 예리한 통찰과 분석이 퍼블릭아마추어 – 대중의 본질적 사유와 문제의식을 촉발하게 될 것이다. 따라서 온라인 광장은 저간의 무지향적·일방향적이었던 대열에 안존함으로써 자기를 상실하고 투명인간처럼 돼버린 대중이 각성하는 장이 된다. 나아가 실천적 행동이 시작되는 기지가 된다.

마니아마추어의 시대가 온다

마니아마추어와
실천적 지혜의 역동
—21세기 문화의 이상

고요하나 항상 움직이는 모습을, 행동하되 언제나 고요한 공덕을….
지혜를 모아 실행에 옮기는 것은 수레의 두 바퀴와 같으며,
내게 이롭고 남에게도 이로운 일은 새의 두 날개와 같도다.

— 원효 —

손가락의 무한 복제,
대중적 탁상공론의 시대상

한국사에서 취미의 문제가 유의미한 학풍으로 성립되기 시작한 때는 조선 후기(18세기)다. 17세기 들어 조선에는 외래 문물이 다양한 서책과 물품들로 다량 유입되었으며(서학西學), 청나라를 견문하면서 완고한 성리학적 세계관─자기중심적인 중화(中華) 및 소중화(小中華)의 중세적 세계관─을 반성하는 기풍(북학北學)이 진작되고 있었다. 외래와의 접촉에서 기인한 자성과 개혁의 분위기가 과거 어느 때보다 고조되는 추세였던 것이다. 이러한 배경 하에서 주로 형이상학적 논의에 집중돼 있던 기존의 학적 논의는 다양한 사물로 그 지평을 확대해 갔다. 그것이 곧 실학(實學)이다.[103]

이때부터 문학은 새로운 문화의 영역과 현상들을 훨씬 더 자유롭게 포섭해가기 시작했다. 기존의 문학에서는 글쓰기의 격식과 장중함이 가장 중시됐었다. 따라서 문자로 된 모든 것, 즉 모든 대상과 소재를 포괄했음에도 불구하고 결국에는 거창한 형이상학적 논의로 귀결되기 일쑤였다. 이른바 소품문(小品文)이라고 하는, 짧은 형식에 고문의 격식을 벗어던진 한문문학의 새로운 장르는 이와 같은 문화적 환경 속에서 탄생했다.[104]

소품문은 일상의 사물들에 대한 관조와 사유의 기록이었다. 말하자면 소품문은 단순한 도구, 소모품에 불과했던 사물들이 인생과 의미의 영역에 새롭게 배치되던 시기의 자취였다. 그러나 문제는 실학이나 소품문 같은 혁신적 기풍이 정작 현실 문화로는 확장되지 못했다는 데에 있다. 혁신적인 경향이 강했지만 실학은 그 모태인 성리학을 전면적으로 부정하지 못하였다. 더욱이 주류 위정자들은 그 강고한 세계관에서 거의 벗어나지 못하는 형편이었다. 이로써 조선 후기의 혁신적 기풍은 정책적 실천으로까지 연결되지 못했던 것이다.

이와 같이 태생적으로 작용하는 강력한 가치와 신념을 도그마(Dogma)라고 한다. 오늘날 역설적이게도 인터넷-컴퓨팅 시스템에서는 강고한 도그마가 작동하고 있다. 우리는 세 번째 장에서의 논의를 통해 그 실체를 확인했다. 또한 도그마에 계속 끌려다니다보면 전혀 상관없는 영역에까지 그것을 적용할 수 있음도 파악했다. 이것이 마니아마추어가 이 시대에 호명되는 이유이다. 그들은 온라인상에서의 주체적 활동을 통하여 생산적 활동을 이끌어내는 인물형이다. 오늘날 우리는 온라인 생태계에서 항상 새로운 것을 접하고 수행한다고 여긴다. 하지만 자기 자신도 모르는 사이에 시나브로 남의 삶을 살며 그들의 조종을 받고 있다.

오늘날 우리는 화상카메라와 모니터로 이뤄진, 세상에서 가장 작은 방송국들을 온라인에서 발견하게 된다. 그들의 직무는 학교로 치면 방송반원이고, 군대로 치면 정훈병이다. 그들은 책상머리를 지키면서 동기들을 고무하거나, 아군의 기운을 진작하고, 적군의 사기는 저하시키는 그런 일들을 한다. 어쨌든 이들은 온라인상에서 일정한 자기 기반(움직일 수 있는 인원)을 갖고 있는 사람들이다. 또한 자기 홈페이지나 블로그를 통하여 이슈, 신제품, 명소 등을 소개하는 이들도 있다. 그리고 드물게는 정보와 지식의 바다를 유영하면서 자기 나름의 원(original) 콘텐츠를 생산하는 사람들도 있다.

이상의 유형들 외에 대부분의 사람들은 책상에서부터 침대, 교통수단이나 길거리 여기저기에서 무언가를 보다가는 이따금씩 손가락 운동하기를 반복한다. 이러한 측면에서 볼 때 21세기 지식정보화 사회의 대중은 대체로 탁상공론가라고 할 수 있다. 그것도 자기 생산량은 거의 없이 손가락만을 사용하여 무한 복제를 하는 사람으로서. 그들은 웬만하면 행동하지 않는다. 손가락 하나로 세계를 지시할 수 있다고 착각하기 때문이다. 따라서 정말로 움직여야 하는 상황에서도 여전히 손가락을 까닥이며 자신의 행동을 대신한다. 그 결과 엉뚱한 전선에는 무시로 정렬하면서도(세 번째와 네 번째 장), 필요한 전선에는 거의 나서지 않는다.

그러나 마니아마추어는 자기만의 생산적 공간인 '지식의 뜨락'에서 오프라인 – 실재와의 관계 울림을 통해 더욱 충만하게 고양됨을 우리는 기억해야 한다(다섯 번째 장). 넓은 반경을 횡단하며 대상과 그 관계를 실제화하는 마니아마추어의 행동 방식은 새로운 사회적 효과를 일으킨다. 인터넷 – 컴퓨팅 시스템에서 인간과 인간관계란 2차원적 평면(화면 또는 모니터) 이하로 사물화(事物化=死物化)된 것이다. 하지만 마니아마추어는 4차원적 호흡을 불어넣음으로써(3차원+시공간성), 온라인상의 그 인간과 인간관계를 생물화한다. 따라서 온라인상으로만 그치는 경우더라도 마니아마추어의 관계 맺음에서 터무니없는 대립은 사실상 발생하지 않게 된다. 이미 그 이상의 공감과 교감의 정을 나눈 이후이기 때문이다.

소란한 방들과 고요한 광장 : 지식 비만 사회

온라인 세계에는 광장이 없다. 이것은 무척 역설적인 현실이다. 기술적으로는 과거 실제 광장보다 기하급수적 규모로 확대된 광장이 성립되기 때문이다. 포털이 광장이 아니냐고 반문할 독자가 있을지도 모르겠다. 그러나 그것은 말 그대로 '웅장한 정문'(portal)일 따름이다. 내부에서 어떤 일이 벌어질지 어떤 일을 당하게 될지 알 수 없는 거대한 세계의 입구일 뿐이다. 그러므로 출구는 없다고 하는 편이 낫다.

　포털은 절대로 과거의 광장을 대신할 수 없다. 포털은 굳이 실제 구조물로 환언하자면 다음과 같을 것이다. 그 체계는 무수한 방들과 허다한 통로가 얽혀 있는 유럽의 궁전이나 중국 황제의 구중심처와 같다. 그리고 하이퍼링크까지 감안한다면 미로의 골목길로 점철돼 있는 중세풍의 도시쯤으로 묘사될 수 있을 것 같다. 물론 포털에는 무수한 사람들이 들어오고, 때로는 많은 사람들이 모이는 지점도 있다. 그러나 대부분의 사람들은 그곳을 스쳐 지나간다. 포털에서 사람들은 끊임없이 방들을 옮겨 다니거나 골목길을 배회한다.

온라인 세계가 소란하다면, 그것은 단절된 수많은 방과 골목에서 새어나오는 소음의 결과라고 할 수 있다. 따라서 온라인에서는 광장에서와 같은 시너지의 생성을 기대하기가 거의 불가능하다. 실제 광장과 연동된다면 그 에너지는 엄청나게 팽창될 수 있겠지만, 그러한 기적은 인터넷 – 컴퓨팅의 초창기(오프라인 광장의 존속기)에나 발생할 수 있는 우연이다. 한국사회에서는 2002년 대통령선거, 단 한 번뿐이었다. 이런 시각에서 필자는 미디어 권력이 이동됐다고 호언하던 당시의 주장들이 오류였다고 지적했다.

방에 들어앉아 있는 사람들, 광장에 나와서 운동하지 않는 사람들은 비만하게 된다. 그리고 비만은 주지하다시피 웬만한 성인병들의 원천이다. 바야흐로 한국은 지식 비만 사회가 되었으며, 갈등과 대립의 많은 요인들은 바로 거기에서부터 탐색될 필요가 있다.

필자로서는 이 시대의 리더로 자타가 공인하는 인사들 중 어느 누구도 온라인 광장을 조성하는 일에 나서지 않고 있는 사정을 이해하기 힘들다(만약 아이디어의 부재라고 한다면 그 사실도 믿기 어렵다). 그들은 정말 '언 발에 오줌 누기'처럼 에스엔에스에 찔끔찔끔 글자들을 늘어놓는다. 자기를 따라와 달라는 뜻이고 더불어 취재해주라는 얘기이다. 개인미디어 시대(전술했듯이 개인의 콘텐츠 '생산'이 보편화된 시대)에 구태의연한 수동적 자세로 어찌 국가의 장래를 운위하는지 답답한 노릇이다. 그러면서 언론의 불공정 행태나 정권의 언론장악만을 문제 삼는다.

그렇게 문제시하는 불공정한 언론에 의한 증폭을 바라고 기다릴

마니아마추어의 시대가 온다

게 아니다. 취재해주지 않는다고 불평만 할 일도 아니다. 진정한 민의가 수렴될 수 있는, 대단히 위력적인 미디어-광장을 만들고 저들 스스로가 그 광장에 나설 생각과 준비를 해야 한다. 거기에서 오늘날 한국사회와 그 대중들이 앓고 있는 새로운 질병들의 치유도 가능해질 것이다.

실천적 지혜와 역동하는 광장 : 21세기 문화의 꿈

이상에서 분석한 문제들과 희망으로 제시한 대안들을 상기할 때 마니아마추어의 활약과 사회·문화적 작동은 긴요하고 시급하다. 이들은 생각이 없어서 아무 입장이 없는 게 아니다. 이들은 주체적 활동의 결과로 잘못 정위돼 있는 대립 구조들에서 비껴 서 있는 존재들이다. 따라서 그들에게 시대의 기대와 소망이 주어질 수 있다. 우리는 세 번째 장에서 우리 사회의 문화적 대립 구조와 양상들에 대한 다각적 분석을 시도하였다. 그리고 네 번째 장에서 현재의 한국사회를 'V형 사회'로 규정하고 분석하였다. 그 구조에서 우리는 극단의 어딘가에 서도록 강제되고 있다. 그것은 우리 시대가 결코 밝지만은 않은 이유다.

　퍼블릭아마추어들이 마니아마추어들로 거듭나는 것, 그들이 우리 사회의 온건한 중립 지대를 생성하는 일은 이 시대의 필수 요건이자 미래의 희망을 견인하는 요체가 된다. 더욱이 마니아마추어는 대단한 시험 점수나 학비를 요하지 않는다. 기왕에 조성돼 있는 지식정보화 환경에서 조금 더 단단하게 실천하면 되는 일이다. 그러나 갑자기 될 수는 없다. 어떤 일이든지 일정한 고비를 넘기고 나서야 그 참맛을 알 수 있는 법이다. 그런 측면에서 마니아마추어로 재생한다는 것은 다이어트나 금연과 유사하다고 할 수 있다. 하기는 쉽지 않으나 하면 되는 일이기 때문이다. 그래서 이 책은 여기저기에서 '맘만 먹으면'이라는 모호하며 비논리적인 표현을 중시해왔다.

마니아마추어는 21세기 지식정보화 사회의 기반에서 취득한 다양한 소재들을 일회용으로 소모하지 않는 사람들이다. 이들은 그 지식정보들을 자신의 주체적 목적과 지향에 따라 생산적 활동으로 발전시키는 실천적 지혜의 수행자들이다. 그런데 이들의 활동은 개인의 향상뿐 아니라 사회적 효과도 함께 불러온다. 자기 자신에 몰입하는 까닭에 그들은 외부의 불순한 의도에 쉽게 견인되지 않기 때문이다. 허다한 대중이 불필요한 대립 구조에 전사처럼 나서게 될 가능성이 높지만, 마니아마추어는 그 대열에서 스스로 이탈하게 된다. 그럼으로써 그들은 빈약해진 중립 지대를 끊임없이 메꾸는 역할을 수행한다. 그리고 바로 그 지점에서 역동하는 광장의 꿈도 영글어갈 수 있다.

이 책은 마니아마추어를 서술 과정에서 실천해보고자 노력하였다. 따라서 마니아마추어의 고향인 인터넷 – 컴퓨팅에서 필요한 지식과 정보를 적극적으로 찾아 사용하였다. 누구나 맘을 먹을 수 있음을 실험해 보이고 싶은 까닭에서였다. 그런데 그 과정에서 예상치 못했던 기쁨을 맛보았다. 마니아마추어의 자기 공간인 '지식의 뜨락'을 이 책의 서술을 위해 만들어나갔는데, 아주 자연스러운 회상들이 연속됐다. 오프라인의 책이나 메모나 특정한 장소나 사람 등등이 새로운 관계의 울림으로 필자의 느낌과 감성을 고양시켰던 것이다. 이 책이 가히 잘 쓰인 게 아님을 필자는 잘 안다. 그럼에도 불구하고 서술 과정에서의 그 충만한 감정과 확신 때문에, 필자는 이 내용이 많은 사람에게 읽히고 또한 공유되기를 염원하고 있다.

1 Jean Baudrillard. *Simulacres et simulation*. Paris: Éditions Galilée. 1981. 하태환 역, 『시
   뮬라시옹』, 서울: 민음사, 2001. 12쪽.

2 상암동에는 당시 월드컵 주경기장이 건설 중이었고, 그곳 지붕의 모양이 방패연을
   닮아 있었다.

3 Steve Donahue. *Shifting Sands: A Guidebook for Crossing the Deserts of Change*. San
   Francisco, CA: Berrett-Koehler Pub. 2004. 고상숙 역, 경기도 파주: 김영사, 2005.

4 〈쓰레기 연료로 6000가구 난방열 공급한다〉, 『머니투데이』, 2011.5.27.(인터넷판)
   참조.

5 국토지리정보원, 〈난지도〉, 『한국지명유래집 중부편 지명』, 서울: 정암, 2008. 인용
   자가 정리하고 설명을 보충함.

6 구체적인 내용은 다음 책에 잘 정리돼 있다. Irving Fang. *A History of Mass
   Communication : Six Information Revolution*. Oxford, UK: Butterworth-Heinemann.
   1997. 심길중 역, 『매스커뮤니케이션의 역사 : 6단계 정보혁명』, 경기도 파주: 한
   울, 2002.

7 Alvin Toffler & Heidi Toffler. *Revolutionary Wealth*. New York: Alfred A. Knopf.
   2006. 김중웅 역, 『부의 미래』, 서울: 청림출판, 2006. 168~173쪽.

8 Gilles Deleuze & Felix Guattari. *Mille plateaux : capitalisme et schizophrenie 2*. Paris:
   Les Éditions de Minuit. 1980. 김재인 역, 『천 개의 고원』, 서울: 새물결, 2001.
   136~137쪽 참조.

9   Manuel Castells. *Rise of the Network Society : The Information Age : Economy, Society and Culture*. tmecca. 1996. 김묵한 역, 『네트워크 사회의 도래』, 경기도 파주: 한울, 2003. 13~14쪽 참조.

10 '대중지성'은 성립 가능한 개념이지만 지금까지의 한국사회에서는 미완의 가치로 서 바람직한 지식 사회에 대한 기대지평이라고 생각된다. 그 개념과 특성에 관해 서는 천정환, 『대중지성의 시대』, 서울: 푸른역사, 2008. 115~127쪽 참조.

11 작동(作動) [명사] 기계 따위가 작용을 받아 움직임. 또는 기계 따위를 움직이게 함(『표준국어대사전』, 서울: 국립국어원). 미디어-테크놀로지를 '작용'과 '사용'이 통 합적으로 고려된 '작동'의 문제로 고구해야 한다는 주장은 임형택, 『문학미디어 론』, 서울: 소명출판, 2016. 1장 2절 2항 전후 참조.

12 이에 관해서는 다음 책을 보라. 최재천, 『생명이 있는 것은 다 아름답다』, 서울: 효 형출판, 2006.

13 특히 이러한 사상은 『장자』에 두드러져 있다.

14 Jacques Attali. 유재천 역, 『21세기의 승자』, 서울: 다섯수레, 1993. 123~124쪽 참조.

15 김희보 편, 『증보 한국의 명시』, 서울: 가람기획, 2001. 198쪽.

16 W. A:son Grebst. 김상열 역, 『스웨덴 기자 아손 100년 전 한국을 걷다』, 서울: 책 과함께, 2005. 130쪽 전후 참조.

17 손학규, 『저녁이 있는 삶』, 서울: 폴리테이아, 2012.

18 Jared Diamond. *Guns, germs, and steel*. New York: W. W. Norton. 1997. 김진준 역,

『총, 균, 쇠』 개정증보판, 서울: 문학사상사, 2005. 610~612쪽 참조.

19 Jeremy Rifkin. *The Empathic civilization: the race to global consciousness in a world in crisis*. New York: Penguin. 2009. 이경남 역, 『공감의 시대』, 서울: 민음사, 2010. 540~541쪽 참조.

20 황현, 임형택 외 역, 『역주 매천야록』 상, 서울: 문학과지성사, 2005. 272쪽.

21 구술성, 구술문화의 특징에 관해서는 다음 책의 전반을, 특히 3장과 6장을 중심으로 참고하라. Walter J. Ong. *Orality and Literacy : The Technologizing of the Word*. London & New York: Methuen. 1982. 이기우·임명진 역, 『구술문화와 문자문화』, 서울: 문예출판사, 1995.

22 한국사사전편찬회, '김대중 대통령 노벨 평화상 수상', 『한국근현대사사전』, 서울: 가람기획, 2005.

23 김기삼, 『김대중과 대한민국을 말한다』, 서울: 비봉, 2010. 19~33쪽 참조.

24 Walter J. Ong. 이기우·임명진 역, 앞의 책. 22~29쪽 및 205~208쪽 참조

25 Alex Wright. *Glut : Mastering Information through the Ages*. Washington, D.C.: NationalAcademyPress. 2007. 김익현·김지연 역, 『분류의 역사』, 서울: 디지털미디어리서치, 2010. 43~47쪽 참조.

26 천정환, 『근대의 책 읽기』, 서울: 푸른역사, 2003. 218~221쪽 참조.

27 辻原康夫, 『人名の世界史』, 東京: 平凡社, 2005. 김미선 역, 『인명의 세계사』, 경기도 남양주: 창조문화, 2008. 138~167쪽 참조.

28 위의 책, 151~152쪽.

29 이 실험에 관한 내용은 다음 책을 바탕으로 했다. Lauren Slater. *Opening skinner's box : great psychological experiments of the twentieth century*. New York: W. W. Norton & Company. 2004. 조증열 역,『스키너의 심리상자 열기』, 서울: 에코의서재, 2005. 49~94쪽.

30 〈4월11일? 4월13일?…학계 임정수립 기념일 논란〉,『경향신문』, 2006.10.30.(인터넷판)

31 이영훈, 〈우리도 건국절을 만들자〉,『동아일보』, 2006.7.31.(2009.10.7., 수정, 인터넷판), 〈"건국절 없는 유일한 나라… 지금이라도 제정해야"〉,『조선일보』, 2015.8.17. 등 참조.

32 이영훈, 앞의 글 참조.

33 조갑제, 〈한국의 내전(內戰) 구도- 대한민국 건국 부정세력의 정체〉,『뉴데일리』(인터넷신문), 2012.8.7. 참조. 지적한 논자 둘은 조갑제와 양동안이며, 이 글에서 모두 확인할 수 있다.

34 Mark Buchanan. *The Social Atom*. New York: Bloomsbury. 2007. 김희봉 역,『사회적 원자』, 서울: 사이언스북스, 2010. 127~133쪽 참조.

35 위의 책, 199~207쪽 참조.

36 〈일본, '우편향' 역사교육 강화…우익교과서 급속 확산〉,『경향신문』, 2015.8.6.(인터넷판)과 〈'식민지배·침략 미화' 일본 우익 역사교과서 '기세'〉,『연합뉴스』,

2015.8.7.(인터넷판) 참조.

37 Mark Buchanan. 김희봉 역, 같은 책. 128~129쪽 참조.

38 임재준,『가운을 벗자 : 의학, 세상과 만나다』, 서울: 일조각, 2011. 111쪽.

39 은혜정,『텔레비전 프로그램 포맷』, 서울: 커뮤니케이션북스, 2013. 2쪽.

40 Roland Barthes. *Le Plaisir du texte/Leçon*. Paris: Seuil. 1978/1973. 김희영 역,『텍스
   트의 즐거움』, 서울: 동문선, 1997.

41 Michel de Montaigne. *Les Essais* 3 vol. Paris: Felix Alcan. 1922. 손우성 역,『몽테
   뉴 수상록』4판, 서울: 동서문화사. 2007. 1191쪽.

42 〈'의사 인력 확충' 찬성론자들만 모여 '반쪽' 토론〉,『메디컬타임즈』(인터넷신문),
   2012.9.14. 참조.

43 〈공단 의사부족 편파토론, 의협은 의사과잉 맞불토론 ─ 26일 같은 주제로 파상공
   세 예고…공단도 27일 2차 토론회〉,『메디컬타임즈』(인터넷신문), 2012.9.25. 참조.

44 〈사설: 법조 인력의 확충 방안〉,『동아일보』, 1979.11.29. ; 〈사시정원 이대로 좋은
   가(상·중·하)〉,『동아일보』, 1986.2.17.~19. 등 참조

45 〈사시정원 이대로 좋은가(중)〉,『동아일보』, 1986.2.18., 5면 참조.

46 위의 글 참조.

47 〈사설: 로스쿨 정원 대폭 늘려야〉,『서울신문』, 2007.7.10.

48 〈'판사의 과로' 법과 양심에 영향 없을까〉(부분),『주간경향』 1140, 2015.8.25.

49 〈빚더미·신용불량 의사 고용한 사무장 병원 적발〉,『경향신문』, 2015.8.2.

50 〈고령의 신용불량 한의사 등 고용해 사무장 한의원 차린 50대 구속〉, 『중앙일보』, 2015.7.22.

51 〈변호사 위에 사무장… '사무장 법률사무소' 판친다〉, 『경기일보』, 2015.5.14.

52 〈약사면허 은밀한 불법거래… '면대약국' 판친다〉, 『국민일보』, 2015.8.18.

53 Michel de Montaigne. 손우성 역, 앞의 책. 1195쪽.

54 Atul Gawande. *Complications: A Surgeon's Notes on an Imperfect Science*. New York: Picador. 2002. 김미화 역, 『나는 고백한다, 현대의학을』, 경기도 파주: 동녘사이언스, 2003. 121쪽.

55 위의 책, 132~133쪽.

56 위의 책, 128쪽.

57 〈'판사의 과로' 법과 양심에 영향 없을까〉, 『주간경향』 1140, 2015.8.25.

58 Michel de Montaigne. 손우성 역, 앞의 책, 1204쪽.

59 이하의 내용은 〈금난새〉, 『위키백과』를 바탕으로 작성하였다.

60 '천 원의 행복' 홈페이지 대문 글(http://happy1000.sejongpac.or.kr)

61 신정근, 『동양고전이 뭐길래?』, 서울: 동아시아, 2012. 4~5쪽.

62 〈아름다운 충절의 여인 논개〉, 『디지털진주문화대전』(http://jinju.grandculture. net/?local=jinju), 〈장수삼절〉, 전라북도 장수문화원(http://jangsu.kccf.or.kr), 〈전논개묘역(傳論介墓域)〉, 경상남도 함양군청(http://www.hygn.go.kr)

63 이이화, 〈중국 동북공정 대응해 '고구려역사문화재단' 발족〉, 『한겨레신

문』, 2011.2.27. 및 〈1500년 전 땅속 유물 아차산 큰불로 '햇빛'〉,『경향신문』,
2004.7.21. 참조.

64 구리시청 홈페이지(http://www.guri.go.kr/culture) 참조.

65 〈인터넷과 네티즌이 '조중동'을 이겼다〉,『오마이뉴스』, 2002.12.20.

66 〈'지지철회'와 함께 바뀐 조선 사설〉,『오마이뉴스』, 2002.12.20.

67 Edward S. Herman and Noam Chomsky. Manufacturing *Consent : The Political Economy of the Mass Media*. New York: Pantheon. 2002(1988). 정경옥 역,『여론 조작』, 서울: 에코리브르, 2006.

68 〈촘스키 인터뷰: 그가 트위터를 보지 않는 이유〉,『허핑턴포스트 코리아』,
2015.5.18.(http://www.huffingtonpost.kr).

69 Roland Barthes. *Le Plaisir du texte/Leçon*. Paris: Seuil. 1978/1973. 김희영 역,『텍스트의 즐거움』, 서울: 동문선, 1997.

70 Aristoteles. *Ethika Nikomacheia*. 천병희 역,『니코마스 윤리학』, 서울: 숲, 2013. 83쪽.

71 위의 책, 75쪽 참조.

72 윤재근,『莊子 철학우화 ③: 눈썹에 종을 매단 그대는 누구인가』, 서울: 둥지, 1991.
279쪽.

73 윤재근,『莊子 철학우화 ①: 학의 다리가 길다고 자르지 마라』, 서울: 둥지, 1990.
219쪽.

74 김대우, 「〈방자전〉 시나리오」, 서울: (주)바른손·시오필름(주), 2010. 12쪽.

75 이와 같은 문제에 대해서는 다음과 같은 책들의 도움을 받을 수 있다. Peter Collett. *The Book of tells : How to Read People's Minds from Their Actions*. New York: Bantam Books. 2003. 박태선 역, 『몸은 나보다 먼저 말한다』, 서울: 청림출판, 2004. ; Janine Driver with Mariska van Aalst. *You Say More Than You Think : A 7-Day Plan for Using the New Body Language to Get What You Want*. New York: Crown Publishers. 2010. 황혜숙 역, 『당신은 생각보다 많은 것을 말하고 있다』, 서울: 비즈니스북스, 2011. ; Paul Ekman. *Emotions Revealed : Recognizing Faces and Feelings to Improve Communication and Emotional Life*. New York: Henry Holt and Company, LLC. 이민아 역, 『얼굴의 심리학』, 서울: 바다출판사, 2006. ; Mark L. Knapp & Judith A. Hall. *Nonverbal communication in human interaction*. 6th ED. 2005. 최양호·민인철·김영기 역, 『비언어 커뮤니케이션』, 서울: 커뮤니케이션북스, 2012. 등.

76 Marshall Mcluhan. *The Gutenberg Galaxy : The Making of Typographic Man*. Toronto, Buffalo, London: University of Toronto Press. 1962.

77 〈아이유〉, 『위키백과 한국어판』(ko.wikipedia.org) 참조.

78 Bertrand Russell. *Conquest of Happiness*. London: George Allen & Unwin. 1930. 이순희 역, 『행복의 정복』, 서울: 사회평론, 2005. 49쪽.

79 Erich Fromm. *To Have or to Be?* 2nd. New York: Harper & Row, Publisher. 1978. 최혁순 역, 『소유냐 존재냐』, 서울: 범우사, 1988. 35~52쪽을 보면 기본 개념을 좀

더 분명하게 파악할 수 있을 것이다.

80 인디고 연구소(Ink), 『불가능한 것의 가능성 : 슬라보예 지젝 인터뷰』, 서울: 궁리, 2012.

81 「KTX 울산역 명칭 분쟁 본격화」, 『서울경제』, 2010.7.26.(인터넷 판)

82 오강남, 『예수는 없다』, 서울: 현암사, 2001. 27쪽. 밑줄: 인용자.

83 위의 책, 28~31쪽 참조.

84 함석헌, 『뜻으로 본 한국역사』 젊은이들을 위한 새 편집, 경기도 파주: 한길사, 2003. 82쪽.

85 사회적 원자들의 운동을 화살표로 단순하게 나타내는 방식은 Mark Buchanan(김희봉 역, 앞의 책)에서 얻은 아이디어이다.

86 Aristoteles. *Ethika Nikomacheia*. 천병희 역, 『니코마스 윤리학』, 경기도 파주: 숲, 2013. 83쪽.

87 〈항균제품' 99% vs 99.9% 치명적 차이점〉, 『파이낸셜뉴스』, 2012.9.13.(인터넷판)

88 Thomas Frank. *What's the matter with Kansas?*. New York: Henry Holt and Company. 2004. 김병순 역, 『왜 가난한 사람들은 부자를 위해 투표하는가』, 서울: 갈라파고스, 2012.

89 미국 의회도서관 홈페이지(http://www.loc.gov/)의 '도서관 소개(About the Library)' 참조.

90 〈美의회도서관 자료 등 콘텐츠 총망라—국립중앙도서관 디지털도서관 개관〉, 『교

마니아마추어의 시대가 온다

수신문』, 2009.6.8. 참조.

91 유치환, 〈깃발〉, 김희조 편,『증보 한국의 명시』, 서울: 가람기획, 2001. 240쪽.

92 박근우,『안철수 He, Story』, 서울: 리더스북(웅진씽크빅), 2012. 59쪽 참조.

93 박은몽,『안철수 이야기』, 서울: 문예춘추사, 2011. 136~143쪽 참조.

94 다음 책에 축구 자료 수집에 관한 그의 많은 이야기들이 실려 있다. 이재형,『22억 원짜리 축구공』, 서울: 미래를소유한사람들, 2012.

95 「[프리가 만난 사람] 자연탐사관 '별새꽃돌' 운영 치과의사」,『한국일보』, 2004.5.27.(인터넷판).

96 〈배상민의 '디자인이 미래다' 1~2〉, ≪오늘 미래를 만나다≫, KBS1, 2015.3.14.~15. 여기에 소개하는 내용도 이 프로그램을 바탕에 두고, 배상민 교수의 저서(배상민, 『나는 3D다』, 서울: 시공사, 2014)를 참조하여 서술했다.

97 배상민, 앞의 책, 208~213쪽 참조.

98 〈세상을 바꾸는 9번째 지능〉, 〈〈수요기획〉〉, KBS1, 2012.6.27. 방송 내용이 책으로 출간되기도 했다(이소윤·이진주·이소연,『9번째 지능』, 서울: 청림출판, 2015).

99 Johan Huizinga. *Homo Ludens : A Study of the Play Element in Culture*. Boston, MA: The Beacon Press. 1955. 김윤수 역,『호모 루덴스』, 서울: 까치글방, 1981. 9~46 및 317~320쪽 참조.

100 위의 책, 287~290쪽.

101 위의 책, 9~13쪽 참조.

102 상호 모순적인 '투명성의 비매개(immediacy)'와 '하이퍼매개(hyper mediacy)'가, 커
  뮤니케이션 효과를 제고하기 위해 교호하는 양상인 '재매개의 이중논리'를 특
  징으로 하는 미디어 변환 이론. Jay David Bolter & Richard Grusin. *Remediation:
  Understanding New Media*, Cambridge, MA: The MIT Press. 1999. 이재현 역, 『재
  매개: 뉴미디어의 계보학』, 서울: 커뮤니케이션북스, 2006.
103 '실학'이라 하면 대개 조선 후기의 특정한 학풍이 상기될 수 있겠으나, 본래 '실
  학'은 기존 학풍에 대한 개혁적 학풍을 지칭하는 일반명사적 개념이다. 이를테
  면 고려시대에는 불교에 대해서 유학(儒學)이 실학이었고, 여말선초(麗末鮮初)
  에는 기존 유학에 대하여 성리학이 실학이었던 셈이다.
104 조선 후기 소품문에 관해서는 다음 책을 참고하라. 안대회, 『조선후기 소품문의
  실체』, 파주: 태학사, 2003.

마니아마추어의 시대가 온다

—우리 사회의 새로운 중간자를 찾아서

1판 1쇄 인쇄 2016년 2월 22일
1판 1쇄 발행 2016년 2월 27일

지은이 임형택
펴낸이 정규상
출판부장 안대회
편집 현상철 · 신철호 · 구남희 · 홍민정 · 정한나
마케팅 박인봉 · 박정수
관리 오시택 · 김지현
외주디자인 김상보
용지 화인페이퍼 · 화인특수지
인쇄제책 영신사

펴낸곳 사람의무늬 · 성균관대학교 출판부
주소 03063 서울특별시 종로구 성균관로 25-2
등록 1975년 5월 21일 제1975-9호
전화 02)760-1252~4 **팩스** 02)762-7452
홈페이지 http://press.skku.edu

ISBN 979-11-5550-153-5 03000
값 15,000원

잘못된 책은 구입한 곳에서 교환해 드립니다.